सन्त तुलसीदास के

रामचरित मानस पर आधारित

रामायण

मर्यादा पुरुषोत्तम श्रीराम आदर्श पुरुष थे। उनमें सभी मानवीय गुण थे। उनका जीवन मानव मात्र के लिए अनुकरणीय और प्रेरक हैं। उन्होंने कभी भी अधर्म का सहारा नहीं लिया। सत्य, न्याय और धर्म में उनकी परम आस्था थी। उन्होंने हमेशा दीनदुखियों की सहायता की, अत्याचारियों का दमन किया और झूठ व अन्याय का आजीवन प्रतिरोध किया। तभी तो उनके राज्य में सुख-शान्ति थी और आज भी 'राम-राज्य' स्थापित करने के लिए प्रत्येक देश की जनता लालायित है। सच तो यह है कि उनका जीवन हमारे लिए प्रेरणास्रोत है।

रामायण

सन्त तुलसीदास के
रामचरित मानस पर आधारित

प्रियदर्शी प्रकाश

डायमंड बुक्स

प्रकाशक : डायमंड पॉकेट बुक्स (प्रा.) लि.
X-30 ओखला इंडस्ट्रियल एरिया, फेज-II
नई दिल्ली-110020
फोन : 011-40712200
ई-मेल : sales@dpb.in
वेबसाइट : www.diamondbook.in
मुद्रक : रेप्रो (इंडिया)

Ramayan
By : Priyadarshi Prakash

प्रकाशकीय

मर्यादा पुरुषोत्तम श्रीराम आदर्श पुरुष थे। उनमें सभी मानवीय गुण थे। वे मर्यादित जीवन व्यतीत करते थे, तभी तो उन्हें मर्यादा पुरुषोत्तम श्रीराम के नाम से जाना जाता है।

उनका जीवन मानव मात्र के लिए अनुकरणीय है, आदर्श है। उन्होंने कभी अधर्म का सहारा नहीं लिया। सत्य, न्याय और धर्म में उनकी परम आस्था थी। उन्होंने हमेशा दीन-दुखियों की सहायता की, अत्याचारी का दमन किया और झूठ व अन्याय का स ती से विरोध किया, तभी तो उनके राज्य में सुख और शांति थी और आज भी 'राम-राज्य' स्थापित करने के लिए प्रत्येक देश की जनता लालायित है।

श्रीराम आज्ञाकारी पुत्र थे, स्नेहिल भ्राता थे, पूजनीय पति थे, प्रिय मित्र थे और भक्त-जनों के परम हितैषी थे। उन्होंने माता-पिता के वचन की लाज रखने के हेतु राज सुख को त्याग दिया और वन जाना स्वीकार कर लिया। पढ़ने में यह बात सहज लग सकती है, मगर यथार्थ में राज लोभ का त्याग बहुत ही कठिन है। जरा नजर घुमाकर देखिए, आज की राजनीति में कोई है ऐसा राजपुरुष, जो हाथ में आई सत्ता को ठुकरा दे?

सच तो यह है कि उनका जीवन हमारे लिए प्रेरणा-स्रोत है। उनके जीवन के प्रेरक-प्रसंग हमें नित्य प्रेम, सत्य, न्याय और कष्ट सहन करते हुए भी अपने धर्म के प्रति जागरुक रखते हैं।

भारतीय जन-मानस में राम-कथा का बड़ा प्रभाव है। राम-कथा भारत के अनेक मनीषी लेखकों ने लिपिबद्ध की है। प्रस्तुत राम कथा वाल्मीकि-कृत रामायण के अतिरिक्त गोस्वामी तुलसीदास, भानुभक्त, महात्मा कंबन व चंडीदास आदि की राम-कथाओं पर आधरित है। लेखक का प्रयास रहा है कि विभिन्न राम-कथाओं के महत प्रसंगों का प्रस्तुत राम-कथा में समावेश हो सके।

—नरेन्द्र कुमार वर्मा

अनुक्रमणिका

बालकांड

एक

त्रेता युग की बात है।

सरयू नदी के तट पर एक राज्य था—कोशल, जो वैभवशाली और अत्यंत संपन्न था। यहां की राजधानी का नाम था अयोध्या। वह स यता, संस्कृति और संपन्नता में अनुपम थी।

कोशल में सूर्यवंश नरेश चक्रवती राजा दशरथ का राज था। राजा दशरथ अत्यंत पराक्रमी और कुशल नरेश थे। स्वर्ग-लोक तक में उनकी धम थी और जब-तब देवों ने उनसे सहायता की याचना की, वे तुरंत उनकी मदद को पहुंच जाते थे। तीनों लोकों में राजा दशरथ का आदर था। उनके राज्य में प्रजा सुखी और समृद्ध थी। राज्य में कोई ऐसा नहीं था, जिसमें कोई अवगुण हो। सभी सच्चरित्र, सत्यवान व श्रमशील थे।

राजा दशरथ की तीन रानियां थीं। पटरानी का नाम था—कौशल्या, बीच वाली रानी का नाम सुमित्रा तथा छोटी रानी का कैकेयी।

राजा दशरथ को और तो सभी सुख प्राप्त थे, किंतु संतान का सुख नहीं था। संतान-प्राप्ति के लिए उन्होंने बहुत पूजा-अनुष्ठान किए, लेकिन उनकी मनोकामना अभी तक पूरी नहीं हुई थी। उम्र बढ़ने के साथ उनकी निराशा भी बढ़ती जा रही थी।

एक दिन।

संध्या का समय था।

राजा दशरथ अपने प्रकोष्ठ में विराजमान थे। एकाएक उनकी नजर दर्पण की ओर उठ गई। अपने सफेद केश और दाढ़ी देखकर निराश हो गए। उन्हें अपनी वृद्धावस्था अथवा आसन मृत्यु का इतना दु:ख नहीं था, जितना इस बात का, कि वे नि:संतान ही मर जाएंगे और सूर्यवंश को आगे बढ़ाने वाला कोई नहीं रहेगा। भला संतान के बिना भी जिंदगी कोई जिंदगी है! यह राज्य, सुख-संपन्नता और सुनाम किस काम का! संतान नहीं, तो इनका भी कोई मूल्य नहीं।

घनीभूत निराशा के इन्हीं क्षणों में उन्हें अपने कुलगुरु वशिष्ठ की याद आ

गई। गुरु वशिष्ठ ने उन्हें कठिन अवसरों पर हमेशा उचित परामर्श दिया था। गुरु वशिष्ठ ने अपने आश्रम में स्वयं आए, राजा दशरथ को घोर चिंता में देखकर पूछा— 'राजन्! आज चेहरा इतना मलिन क्यों है?'

'गुरुदेव, आप तो जानते हैं, मुझे एक ही दु:ख है—संतान विहीनता का। आयु की सांध्यवेला में लगता है, अब सूर्यवंश का अंत निश्चित है। आप ही बताइए, मैं क्या करूं?'

'हूं।' गुरु वशिष्ठ बोले— 'राजन, मेरा विचार है, पुत्रकाम-यज्ञ का अनुष्ठान उपयुक्त रहेगा।'

'तो फिर देर कैसी? मैं पुत्रकाम-यज्ञ करने को प्रस्तुत हूं।'

फिर क्या था! अयोध्या में पुत्रकाम-यज्ञ की तैयारियां आरंभ हो गइह। सरयू नदी के तट पर विशाल यज्ञ-वेदी का निर्माण किया गया। ऋषि श्रृंगी को यज्ञ के लिए अयोध्या बुलवाया गया।

❑❑

जिस समय अयोध्या में यज्ञ की तैयारियां चल रही थीं, उस समय देव लोक में एक अलग ही समस्या प्रस्तुत थी। देव-गण रावण के अत्याचारों से अत्यंत कष्ट में थे।

रावण को ब्रह्मा से अभयदान मिला हुआ था, सो वह निडर होकर देवताओं को सता रहा था, उनका अपमान करने का कोई मौका नहीं गंवाता था। सच तो यह था कि देवताओं के पास रावण को पराजित करने अथवा उसे दबाने का कोई कारगर उपाय नहीं था, मारने की तो बात ही दूर थी। रावण के हौसले इतने बुलंद थे कि उससे अरुण, वरुण और पवन जैसे देवता भी भयभीत थे और वह इंद्र को राज्य-च्युत करके स्वयं स्वर्गलोक पर आधिपत्य जमाना चाहता था। रावण का बढ़ता अत्याचार और अहंकार अब बर्दाश्त से बाहर था, सो सभी देव मिलकर ब्रह्मा के पास गए और उन्हें रावण के कोप से बचाने का अनुरोध किया। देव बोले— 'रावण को यह अमरत्व आपने ही प्रदान किया है, भगवन्, अब आप ही इसका नाश भी कर सकते हैं।'

ब्रह्मा मुस्कराकर बोले— 'नि:संदेह! दरअसल, रावण ने अपनी तपस्या से मुझे प्रसन्न करके वर मांगा था कि उसे देव, राक्षस अथवा गंधर्व कोई न मार सके, मैंने उसकी यह मनोकामना पूर्ण कर दी थी। सो उसे देव, राक्षस अथवा गंधर्व भले ही न मार सकें, किंतु मानव के हाथ से वह नहीं बच सकता।'

'पर पृथ्वी पर ऐसा मानव है कौन?'

'इसका उपाय विष्णु करेंगे।'

अतएव, देवगण जा पहुंचे विष्णु के पास। बोले— 'भगवन, रावण के

अत्याचार से हम सभी पीड़ित हैं। उसका नाश हमारे वश में नहीं है, न ही गंधवोह अथवा राक्षसों के वश में। हां, उसे मानव अवश्य खत्म कर सकता है। अगर आप चाहें तो रावण की हस्ती मिट सकती है।'

'वह कैसे?'

'अगर आप ही मानव के रूप में पृथ्वी पर अवतरित हों, तो रावण की मृत्यु अवश्यंभावी है।'

'ठीक है।' विष्णु बोले— 'ऐसा ही होगा। पृथ्वी पर सूर्यवंश नरेश राजा दशरथ संतान-प्राप्ति के लिए महान यज्ञ कर रहा है। मैं उसी के यहां पुत्र के रूप में जन्म लूंगा और कालांतर में रावण का वध करके तीनों लोगों को रावण के अत्याचार से मुक्त कर दूंगा।'

❑❑

उधर यज्ञ-समाप्ति के पश्चात ऋषि श्रृंगी ने अग्नि-कुंड में घृताहुति दी। अग्नि-कुंड से भारी लपटों के साथ स्वर्ण-कलश निकला। ऋषि श्रृंगी ने स्वर्णकलाश राजा दशरथ को देते हुए कहा— 'महाराज! इसमें खीर है, जो देवताओं ने तु हारे यज्ञ से प्रसन्न होकर भेजी है। यह खीर अपनी रानियों को खिला दो, उन्हें अवश्य संतानोत्पत्ति होगी।'

राजा दशरथ की खुशी का तो कोई ठिकाना नहीं रहा। उन्होंने यज्ञ के अवसर पर पधारे तमाम ऋषियों को ढेर सारा धन-धान्य, गौएं आदि दान दीं और खीर का स्वर्ण-कलश लेकर रानियों के पास जा पहुंचे। बोले— 'लो रानियो, यह खीर पियो। भगवान की कृपा से हमारे आंगन में शिशुओं का स्वर गूंजेगा।'

रानियों को तो जैसे सारे जमाने की खुशियां एक साथ ही मिल गइह। तीनों रानियों ने ीर का पान किया।

समय आने पर तीनों रानियां गर्भवती हुइह। अंत:पुर और राजमहल में ही नहीं, वरन् संपूर्ण अयोध्या में प्रसन्नता की लहर दौड़ गई। राजा दशरथ की प्रसन्नता का तो कहना ही क्या! जीवन के अंतिम भाग में ही सही, अब वे अपनी संतान का मुख जरूर देख सकेंगे, उनका सूर्यवंश रहती दुनिया तक कायम रहेगा।

चैत्र शुक्ला नवमी तिथि में कर्क लग्न में कौशल्या ने राम को जन्म दिया। सुमित्रा को दो पुत्र-रत्न प्राप्त हुए—लक्ष्मण और शत्रुघ्न। छोटी रानी कैकेयी ने भरत को जन्म दिया।

कौशल्या ने जिस बालक को जन्म दिया था, वह वस्तुत: साक्षात् भगवान का ही अवतार था। भगवान ने ही धर्म की रक्षा के लिए पृथ्वी पर अवतार लिया था।

महाराजा दशरथ चार-चार पुत्रों को पाकर फूले नहीं समाए।

पुत्रों के कुछ बड़ा होने पर उनकी शिक्षा-दीक्षा का उचित प्रबंध किया गया।

छह वर्ष की आयु में चारों राजकुमारों का यज्ञोपवीत संस्कार हुआ। राजा दशरथ ने उन्हें महर्षि वशिष्ठ के आश्रम में शिक्षा-अर्जन के लिए भेज दिया। महर्षि के आश्रम में गरीब-अमीर सभी समान भाव से पढ़ते थे। आश्रम का जीवन बहुत कठोर था। राम, लक्ष्मण, भरत व शत्रुघ्न ने आश्रम में नियमपूर्वक रहकर विद्यार्जन किया। गुरु की सेवा करना, आश्रम की सफाई करना एवं एक ही समय भोजन करना चारों भाइयों का नित्य का नियम था।

महर्षि वशिष्ठ के आश्रम में चारों राजकुमारों ने समयानुसार सभी विद्याएं सफलतापूर्वक प्राप्त कर लीं। वेद, पुराण, इतिहास, शास्त्र आदि के अलावा वे संपूर्ण कलाओं में भी पारंगत हो गए थे। शिक्षा समाप्ति के पश्चात महर्षि वशिष्ठ ने उन्हें राजमहल लौट जाने की आज्ञा दे दी। चारों राजकुमार गुरुदेव को नियमानुसार गुरु-दक्षिणा देकर राजमहल वापस चले गए।

राजा दशरथ अपने पुत्रों की योग्यता व शिक्षा-दीक्षा से परम संतुष्ट थे। राजकुमार गुणों में अद्वितीय थे। उनका यश अल्पायु में ही चारों ओर फैलने लगा था।

दो

एक दिन राजा दशरथ दरबार में सिंहासन पर विराजमान थे। उनके चारों ओर मंत्री-गण और सभासद बैठे हुए थे।

राजा दशरथ ने राजगुरु वशिष्ठ से कहा— 'हे गुरुदेव! राजकुमार बड़े हो गए हैं। अब मेरा समय पूरा हो चला है। बस, यही इच्छा है कि राजकुमारों का विवाह-समारोह देख लूं। आपका क्या विचार है?'

'राजन्, मेरी भी यही स मति है।' गुरुदेव ने उत्तर दिया।

'तो फिर देर किस बात की! जल्दी ही राजकुमारों के लिए सर्वगुण संपन्न कन्याओं की खोज कराइए।'

राजकुमारों के विवाह के बारे में विचार-मिर्श चल ही रहा था कि तभी द्वारपाल ने दरबार मे प्रवेश किया एवं सिर झुकाकर राजा दशरथ से निवेदन किया— 'महाराज! महामुनि विश्वामित्र आपसे मिलने आए हैं। वे द्वार पर आपकी प्रतीक्षा में खड़े हैं।'

विश्वामित्र!

राजा दशरथ सहित सभी चौंक पड़े। भला ऋषि विश्वामित्र को कौन नहीं जानता था। राजा दशरथ तत्काल अपने आसन से उठे और स्वयं द्वार पर जाकर महर्षि विश्वामित्र का विधिपूर्वक स्वागत किया।

❑❑

विश्वामित्र महर्षि का पद प्राप्त करने से पहले क्षत्रिय नरेश थे। तब उनका नाम

था राजा कौशिक। उन्होंने महर्षि बनने के लिए घनघोर तपस्या तथा कठिन साधना की थी, लेकिन उन्होंने महर्षि बनने की क्यों ठानी, इसकी भी एक दिलचस्प कथा है।

वषोह्र पहले की बात है, राजा कौशिक अपने सैनिकों के साथ कहीं जा रहे थे। राह में पडऋा वशिष्ठ ऋषि का आश्रम। वशिष्ठ ऋषि ने राजा की सवारी देखी, तो उनका यथायोग्य स्वागत किया। बोले— 'महाराज, आपके आने से हमारे आश्रम की रौनक बढ़ी है। कृपया मेरा निमंत्रण स्वीकार कीजिए और अपनी सेना तथा अन्य परिवार-जनों के साथ हमारे यहां खाना खाइए। आपको मेरे यहां कोई असुविधा नहीं होगी।'

राजा कौशिक ऋषि वशिष्ठ के वचन सुनकर अति प्रसन्न हुए, पर वे नहीं चाहते थे कि ऋषि वशिष्ठ उनकी सेना आदि के लिए कोई कष्ट उठाएं। बेचारे आश्रमवासी भला राजा की विशाल सेना आदि के आतिथ्य-सत्कार का कैसे उचित प्रबंध कर सकेंगे! सो राजा कौशिक ने कहा— 'मुनिवर, आप व्यर्थ ही परेशान न हों, मैं तो आपके आदर-सत्कार से परम संतुष्ट हूं।'

पर ऋषि वशिष्ठ कहां सहज छोड़ने वाले थे। बोले— 'नहीं, राजन्, आप हमारे आश्रम तक आएं और बिना प्रसाद ग्रहण किए चले जाएं, ऐसा नहीं हो सकता। आपको तो मेरा निमंत्रण स्वीकार करना ही पड़ेगा।'

अंततः राजा कौशिक को कहना ही पड़ा— 'मुनिवर, आप व्यर्थ हठ कर रहे हैं। मेरे साथ ढेर सारे लोग हैं। भला, आप सबके खाने-पीने का प्रबंध कैसे कर पाएंगे ? आप आश्रमवासी हैं, अपना ही गुजारा मुश्किल से करते हैं, इतनी जल्दी हमारे खाने-पीने की व्यवस्था कर पाना संभव नहीं है। मैं तो कहता हूं, कि आप हमें जाने दें।'

ऋषि वशिष्ठ के अधरों पर मुस्कराहट आ गई। वे बोले— 'राजन्, आप मेरी परेशानी की चिंता मत कीजिए, बस, हमारा निमंत्रण स्वीकार कर लें। फिर देखिए, पल-भर में आप सब लोगों के लिए खाने-पीने की व्यवस्था कैसे हो जाती है।'

'आपकी मर्जी।'

ऋषि वशिष्ठ ने अपनी प्रिय गाय शबला को पुकारा और बड़े प्यार से उसे सहलाकर बोले— 'बेटी! देखो, आज हमारे आश्रम में राजा कौशिक पधारे हैं, इनका उचित आतिथ्य-सत्कार करो।'

गाय शबला ने स्वीकृति में सिर हिलाया और देखते-ही-देखते सामने नाना प्रकार के स्वादिष्ट व्यंजनों सहित भोज्य सामग्री परस गई। राजा कौशिक भोजन का ऐसा विशाल आयोजन देखकर चकित रह गए। किसी राजकीय भोज से कम

नहीं थी, वह व्यवस्था। चारों ओर स्वादिष्ट भोजन की मधुर सुगंध बिखर गई। राजा कौशिक ने अपने परिवार व सैनिकों के साथ छककर भोजन किया। गाय शबला के इस चमत्कार से राजा कौशिक चमत्कृत थे और मुग्ध भाव से ऋषि वशिष्ठ की गाय को एकटक देख रहे थे।

वह गाय और कोई नहीं कामधेनु गाय थी, जो ऋषि वशिष्ठ ने अपने तपोबल से प्राप्त की थी।

राजा कौशिक ऋषि के आतिथ्य-सत्कार से अत्यंत प्रसन्न हुए। उन्होंने ऋषि का आभार व्यक्त किया, फिर उनका दिल शबला गाय पर आ गया, तो वे ऋषि से बोले— 'हे मुनिवर, अगर आप बुरा न मानें तो एक बात कहूं। आपकी गाय ने मेरा दिल जीत लिया है। भला ऐसी गाय का आश्रम में क्या काम, यह तो महलों के योग्य है। कृपया इसे मुझे दे दीजिए।'

'यह क्या कह रहे हैं, राजन्!' ऋषि वशिष्ठ दुखित होकर बोले— 'यह गाय तो मेरी बेटी के समान है, इसे मैं किसी को नहीं दे सकता।'

'ऐसा मत कहिए, मैं तो यह गाय लेकर ही रहूंगा।'

'यह जिद व्यर्थ है, शबला यहीं रहेगी।'

भला राजा एक ऋषि का यह इनकार कैसे बर्दाश्त करते! अब तो राजा कौशिक कामधेनु प्राप्त करने के लिए कटिबद्ध हो गए। उन्होंने ऋषि वशिष्ठ का कामधेनु के बदले ढेर सारा धन-धान्य देने का लालच दिया, किंतु ऋषि ने राजा की एक न सुनी—उन्होंने जो एक बार 'न' किया तो उसी पर अंत तक अटल रहे। बोले— 'जिसके पास कामधेनु है, भला उसे और किसी वस्तु का कैसा प्रलोभन?'

'तो यह बात है!' राजा कौशिक क्रोध से बोले— 'देखता हूं, मुझे कामधेनु गाय ले जाने से कौन रोकता है!'

इतना कहकर राजा कौशिक ने अपने सैनिकों को आदेश दिया— 'यह गाय महल ले चलो।'

आज्ञा पाते ही राजा के सैनिक आगे बढ़ गए।

ऋषि वशिष्ठ अपनी जगह चुपचाप बैठे थे—दु:खी और लाचार।

शबला समझ गई कि उस पर संकट आ पड़ा है। ऋषि वशिष्ठ की लाचारी ने उसे और भी निराश कर दिया था। उसकी आंखों में अश्रु भर आए थे। उसे दु:ख था तो इस बात का, कि आखिर ऋषि वशिष्ठ उसे बचाने का कोई उपाय क्यों नहीं कर रहे, क्यों राजा को उसे ले जाने दे रहे हैं?

राजा की सेना ने शबला को पकड़ लिया और बलात् उसे अपने साथ ले जाने लगे।

ऋषि वशिष्ठ से शबला का दु:ख देखा नहीं गया। वे सैनिकों का अकेले प्रतिकार तो नहीं कर सकते थे, किंतु गाय से यह कहने से नहीं चूके— 'शबले, तुझे जो दुष्ट सैनिक जबर्दस्ती ले जा रहे हैं, उन्हें मजा चखाने के लिए सैनिकों को पैदा करो।'

बस, फिर क्या था! शबला ने एक हुंकार मारी और देखते-ही-देखते असं य सैनिक मैदान में आ गए। वे शबला को बचाने के लिए राजा के सैनिकों से भिड़ ग। घमासान लड़ाई छिड़ गई। राजा कौशिक के सैनिक शबला के सैनिकों के आगे टिक नहीं सके, उनके पैर उखड़ गए और वहां से भाग निकलने में ही अपनी खैर मनाई। इस पराजय से राजा कौशिक के क्रोध का ठिकाना नहीं रहा। उन्होंने अकेले ही शबला के सैनिकों से लोहा लेने की ठानी और अपने रथ पर सवार होकर धुआंधार बाण बरसाने लगे। किंतु शबला का चमत्कार! उसका एक सैनिक मरता, तो कई सैनिक और पैदा हो जाते। राजा कौशिक समझ गए कि यहां उनकी दाल नहीं गलेगी।

ऋषि वशिष्ठ के पुत्र भी वहीं खड़े थे। उनसे भिड़ने के लिए राजा कौशिक के पुत्र आगे बढ़े। किंतु ऋषि वशिष्ठ ने उन्हें क्रोध से यों घूरा कि वे वहीं भस्मीभूत हो गए।

राजा कौशिक की सारी शान धरी-की-धरी रह गई। उन्हें बस ऋषि वशिष्ठ पर गुस्सा आ रहा था, जिनकी वजह से वे पराजित हुए थे। वे किसी भी तरह ऋषि से अपनी हार का बदलना लेना चाहते थे—राजा के रूप में न सही, उन्हीं की तरह ऋषि बनकर ही सही। सो उन्होंने उसी समय अपना राजपाट एक पुत्र के हवाले किया और स्वयं हिमालय पर्वत की ओर रुख किया, जहां भगवान शंकर की उपासना करके वह इस काबिल बनना चाहते थे, जिससे अपने तपोबल से ऋषि वशिष्ठ को पराजित कर सकें।

हिमालय में राजा कौशिक की तपस्या रंग लाई। एक दिन गवान शंकर उनके तप से प्रसन्न होकर प्रकट हुए और बोले— 'राजन्, हम तु हारी उपासना से प्रसन्न हुए। बोलो, क्या चाहते हो?'

'भगवन्! बस, आप कुछ ऐसा कीजिए कि सारे असुर मेरे अधीन हो जाएं और मैं धनुर्वेद में पारंगत हो जाऊं।'

भगवानशंकर के लिए क्या मुश्किल! उन्होंने वे सारे असुर जो देवों, दानवों अथवा गंधवोह और ऋषि-मुनियों, यक्षों या राक्षसों के अधीन थे, सब राजा कौशिक के अधीन कर दिए। बोले— 'जाओ राजन्! तु हारी मनोकामना पूरी हुई।'

राजा कौशिक की प्रसन्नता के क्या कहने! अब उन्हें पूरा विश्वास था कि वे

ऋषि वशिष्ठ से अपनी हार का बदला अवश्य ले लेंगे। भगवानशंकर से जो वर मिला था, उसके आगे भला कौन टिक सकता था! राजा कौशिक गर्व के मद से चूर हिमालय से लौटे।

सबसे पहले वे ऋषि वशिष्ठ के आश्रम पहुंचे। अहंकार में डूबे राजा कौशिक आश्रम के निकट पहुंचे, तो उनका क्रोध सातवें आसमान पर था। बेचारे आश्रम वासी तो उनका दुदाहृत स्वरूप देखकर डर ही गए और राजा की नजरों से दूर कहीं जाकर छिप गए।

राजा कौशिक का क्रोध सबसे पहले गिरा ऋषि के आश्रम पर। राजा ने आग्नेय-अस्त्र के एक ही वार से आश्रम को जलाकर राख कर दिया।

ऋषि वशिष्ठ शांत भाव से यह सब देख रहे थे। राजा के क्रोध से वे मन-ही-मन चिंतित और दुःखी थे। राजा को काबू में करने का एक ही उपाय था, और वह यह कि किसी तरह उकसे गर्व को चूर-चूर कर दिया जाए। ऋषि वशिष्ठ ने बिना घबराए राजा की ओर देखा, फिर ब्रह्मदंड उठाकर राजा से बोले— 'यह सरासर मूढ़ता है, राजन्! शांत हो जाओ।'

राजा को ऋषि की सलाह जरा भी नहीं सुहाई। उन्हें तो भगवान शंकर से सिद्धि मिल चुकी थी, सो डर कैसा! गस्से से गरजकर बोले— 'सामने काल देखकर शांति की दुहाई देते हो। ठहरो, तु हें अपनी करनी का मजा अभी चखाता हूं।'

इसी के साथ ही राजा ने ऋषि पर भी आग्नेय अस्त्र का वार कर दिया।

ऋषि वशिष्ठ ने राजा का वार ब्रह्मदंड पर रोक लिया। राजा का वार खाली चला गया। ऋषि बोले— 'मैं तु हारा मुकाबला करने को तैयार हूं। चलाओ अपने वार।'

अपना वार यों व्यर्थ जाते देख राजा का क्रोध और भी भड़क उठा। अब तो राजा के पास जितने भी अस्त्र थे, एक-एक कर ऋषि वशिष्ठ पर छोड़ दिए, पर ऋषि के ब्रह्मदंड के सामने सभी वार निरर्थक सिद्ध हो गए। ऐसा तो राजा ने क ी सोचा भी नहीं था। निराशा के मारे राजा का विवेक भी जाता रहा—कोई और उपाय न पाकर राजा ने ऋषि पर ब्रह्मास्त्र छोड़ दिया।

ब्रह्मास्त्र के आगे तो बड़े-बड़े देवता झुक जाते थे, सो देवों और ऋषियों का डर से बुरा हाल हो गया कि अब न जाने बेचारे ऋषि वशिष्ठ का क्या होगा! लेकिन धन्य हो ब्रह्मदंड! ब्रह्मदंड की महिमा ऐसी कि उसने ब्रह्मास्त्र के वार को भी व्यर्थ कर दिया। ब्रह्मदंड की अग्नि से ब्रह्मास्त्र जलकर राख हो गया।

राजा कौशिक के समस्त हौसले पस्त हो गए। वे हैरान थे कि उनके एक भी वार ने ऋषि का बाल बांका न किया था। उनका सारा गर्व देखते-देखते ही पानी-

पानी हो गया। चेहरा झुक गया। वे हताश होकर बोले— 'ऋषि! मैं अपनी पराजय स्वीकार करता हूं। कमाल है कि एक क्षत्रिय राजा आज एक ऋषि से हार गया। भगवान शंकर का वर पाकर भी मैं आपसे जीत नहीं सका। अब तो ऋषि वशिष्ठ को हराने का एक ही रास्ता है—मैं भी वशिष्ठ की तरह ब्रह्मर्षि बनूंगा, ताकि वशिष्ठ को हरा सकूं।'

राजा दुबारा तपस्या के लिए चल पड़े।

उन्होंने एकांत में जाकर ब्रह्मा की स्तुति की। मन में लगन तो थी, सो अनेक वषोह तक तपस्या में लीन रहे। अंततः ब्रह्मा को राजा की तपस्या के आगे झुकना पड़ा। एक दिन प्रकट होकर बोले— 'उठो राजन्! मैं तु हारे तप से प्रसन्न हुआ। आज से तुम राजर्षि हुए।'

राजर्षि! लेकिन राजा कौशिक तो ब्रह्मर्षि बनने के लिए यह तपस्या कर रहे थे। राजा कुछ बोलते, कि तब तक ब्रह्मा वरदान देकर गायब भी हो चुके थे।

खैर! राजर्षि ही सही। राजा कौशिक ने तय किया कि ब्रह्मर्षि बनने के लिए वे अब घनघोर तप करेंगे।

राजा कौशिक ने तय तो अवश्य किया, किंतु थे तो वे क्षत्रियवशी। सो जरा-जरा-सी बात पर उन्हें क्रोध आ जाता था, इसका नतीजा यह होता था कि उनकी सारी तप शक्ति नष्ट हो जाती थी। ब्रह्मर्षि बनने से पहले ही उनसे गुस्से में एक ऐसा कांड हो गया कि उनकी अब तक की सारी सिद्धि भी जाती रही। यह तब हुआ था, जब वे राजा त्रिशंकु की मदद करना चाहते थे। राजा त्रिशंकु सदेह स्वर्ग जाना चाहते थे और ऋषि वशिष्ठ ने उन्हें ऐसा करने से मना कर दिया। पर राजा त्रिशंकु कहां माननेवाले थे! उनकी मदद करने आए तब राजा कौशिक। उन्होंने तो गुस्से में आकर एक नई दुनिया और नया ग्रहमंडल ही रच डालने की ठान ली और अपनी सिद्धि से गगन में अनेक तारे भी स्थापित कर दिए। यह तो देवों ने उन्हें मना लिया और उन्होंने नई दुनिया की सृष्टि का कार्य बीच में ही छोड़ दिया, वरना उन्हें रोकना सहज नहीं था। हां, क्रोध के कारण उन्हें बार-बार अपनी तप शक्ति से हाथ जरूर धोना पड़ा।

राजा पुनः सिद्धि प्राप्त करने के लिए पुष्कर तीर्थ पहुंचे और मन लगाकर तपस्या में लीन हो गए। अनेक कठिनाइयों के बाद उन्हें ब्रह्मा से पूर्ण ऋषि का पद प्राप्त हुआ। पर वे तो वशिष्ठ की भांति शक्तिशाली ऋषि बनना चाहते थे, सो अपना कठोर तप जारी रखा। देवता उनकी घनघोर तपस्या से घबरा गए, उन्हें अपने व्रत से डिगाने के लिए स्वर्गलोक से मेनका नामक अप्सरा भेजी गई। उसके मोह में वे फंस गए और अनेक वर्श तपस्या से विरक्त रहे, फिर जब उन्हें होश आया तो मेनका को प्रताड़ित करके भगा दिया। हां, इस बात का ध्यान जरूर रखा

कि मेनका पर क्रोधित नहीं हुए। लेकिन भोग-विलास में फंस जाने के कारण उनकी सिद्धियां एक बार फिर जाती रहीं। अब राजा ने हिमालय की राह पकड़ी और वहवां जाकर एक हजार वर्ष काम, क्रोध आदि को वश में करके तपस्या में लीन हो गए। इस बार उनकी तपस्या भंग करने के लिए देवलोक से रंभा भेजी गई। रंभा के प्रसंग में यह हुआ कि राजा का मन चंचल तो हो ही गया, किंतु उन्होंने तत्काल अपनी इंद्रियों को वश में कर लिया। हां, क्रोध पर काबू न कर सके और रंभा को शाप दे दिया— 'जा, पत्थर की प्रतिमा बन जा।' नतीजे में यह हुआ कि उनकी वषोह्न की तपसया भी निष्फल रही।

किंतु राजा कौशिक ने जो ठान लिया था, उससे वे जरा भी टस-स-मस नहीं हुए। उन्होंने पुन: हजार वषोह्न तक तपस्या की। तपस्या का यह हाल था कि उनका सारा शरीर जड़ हो गया था, सिर्फ सांस की गति जारी थी।

अब तो देवताओं को ी राजा कौशिक का लोहा मानना पड़ा। एक दिन स्वयं ब्रह्मा ने प्रकट होकर राजा कौशिक को ब्रह्मर्षि का पद प्रदान कर दिया।

राजा की तपस्या पूरी हुई। किंतु क्या ऋषि वशिष्ठ उन्हें सहज ही ब्रह्मर्षि मान लेंगे? राजा बोले— 'जब तक ऋषि वशिष्ठ भी मुझे ब्रह्मर्षि न स्वीकार कर लें, तब तक मैं स्वयं को ब्रह्मर्षि नहीं मानसकता।'

ऋषि वशिष्ठ को भला क्या एतराज! वे तो स्वयं राजा कौशिक की कठोर तपश्चर्या के आगे नतमस्तक थे। उन्होंने राजा कौशिक को आलिंगन में लेकर कहा— 'ब्रह्मर्षि! जिसने इतनी कठिन साधनाओं के बाद स्वयं ही ब्रह्मर्षि का पद स्वयं ब्रह्मा से प्राप्त किया हो, उसे भला मैं कैसे अस्वीकार कर सकता हूं! नि:संदेह, आपसंपूर्ण ब्रह्मर्षि हैं, विश्वामित्र हैं।'

बस! तब से राजा कौशिक महाशक्तिशाली ब्रह्मर्षि विश्वामित्र के रूप में जाने गए। ये घटनाएं रामायण से भी पहले की हैं।

❑❑

ऋषि विश्वामित्र को आदरपूर्वक दरबार में लाया गया और एक उच्चासन पर प्रतिष्ठित किया गया।

'कैसे आगमन हुआ, मुनिवर?' महाराजा दशरथ ने पूछा।

'राजन्!' विश्वामित्र बोले— 'पहले वचन दो कि मैं जो चाहूं, उसे आप मान लेंगे तो मैं अपने आगमन का प्रयोजन बताऊं।'

'आपके दर्शनों से तो मैं कृतार्थ हुआ। भला ऐसी कौन-सी बात है, जो मैं नहीं मान सकता! आप मेरा राजपाट भी चाहें तो वह भी मैं निछावर कर सकता हूं। आप आदेश तो दीजिए, मैं वचन देता हूं, आपकी प्रत्येक बात स्वीकार होगी।'

पल-भर कुछ सोचकर विश्वामित्र बोले— 'सुनो राजन्! आजकल मैं एक यज्ञ कर रहा हूं। लेकिन जब यज्ञ समाप्त होने का समय आता है, तभी मारीच और सुबाहु नामक दो राक्षस आते हैं और यज्ञ-वेदी पर हड्डियां और मांस फेंककर यज्ञ को अपवित्र कर देते हैं। मैं अनेक माहों से अपना महान यज्ञानुष्ठान समाप्त करना चाहता हूं, किंतु इन राक्षसों के कारण अब तक सफल नहीं हो सका हूं। यों मैं चाहूं तो उन दोनों को पल-भर में शाप देकर नष्ट कर सकता हूं, किंतु ऋषियों के लिए क्रोध करना उचित नहीं, यह नियम-विरुद्ध है। कोई और उपाय न पाकर आपके पास आया हूं, आप राजा हैं और प्रजा तथा धर्म की रक्षा करना आपका कर्तव्य है। सुना है, आपका पुत्र राम समर्थ है। वह चाहे तो मुझे इस कष्ट से उबार सकता है। कृपया राजकुमार राम को मुझे प्रदान कीजिए, उसे मैं अपने साथ ले जाऊंगा।'

राजा दशरथ का हृदय कांप उठा। भला वे किशोर राम को अत्याचारी राक्षसों से भिड़ने कैसे भेज दें! बेहोशी के आलम में राजा दशरथ अपने आपस पर लेट गए। कुछ देर के बाद होश आया तो बोले— 'मुनिवर! राम को ले जाने की क्या आवश्यकता? राम तो अभी बालक है। राक्षसों को मैं अकेला ही काबू कर सकता हूं। आप तो जानते हैं कि मैंने बड़े-बड़े युद्धों का नेतृत्व किया है। मैं ही आपके साथ चलता हूं।'

'नहीं राजन्! मुझे तो राम ही चाहिए।' विश्वामित्र राम-अवतार के रहस्य से परिचित थे, सो उनका सिर्फ राम पर ही विश्वास था।

'राम को युद्ध का कोई अनुभव नहीं। चलिए, मैं अपनी चतुरंगिाी सेना के साथ चलकर राक्षसों का दमन करता हूं।'

विश्वामित्र को बुरा लगा। उनकी भ्रकुटियां तन गइह। बोले— 'राजन्! आप पुत्र-मोह में यह भूले जा रहे हैं कि आपने मुझे वचन दिया था कि आप मेरा प्रत्येक अनुरोध स्वीकार कर लेंगे। अब आप वचन-भंग कर रहे हैं। यह तो रघुवंश की रीति नहीं।'

विश्वामित्र का क्रोध के मारे चेहरा लाल हो गया। दरबार में बैठे समस्त लोग विश्वामित्र के क्रोध से कांप गए। देवताओं का हृदय भी भय से धड़कने लगा। ऋषि वशिष्ठ ने यह हाल देखा तो आगे बढ़कर राजा दशरथ से बोले— 'महाराज! आपने जो वचन दिया है, उसका पालन तो करना ही पड़ेगा, वचन-भंग उचित नहीं। राम को राक्षसों का सामना करने के लिए भेजने में बुराई ही क्या है! राम अस्त्र-शस्त्र विद्या में पूर्ण भले ही नहीं हो, उम्र में ाी भले ही छोटें हों, किंतु साथ में विश्वामित्र जैसे तपस्वी और शक्तिशाली ब्रह्मर्षि हों तो डर कैसा! राम का कोई कुछ नहीं बिगाड़ सकता। सच तो यह है कि विश्वामित्र के साथ जाकर वे युद्ध-

विद्या में पारंगत ही होंगे। मेरी मानें तो निर्भय होकर राम को विश्वामित्र के साथ भेज दें। विश्वामित्र तो अजेय हैं—साक्षात ज्ञानी, तपस्वी और वीर।'

राजा दशरथ का विवेक जागृत हुआ। उन्होंने रघुवंशी नरेशोचित आचरण का सहारा लिया। बोले— 'ठीक है, मैं राम और लक्ष्मण को ऋषि विश्वामित्र के साथ भेजने को सहमत हूं।'

उन्होंने राम और लक्ष्मण को बुलाया और विश्वामित्र के साथ जाने का आदेश दिया। राम और लक्ष्मण ने पिता से आशीर्वाद प्राप्त किया और विश्वामित्र के साथ हो लिए।

विश्वामित्र राम और लक्ष्मण को लेकर दरबार से निकले।

उस समय वातावरण बहुत सुहावना था। चारों ओर मंद, शीतल, सुगंधित हवा बह रही थी। राजमहल के परकोटों से शंख और मंगल ध्वनियों के स्वर गूंज रहे थे।

मार्ग में विश्वामित्र आगे-आगे चल रहे थे और उनका अनुसरण करते हुए चल रहे थे राम और लक्ष्मण। उनके कंधों पर धनुष रखे हुए थे और कमर में तलवारें। किशोर योद्धाओं की यह शोभा तो देखने लायक थी।

चलते-चलते रात को वे सरयू नदी के दक्षिणी तट पर पहुंचे। वहां राजकुमारों ने नहा-धोकर थकावट दूर की। विश्वामित्रा ने उन्हें 'बला' और 'अतिबला' नामक विद्याएं सिखाइह, जो समस्त विद्याओं की मां हैं। इन विद्याओं को जानकर मानव मात्र अजेय तथा यशस्वी हो जाता है और समस्त कष्टों को हंसते-हंसते झेल लेता है।

रात को उन लोगों ने वहीं विश्राम किया—तृण शैया पर ही।

तीन

प्रात: होते ही दोनों राजकुमार विश्वामित्र के साथ आगे की यात्रा के लिए रवाना हुए।

मार्ग में अंग देश पड़ा। गंगा-सरयू के संगम पर पहुंचे तो वहां के जंगल में राम को एक रमणीक स्थान नजर आया, जहां अनेक तपस्वियों का निवास था।

राम ने जिज्ञासा प्रकट की— 'मुनिवर! यह आश्रम कैसा है? यहां कौन रहते हैं?'

'वत्स! यह कामाश्रम है।' विश्वामित्र बोले— 'किसी जमाने में यहां पर भगवान शंकर ने घोर तपस्या की थी और अखंड समाधि में लीन हो गए थे।'

विश्वामित्र और राम-लक्ष्मण ने आश्रम में प्रवेश किया। यहां के तपस्वियों से राजकुमारों का परिचय कराकर विश्वामित्र ने आगे बताया— 'भगवान शंकर की

घोर तपस्या से देवलोक के इंद्र का सिंहासन डोलने लगा, उन्होंने छल-बल से भगवान शंकर की तपस्या भंग करने का निश्चय किया। उन्होंने कामदेव को भगवान शंकर का तप तोड़ने के गीए भेज दिया। कामदेव ने आकर समाधिस्थ शंकर पर काम-बाण का वार किया, तो महादेव विचलित होने लगे। उन्हें कामदेव की दुष्टता पर बहुत क्रोध आया, सो तत्काल उनका तीसरा नेत्र खुल गया, फल यह हुआ कि कामदेव जलकर भस्म हो गया। उसका अंग-भंग हो गया, वह अनंग हो गया और इस प्रदेश का नाम पड़ा अंग देश। इस आश्रम में शिव-भक्त तपस्वियों का निवास है।'

शिव-भक्त तपस्वियों ने राजा दशरथ-पुत्रों का यथायोग्य स्वागत किया। उन्होंने वह रात विश्वामित्र के साथ कामाश्रम में ही गुजारी। रात-भर विश्वामित्र ने राजकुमारों को अनेक प्राचीन कथाओं के माध्यम से उपदेश दिए।

दूसरे दिन उनकी आगे की यात्रा आरंभ हुई।

विश्वामित्र, राम और लक्ष्मण गंगा तट पर पहुंचे। वनवासियों ने उन्हें एक नौका दी, जिस पर बैठकर उन्होंने नदी पार की। नदी के बीच में पहुंचे तो लहरों में एक अजीब-सा स्वर सुनाई पड़ा। राम ने पूछा— 'यह कैसा शोर, मुनिवर?'

'वत्स, यहीं पर सरयू गंगा से मिल रही है। यह उसी का स्वर है।'

नदी पार करके वह आगे बढ़े।

❑❑

सामने ही सघन वन था। ऐसा दुर्गम कि आगे जाने का मार्ग ही न मिले। वन में अनेक हिरन, पशुओं का स्वर गूंज रहा था। अंदर भयावह अंधकार छाया हुआ था। राम ने पूछा— 'इस वजन का क्या नाम है, मुनिवर?'

'वत्स!' विश्वामित्र ने बताया— 'इस वन का नाम ताड़का वन है। आज तो यहां भयानक जंगल है, पर पहले यहां मलदा और करूप नामक समृद्ध देश बसे हुए थे—बड़े ही रमणीक और उपजाऊ। सारे भारत से लोग व्यापार करने यहां आते थे—यहां भरपूर धन-धान्य था, असीम संपदा थी, भव्य इमारतें थीं। वस्तुतः यहां की भूमि इंद्र के स्नान करते समय उसके शरीर से गिरे मैल से अत्यंत उर्वरा बन गई थी। इंद्र ने एक बार वृत्तासुर को मार डाला था, जिससे उस पर ब्रह्महत्या का पाप लग गया। इस कारण उसे बहुत कष्ट झेलने पड़े। देवों से इंद्र का कष्ट देखा न गया, सो पवित्र नदियों के जल से इंद्र को मंत्रोच्चार के साथ नहलाया गया। इस तरह इंद्र के शरीर से गिरे पानी से यह पृथ्वी उपजाऊ बनी।'

'लोगों के परिश्रम से यह पृथ्वी सोना उगलने लगी, किंतु उनकी यह सुख-समृद्धि अधिक काल तक कायम नहीं रह सकी, क्योंकि यहीं पर आ बसी सुंद नामक यज्ञ की पत्नी ताड़का—उसके साथ था उसका पुत्र मारीच। इन दोनों ने

मिलकर इस समृद्ध क्षेत्र को तहस-नहस कर डाला। ताड़का ने पुत्र सहित कोसों तक अपना ऐसा अत्याचार फैला रखा है कि कोई भी यहां डर के मारे नहीं पहुंचता। लोग यहां से भाग चुके हैं और अब यहां हिंसक पशुओं का निवास है। यही कारण है कि यह क्षेत्र इस कदर निर्जन और सुनसान हो गया। ताड़का बड़ी शक्तिशालिनी है। हजार हाथियों के बराबर उसकी शक्ति है। जो भी भूले-भटके इधर आ निकलता है, ताड़का व मारीच उसका वध कर डालते हैं। सुनो राजकुमार, मैं तु हें उन्हीं का नाश करने के लिए यहां लाया हूं।'

'आश्चर्य है! नारी तो स्वभाव से ही निर्बल होती है, इय यक्ष-नारी में हजार हाथियों का बल कहां से आया? आखिर उसकी इस शक्ति का रहस्य क्या है?' राम ने पूछा।

'सुनो वत्स!' विश्वामित्र बोले— 'ताड़का को यह अपार शक्ति ब्रह्मा की कृपा से प्राप्त हुई है। एक बहुत ही बलवान यक्ष था—सुकेतु। बेचारे के कोई संतान नहीं थी। संतान पाने की इच्छा से उसने तपस्या की। ब्रह्मा उसकी तपस्या से प्रसन्न हुए और उसे कन्या का पिता बनने का वरदान दिया। सुकेतु चाहता था पुत्र, सो ब्रह्मा ने कहा— 'यह कन्या हजार हाथियों के समान शक्तिशाली होगी, पुत्र का अभाव नहीं रहेगा।'

समय आने पर सुकेतु की पत्नी ने एक सुकन्या को जन्म दिया—यही कन्या ताड़का थी। बड़ी हुई तो पिता ने बड़े लाड़ से उसका विवाह सुंद से कर दिया। ताड़का को एक पुत्र हुआ, जिसका नाम मारीच था। यह मारीच बलवान तो था ही, साथ ही अत्यंत शरारती भी। उपद्रवी मारीच की बढ़ती शरारतों से तंग आकर एक दिन अगत्स्य मुनि ने गुस्से में उसे श्राप दे दिया कि 'जा तू राक्षस हो जा।' यह श्राप मारीच के पिता सुंद से बर्दाश्त न हो सका। वह अगस्त्य मुनि को मारने के लिए दौड़ पड़ा। सुंद की धृष्टता मुनि की आंखों में खटक गई और उसे श्राप देकर पल-भर में आग में भस्मीभूत कर मार डाला। इस पर मारीच व ताड़का दोनों ने मिलकर अगस्त्य पर धावा बोल दिया। अगस्त्य मुनि का क्रोध के मारे बुरा हाल! उन्होंने ताड़का को श्राप दिया— 'तुम दोनों का आचरण किसी राक्षस से कम नहीं, सो आज से तुम दोनों भी इंसानों का मांस खाने वाले राक्षस बन जाओगे और तु हारा जो सलोना रूप है, वह भी कुरूप हो जाएगा।' बस, उस दिन से ताड़का राक्षसी बन गई और इस हरे-भरे इलाके को बर्बाद करके उत्पात मचा रखा है। उसके उत्पातों से यहां की शांति भग हो गइ। हे वत्स, अब तो तुम ही ताड़का को मारकर पृथ्वी के पाप को समाप्त कर सकते हो।'

'मुनिवर! आपकी आज्ञा शिरोधार्य। मैं ताड़का को मारकर मानव मात्र का अवश्य कल्याण करूंगा।'

राम ने अपना धनुष उठाया और उसकी प्रत्यंचा कान तक खींचकर भारी नाद किया। धनुष-टंकार इतना भव्य था कि सारे वन-प्रांत में बादलों की गंभीर गरज-सी गूंज उठी। जंगल के पशु-पक्षी भय से इधर-उधर भागने लगे।

ताड़का के कानों में यह धनुष-टंकार गूंजी तो वह चौंक पड़ी—आखिर उसके वन में आने की हि मत किसने की? वह उस दिशा की ओर दौड़ पड़ी, जहां से यह आवाज आई थी।

राम तो धनुष ताने उसी का इंतजार कर रहे थे। सामने मुंह फाड़े विकराल डील-डौल की ताड़का को देखकर राम तो विस्मय में ही पड़ गए। लक्ष्मण से बोले— 'देख रहे हो भाई, कैसी भयानक है यह राक्षसी। यह जिंदा रही तो जन सामान्य का जीना हराम हो जाएगा। सो मैं इसका अंत करने जा रहा हूं।'

ताड़का ने पास पहुंचकर जैसे ही राम पर धावा बोलना चाहा, राम ने धनुष खींचा और बाणों के तीखे वारों से ताड़का को लहू-लुहान कर दिया। ताड़का ने चीखकर वहीं दम तोड़ दिया। ताड़का के मरते ही वह सुनसान और निर्जन इलाका पहले की भांति रमणीक व भव्य बन गया।

विश्वामित्र ने प्रसन्नता से राम को अपने आलिंगन में ले लिया। उस रात तीनों ने उसी वन में विश्राम किया।

ताड़का वध से देवों ने चैन की सांस ली और राम पर फूल बरसाए।

प्रात: होते ही राम व लक्ष्मण विश्वामित्र के साथ उनके आश्रम की ओर चल पड़े।

❑❑

वन से निकले तो विश्वामित्र ने राम से प्रसन्न होकर कहा— 'हे दशरथ नंदन! तुमने ताड़का वध करके सिद्ध कर दिया कि तुम समर्थ हो, सो मैं तु हें अधिक मारक अस्त्रों का ज्ञान प्रदान करता हूं। इन अस्त्रों की जानकारी से तुम देवों, राक्षसों, गंधवोह व यक्षों सभी को पराजित करने में समर्थ हो जाओगे। तीनों लोकों में तु हारी वीरता की जय-जयकार होगी। तु हारा सामना करने वाला कोई नहीं रहेगा।'

यह कहकर विश्वामित्र ने वषोह के तपोबल से प्राप्त अस्त्र-शस्त्रों का ज्ञान राम को दिया। ये ऐसे वज्रास्त्र थे, जो देवों को भी उपलब्ध न थे। इन दुर्लभ अस्त्रों को पाकर राम को प्रतीत हुआ, जैसे वे सचमुच अजेय बन गए हों। बोले— 'मुनिवर! आपकी इस कृपा का मैं कभी बदला नहीं चुका सकूंगा। मैं इस ज्ञान से पृथ्वी के अत्याचार को दूर करूंगा। हे मुनिवर, अब मुझे ऐसा अस्त्र भी दीजिए, जो इन अस्त्रों का भी सामना कर सके।'

'ठीक है, मैं तु हें ऐसा संहार अस्त्र भी प्रदान करता हूं।' यह कह विश्वामित्र

ने सत्यकीर्ति, प्रतिहार, अवान्सुख आदि संहार अस्त्रों की जानकारी राम को दीं

राम ने विश्वामित्र से प्राप्त इस जानकारी से लक्ष्मण को भी परिचित करा दिया।

❑❑

एक जगह पहाड़ों की तराई में बसी मनोहर उपत्यका देखकर राम बोले— 'मुनिवर, यह तो अत्यंत मनोहर स्थान है। चारों ओर हरे-भरे पेड़ हैं। आकाश में पक्षी कलरव कर रहे हैं। लगता है, जैसे यहां किसी का आश्रम हो। कृपया बताएं, यह कौन-सा स्थान है ?'

'वत्स! उस उपत्यका में बसा यह आश्रम 'सिद्धाश्रम' कहलाता है। सुनो, मैं तु हें इसकी पूरी कथा सुनाता हूं। किसी समय यहां बलि नामक राक्षस ने सारे देवों को पराजित किया था ओर विशाल यज्ञ का आयोजन किया था। भला बलि की बढ़ती हुई शक्ति देवों से कैसे बर्दाश्त होती! कोई और उपाय न देखकर इंद्र सहित सभी देव विष्णु भगवान के पास गए और हाथ जोड़कर याचना की— 'प्रभु, बलि ने सारे देवों को तो परास्त कर दिया, अब वह यज्ञ भी कर रहा है। यज्ञ में याचक उससे जो कुछ मांगता है, वह दिल खोलकर देता है। अधिक समय तक ऐसा जारी रहा तो अपने दान, धर्म व तप से वह हमसे भी आगे बढ़ जाएगा। अब आप ही कुछ कीजिए, जिससे उसका यज्ञ पूरा न हो सके।'

विष्णु भगवान बोले— 'आप लोग निश्चिंत रहें, आपकी इच्छा पूरी होगी।'

भगवान विष्णु ने वामन का रूप धारण किया और जा पहुंचे राजा बलि के पास, जो यहीं सिद्धाश्रम में यज्ञ कर रहा था। बलि ने जैसे ही तेजस्वी वान को देखा तो पूछा— 'हे ब्राह्मण, आज्ञा कीजए, क्या चाहिए आपको ? आप जो मांगेंगे दूंगा।'

'मुझे ज्यादा कुछ नहीं चाहिए, बस, मुझे तो उतनी ही जमीन चाहिए, जो मेरे ढाई कदमों में समा सके, जहां मैं बैठकर ईश्वराधना कर सकूं।'

बलि ने छोटे-से कद के वामन के कदमों को निहारकर कहा— 'बस! जहां आप ढाई कदम धर दें, वह जमीन आपकी।'

वामन रूपी भगवान विष्णु मुस्कराए और ढाई कदम ऐसे उठाए कि दो कदमों में सारी पृथ्वी समा गई और आधे कदम में बलि भी आ फंसा। बलि ने सिर झुकाकर वामनावतार को सब कुछ समर्पित कर दिया। उसकी गिनती सात अमर मानवों में हो गई।

'हे राम और लक्ष्मण।' विश्वामित्र आगे बोले— 'यही वह पुण्य प्रदेश है, जहां अनेक ऋषि-मुनियों ने तप किया है, मैं भी यहीं पर यज्ञ कर रहा हूं।'

'तो यही वह स्थान है, जहो हमारा लक्ष्य है ?' राम ने पूछा।

'हां, यहीं पर तु हें अपना पराक्रम दिखाना है।' विश्वामित्र बोले— 'मैंने यहां अपना यज्ञ निर्विघ्न समाप्त करने की बहुत कोशिश की, किंतु राक्षसों के विरोध के कारण, मैं इसमें सफल नहीं हो सका हूं। हमेशा राक्षस आकाश-मार्ग से आते हैं और ऊपर से रक्त, हड्डियां और मांस फेंककर हवन को अशुद्ध कर देते हैं। अब तु हें ही यहां उपस्थित होकर राक्षसों से हमारी रक्षा करनी है।'

राम व लक्ष्मण ने विश्वामित्र का यह आग्रह खुशी-खुशी स्वीकार कर लिया, तीनों सिद्धाश्रम में आ गए।

सिद्धाश्रम के तपस्वियों ने राम व लक्ष्मण का प्रेमपूर्ण स्वागत किया। राम ने विश्वामित्र से निवेदन किया— 'हे मुनिवर! आप हमें जिस काम से यहां लाए हैं, उसे हम जल्दी पूरा करना चाहते हैं। बेहतर है कि आप यज्ञ इसी समय आरंभ कर दें।'

'रात हो गई है—अब विश्राम करो।' विश्वामित्र बोले— 'कल प्रात: यज्ञ आरंभ होगा।'

❑❑

प्रात:काल सभी तपस्वी यज्ञ-स्थल पर पहुंचे। विश्वामित्र ने यज्ञ-कुंड में अग्नि-प्रज्ज्वलित की और अगले ही पल वातावरण में पवित्र श्लोकों के स्वर गूंजने लगे।

राम ने पूछा— 'हे तपस्वियो, कृपया बताएं कि राक्षस कब आएंगे?'

'राजकुमारो!' तपस्वी बोले— 'महर्षि विश्वामित्र छह रातों तक मौन धारण करके यज्ञ करेंगे। आप लोग छह रातों तक जागरूक होकर यज्ञ भूमि की रक्षा कीजिए।'

'आओ लक्ष्मण!' राम बोले— 'हम अपना काम शुरू कर दें।'

यह कहकर राम व लक्ष्मण अस्त्रों-शस्त्रों से सुसज्जित होकर यज्ञ-स्थल की पहरेदारी में सन्नबद्ध हो गए।

पांच रातें तो निर्विघ्न समाप्त हो गइह्न। जब छठी रात आई तो राम व लक्ष्मण अधिक सतर्क हो गए। राम बोले— 'लक्ष्मण! आज यज्ञ का अंतिम दिन है। संभावना यही है कि यज्ञ को विनष्ट करने आज राक्षस अवश्य आएंगे।'

हुआ भी ऐसा ही।

हवन-कुंड को घेरकर बैठे तपस्वियों ने सुना, आकाश में शोर गूंजने लगा है। वे समझ गए कि मारीच व सुबाहु अपने साथियों के साथ यज्ञ को अपवित्र करने आने ही वाले हैं।

राम व लक्ष्मण इसी मौके की प्रतीक्षा में थे। राक्षसों को निकट आते देखकर उन दोनों ने अपने अस्त्र संभाल लिए। राम बोले— 'आज मैं इन राक्षसों को खूब

मजा चखाऊंगा।'

'मैं भी, भैया!'

हाथों में अपवित्र वस्तुएं लेकर जैसे ही राक्षस-सेना निकट पहुंची, दोनों राजकुमारों ने तीरों की वर्षा करके राक्षसों को मारना शुरू कर दिया। मारीच और सुबाहु पास आए तो राम ने बिना नोक का एक ऐसा बाण चलाया, जो मारीच को जोरों से जा लगा। उसके आघात से मारीच वहां से लगभग आठ सौ मील उड़ता हुआ दूर जा गिरा—जीवित ही। दूसरे बारण को मंत्र पढ़कर चलाया, जिससे सुबाहु जलकर मर गया। राम व लक्ष्मण ने तीरों की ऐसी अविराम धारा छोड़ दी कि वहां आए समस्त राक्षस तड़प-तड़पकर मरने लगे।

इस प्रकार उपत्यका के समस्त राक्षस मारे गए और यज्ञ-निर्विघ्न समाप्त हो गया।

सारा वातावरण राम व लक्ष्मण की जय-जयकार से गूंजने लगा। देव-लोक से देवताओं ने पुष्प वर्षा की।

विश्वामित्र ने यज्ञ-वेदी से उठ राम को आलिंगन में ले लिया।

चार

सिद्धाश्रम में यह सूचना पहुंची कि मिथिला-नरेश जनक अपनी पुत्री के विवाह के लिए स्वयंवर का अनुष्ठान कर रहे हैं। विश्वामित्र की इच्छा थी कि इस अनुष्ठान में राजकुमार राम भी भाग लें। वे राम से बोले— 'सुनो वत्स! मिथिला पुरी के नरेश जनक अपनी पुत्री का स्वयंवकर करने जा रहे हैं। कन्या अत्यंत रूपवती व गुणवती है। मैं चाहता हूं कि तुम भी इस स्वयंवर में भाग लो।'

'जैसी आपकी आज्ञा, मुनिवर।'

'राजा जनक के पास एक अद्वितीय शिव धनुष है। यह धनुष देवताओं ने जनक के पूर्वजों को यज्ञ से प्रसन्न होकर दिया था। इसकी विशेषता यह है कि इसे बली-से-बली प्राणी भी नहीं उठा सकता। अनेक वीर राजाओं व राजकुमारों ने यह धनुष उठाना चाहा, किंतु कोई सफल नहीं हो सका। हां, बाल्यकाल में एक बार जनक नंदिनी सीता ने यह धनुष ेल-खेल में उठा लिया था। पुत्री का यह पराक्रम देखकर जनक दंग रह गए थे। सोचने लगे थे, ऐसी परम विदुषी और वीर कन्या के लिए उचित वर कैसे मिलेगा? सो स्वयंवर में उनकी एकमात्र शर्त यही है कि जो कोई यह धनुष उठा लेगा, उसे ही सीता पति के रूप में वरेगी। मुझे विश्वास है कि तुम स्वयंवकर में अवश्य सफलता प्राप्त करोगे।'

महर्षि विश्वामित्र शुभ मुहूर्त पर राम और लक्ष्मण के साथ मिथिला की ओर चल पड़े।

❑❑

शाम के समय वे शोण नदी के किनारे पहुंचे। रात वहां गुजारने का निश्चय किया गया। राम व लक्ष्मण ने पवित्र शोण नदी में स्नान किया और संध्या पूजन करके वहीं विश्राम किया।

अगले दिन प्रात: होते ही आगे बढ़े। दोपहर के समय गंगा का तट आया तो उन्होंने कुल काल के लिए वहीं रुकना उचित समझा। वातावरण बड़ा सुहावना था। नदी का तट अत्यंत हरा-भरा सुर य था, नदी की लहरों पर हंस और सारस की पंक्तियां तैर रही थीं। पेड़ों पर पक्षी चहचहा रहे थे।

राम ने कहा— 'हे ब्रह्मर्षि! नदी-तट की शोभा ने तो मेरा मन मोह लिया। कृपया बताएं कि गंगा-नदी का पृथ्वी पर अवतरण कैसे हुआ?'

'अवश्य!' विश्वामित्र बोले— 'इसकी कथा अत्यंत हृदय-ग्राही है। सुनो, एक समय अयोध्या में राजा सगर का राज था, जो अत्यंत धर्मात्मा व पुण्यात्मा थे। उन्हें सारे सुख प्राप्त थे, दु:ख था तो बस एक ही, कि उनके कोई संतान नहीं थी। राजा सगर की दो रानियां थीं और दोनों संतानविहीन। संतान-प्राप्ति के लिए राजाव रानियों ने कई पूजा-अनुष्ठान किए, पर सब व्यर्थ। तब कोई और उपाय न पाकर राजा नारियों सहित हिमालय पर्वत पर गए और संतान कामना से कठोर तप आरंभ किया। तप करते हुए सौ वर्ष व्यतीत हो गए, तब कहीं प्रसन्न होकर भृगु मुनि ने राजा को वरदान दिया— 'हे राजन! अब तुम निश्चिंत होकर अयोध्या जाओ—तु हें अवश्य संतान होगी। '

'सच, महाराज!' राजा सगर ने गदगद स्वर में पूछा।

'हां!' भृगु मुनि बोले— 'एक रानी को होगी सिर्फ एक संतान तथा दूसरी रानी को साठ हजार संतानें। जो एक संतान होगी, उसेस तो तु हारे वंश की वृद्धि और दूसरी रानी की साठ हजार संतानें अत्यंत पराक्रमी होंगी।'

'महाराज, आपने तो मेरी सारी चिंताएं हर लीं।' राजा सगर बोले— 'अब सिर्फ यह बता दीजिए कि एक संतान की मां कौन-सी रानी बनेगी और साठ हजार संतानों की मां कौन-सी रानी?'

'यह तो तु हारी रानियों पर निर्भर करता है कि वे किस-किस संतान की मां बनना चाहती हैं।'

राजा सगर ने अपनी दोनों रानियों से इच्छा पूछी तो केशनी नामक रानी बोली— 'मैं तो एक ही संतान चाहती हूं, जो वंश की वृद्धि करे।' जबकि सुमति नामक रानी ने कहा— 'मुझे तो साठ हजार संतानों की इच्छा है, जिनकी वीरता से वंश का नाम रोशन हो।'

'तथास्तु!' भृगु मनि ने आशीर्वाद दिया।

राजा सगर का तप सफल हुआ और वे खुशी-खुशी अयोध्या लौट आए।

समय आने पर केशनी को एक पुत्र पैदा हुआ, जिसका नाम रखा गया असमंजस। सुमति के गर्भ से एक पिंड निकला, जिससे साठ हजार पुत्रों ने जन्म लिया। इन पुत्रों की देखरेख के लिए अनेक धाएं नियुक्त की गइह्, जिनके लालन-पालन से वे बड़े होने लगे। साठ हजार पुत्र बड़े हुए तो अत्यंत पराक्रमी और सुंदर बने जबकि असमंजस बहुत ही क्रूर, शरारती और अत्याचारी निकला। लोगों को बिना बात के कष्ट देता और खुश होता था। उसकी क्रूरता से जनता में रोष और क्रोध फैल गया। यह देखकर शुभचिंतकों ने राजा को सलाह दी कि ऐसे अविवेकी पुत्र को तो देश निकाला दे देना चाहिए। राजा को यह सलाह माननी ही पड़ी और असमंजस को देश से निकाल बाहर कर दिया। हां, असमंजस का एक पुत्र जरूर था, जो बहुत संयमी, विवेकशील, वीर व सुस य था। नाम था अंशुमान।

कुछ समय गुजर जाने के बाद राजा सगर ने अश्वमेध यज्ञ की तैयारियां कीं। यज्ञ के लिए श्यामकर्ण घोड़ा छोड़ दिया। घोड़े के साथ असमंजस का पुत्र अंशुमान भी चला। घोड़े ने संपूर्ण पृथ्वी की परिक्रमा की और अब अश्वमेध यज्ञ की पूर्णाहुति ही शेष रह गई थी। लेकिन इंद्र यह यज्ञ निर्विघ्न समाप्त कैसे होने देते! अगर यज्ञ सफल हो गया तो उनकी महत्ता कौन स्वीकार करेगा! सो उन्होंने श्यामकर्ण घोड़ा चुरा लिया। अंशुमान ने घोड़ा गायब देखा तो वह बहुत घबराया, खोलने पर भी घोड़े का कहीं पता न चला। वह राजा सगर के पास पहुंचा और घोड़े के गुम होने की सूचना दी। राजा सगर परेशान हो गए—यज्ञ में विघ्न पड़ गया था, जो सुखद नहीं था। उन्होंने अपने साठ हजार पराक्रमी पुत्रों को बुलाया और आदेश दिया— 'जाओ कहीं से भी मिले, यज्ञ का घोड़ा ढूंढकर लाओ।'

साठ हजार पुत्र घोड़े की खोज में निकल पड़े।

राजा सगर के साठ हजार पुत्रों ने पृथ्वी का कोना-कोना छान मारा, किंतु घोड़े का कहीं सुराग न मिला। अपने-अपने घोड़ों पर सवार वे अत्यंत बलवान तथा लंबे-चौड़े राजकुमार, जहां कहीं निकल जाते, वहीं खलबली मच जाती। दशों दिशाओं को उन्होंने अपनी खोज से मथ डाला। घोड़ा कहीं न मिला तो वे परेशान... अब क्या करें। ठीक है भूतल पर न सही तो पाताल लोक में सही। सो उन्होंने पृथ्वी की खुदाई शुरू कर दी। खोदते-खोदते सामने विशाल गड्ढा खुद गया, असं य जीव-जन्तु मारे गए, पर घोड़ा था कि उसका कहीं निशान भी नहीं मिल पाया। निराशा की पराकाष्ठा में वे अयोध्या लौट आए और पिता से बोले— 'राजन, पृथ्वी का ऐसा कोई कोना नहीं जहां हम न गए हों, पृथ्वी के अंदर भी गए, पर घोड़े का कहीं भी पता नहीं चल सका। अब आपकी जैसी आज्ञा...।'

साठ हजार पराक्रमी पुत्रों के ऐसे वचन सुनकर राजा सगर के क्रोध का ठिकाना नहीं रहा। उन्हें अपने पुत्रों पर बड़ा भरोसा था। बोले— 'पृथ्वी का चप्पा-चप्पा खोद डालो, संपूर्ण ब्रह्मांड को रौंद डालो, कहीं से यज्ञ का घोड़ा ढूंढ लाओ, अगर यज्ञ में विघ्न पडऋ गया तो संकट अवश्यंभावी है। जाओ, इस बार बिना घोड़े के वापस मत आना।'

राजकुमार दुबारा घोड़े की खोज में निकले। इस बार उन्होंने पृथ्वी का पूर्वी हिस्सा खोदना आरंभ कर दिया। खोदते-खोदते वे पृथ्वी की तह तक पहुंच गए। वहां जाकर उन्होंने देखा कि दिग्गज समाधि में बैठे हैं। दिग्गज को उन्होंने प्रणाम किया और अपने घोड़े की खोज में लग गए। पूर्व दिशा में समाधि में बैठे हुए थे कपिल। कपिल के पास ही खड़ा था यज्ञ का श्यामकर्ण घोड़ा। दरअसल, इंद्र ने यह घोड़ा चुराकर पाताल में ऋषि कपिल के यहां छिपा दिया था, जिसका कपिल को भी ज्ञान न था। किंतु इंद्र की धूर्तता से अनभिज्ञ साठ हजार राजकुमारों ने कपिल मुनि को ही चोर मान लिया और शोर मचाने लगे— 'वाह! ऋषि का कमाल तो देखो। एक तो हमारा घोड़ा चुरा लिया और उऊपर से समाधि का नाटक किए बैठे हैं।' इस अपमान का ऋषि कपिल ने कोई जवाब नहीं दिया और समाधि में लीन रहे। साठ हजार राजकुमारों ने आव देखा न ताव, बस एक साथ मिलकर कपिल मुनि पर धावा बोल दिया। कपिल मुनि की समाधि भंग हो गई। क्रोध से उनका सारा शरीर कांप उठा। उन्होंने जलती हुई आंखें राजकुमारों की ओर उठा दीं। आंखों से भयंकर अग्नि-शिखा निकली, जिसमें सारे राजकुमार देखते-ही-देखते जलकर भस्म हो गए।

उधर राजा सगर अपने पुत्रों की प्रतीक्षा में थे। काफी समय गुजर जाने के बावजूद राजकुमार न लौटे तो वे चिंतित हो उठे। उन्होंने अंशुमान को बुलाकर कहा— 'पुत्र, तु हारे साठ हजार चाचा यज्ञ के घोड़े को ढूंढने गए थे, किंतु वे ज्ञी न जाने कहां जाकर खो गए हैं। अब तुम जाओ और चाचाओं व यज्ञ के घोड़े को कहीं से खोज लाओ।'

अंशुमान ने देर नहीं की, आदेश पाते ही वह अपने घोड़े पर बैठा और चाचाओं की खोज में निकल पड़ा। खोजते-खोजते वह एक दिन जा पहुंचा उन्हीं कपिल मुनि के आश्रम में, जिन्होंने उसके चाचाओं को भस्म कर दिया था। अंशुमान ने देखा, आश्रम के पास ही भस्म का विशाल ढेर पड़ा है और पास ही यज्ञ का घोड़ा खड़ा है। अंशुमान पलक झपकते ही सब कुछ समय गया। दु:ख से कातर और विकल होकर अंशुमान कपिल मुनि के निकट पहुंचा और उनके कदमों में बिछ गया। ऋषि कपिल ने उसे उठाया और स्नेहपूर्वक बोले— 'वत्स, दु:खी होने की आवश्यकता नहीं, पोंछ डालो अपने अश्रु। तु हारे चाचाओं का

अंत उनकी करनी से हुआ है। उन्होंने जैसा किया, उसका फल वैसा पाया। अब तुम अपना घोड़ा ले जाओ और जाकर अश्वमेध यज्ञ को सफल बनाओ।'

अंशुमान बोला— 'ऐसा ही होगा मुनिवर! किंतु यह तो बताइए कि अकाल मृत्यु को प्राप्त मेरे चाचाओं की सद्गति कैसे होगी?'

'इनकी सद्गति तो गंगा जल से ही हो सकती है।'

'गंगा जल?'

'हां! गंगा भगवान विष्णु के चरणों से निकलती है। उसके पवित्र जल से तु हारे चाचाओं की आत्मा को शांति मिलेगी और वे स्वर्ग का वरण करेंगे।'

अंशुमान ने चुपचाप यज्ञ का घोड़ा लिया और अयोध्या आ गया। राजा सगर से सारा हाल कह सुनाया। राजा शोक से अभिभूत हो गए। एक पुत्र तो अविवेकी निकला था और बाकी साठ हजार पुत्रों का भी यह अंत देखकर उनकी विह्वलता का कोई अंत नहीं रहा। यज्ञ अभी अधूरा था, सो शो के बावजूद सर्वप्रथम उन्होंने यज्ञ को समाप्त करना ही उचित समझा।

यज्ञ निर्विघ्न समाप्त हो गया, तो सोचा कि अब गंगा नदी का जल कैसे पृथ्वी पर प्रवाहित किया जाए ताकि उनके पुत्रों को सद्गति प्राप्त हो सके। स्वर्गलोक से पाताल लोक तक गंगा का अवतरण एक विकट समस्या थी। सोच-विचार में ही अनेक वर्ष व्यतीत हो गए, पर राजा को कोई उपाय न सूझा। पुत्रों की अकाल मृत्यु का शोक कुछ ऐसा गहरा था कि राजा सगर दिन-ब-दिन चिंता में घुलने लगे और एक दिन ऐसा हुआ कि वे इस धराधाम से कूच कर गए।

राजा सगर के देहांत के बाद अंशुमान अयोध्या के राजा बने। अंशुमान को भी पताथा कि दादा सगर किस चिंता में घुलमर मरे हैं, वह भी गंगावतरण के बारे में सोच-विचार करते रहे, पर सफलता उन्हें भी कोई नहीं मिली। तब अंशुमान हिमालय की ओर चले गए और गंगा को पृथ्वी पर लाने के लिए तप करने लगे। वहीं सैकड़ों वर्ष्ज्ञ की तपस्या के पश्चात उनकी मृत्यु हो गई। उनकी मृत्ये के पश्चात सिंहासन पर बैठे दिलीप। दिलीप की चिंता का मु य धारा वही थी, जो पिता की थी... आखिर गंगा को पृथ्वी पर कैसे लाया जाए? उनका भी सारा काल इसी चिंता में व्यतीत हो गया और वे भी इसी चिंता में घुलकर मृत्यु को प्राप्त हुए। दिलीप के पुत्र का नाम था-भगीरथज्ञ यह भगीरथ का ही प्रताप था कि अपने असीम प्रयास और तप से वे गंगा नदी को पृथ्वी पर लाने में समर्थ हुए और अपने पूर्वजों को सद्गति प्रदान की।

भगीरथ की कोई संतान नहीं थी। पिता की मृत्यु के बाद वह सिंहासन पर बैठे तो वह भी यही चाहते थे कि किसी तरह पूर्वजों की आत्मा की शांति के लिए कुछ करना चाहिए। उनसे अधिक समय तक महल में रहकर शासन नहीं

चलाया जा सका, वह राज्य का भार विश्वस्त मंत्रियों को सौंपकर स्वयं गंगा को लाने गोकरण तीर्थ जा पहुंचे। वहां उन्होंने घनघोर तप किया। ब्रह्मचर्य व्रत का पालन करते हुए वे खड़े-खड़े तप करने लगे। सैकड़ों वषोह्र की तपस्या के पश्चात ब्रह्मा उन पर प्रसन्न हुए। उन्होंने प्रकट होकर भगीरथ से कहा— 'वत्स, मैं तुमहारे तप से प्रसन्न हुआ। वर मांगो, तु हारी क्या इच्छा है?'

'प्रभु!' भगीरथ बोले— 'मेरी तो एक ही इच्छा है। वर देना ही चाहते हैं तो यह दीजिए कि गंगा का पृथ्वी पर अवतरण हो, ताकि मेरे पूर्वजों को उसके पवित्र जल से सद्‌गति प्राप्त हो सके। इसके अलावा, हमारा वंश भी आगे बढ़ता रहे।'

'ऐसा ही होगा।' ब्रह्मा बोले— 'लेकिन हे भगीरथ! जब गंगा का अवतरण पृथ्वी पर होगा तो उसका वेग संभालना बहुत मुश्किल होा। हां, भगवान शंकर चाहें तो आकाश से गिरती गंगा को संयत कर सकते हैं। इसलिए भगवान शंकर की स्तुति करो और उनसे वर मांगो कि वे गंगा की वेगवान लहरों को वरण करके शांत करें।'

ब्रह्मा यह वचन कहकर अंतर्ध्यान हो गए।

धुन के पक्के राजा ागीरथ ने उसी पल से शंकर भगवान की स्तुति आरंभ कर दी। एक पैर पर—बल्कि एक पैर के अंगूठे पर—खड़े होकर भगीरथ ने शंकर की आराधना की। एक-एक दिन करके वषोह्र बीत गए, तब एक दिन भगवान शंकर को भक्त के पास आना ही पड़ा। बोले— 'भगीरथ, तु हारी लगन का जवाब नहीं। लो, मैं तु हारी मनोकामना पूरी करता हूं।'

शंकर भगवान के इतना कहते ही गंगा तेज गति से पृथ्वी की ओर आने लगीं। सचमुच उनका वेग इतना तीव्र था कि वह अपने सामने सबको तहस-नहस कर देतीं, लेनि पृथ्वी पर गिरने से पहले ही भगवान शंकर ने उन्हें अपने मस्तक पर ले लिया। जटाओं के महाजाल में फंसकर गंगा की न सिर्फ गति धीमी पड़ गई, बल्कि अनेक दिनों तक वह भटकती रहीं। फिर वह सप्त धारा के रूप में जटाओं से निकलीं और धरती पर बहती हुई आगे बढ़ चलीं, जो मु य धारा थी, वह भगीरथ के पीछे-पीछे चल पड़ी। भगीरथ आगे-आगे जिस दिशा में बढ़ते जा रहे थे, गंगा भी उनका अनुसरण करती हुई बढ़ने लगीं। बड़ा ही अद्‌भुत और मनोहारी दृश्य था और भगीरथ की जय-जयकार होने लगी।

गंगा पर्वतों, घाटियों, मैदानों तथा वन प्रांतों को आढ़ी-टेढ़ी राहों से पार करती हुई अंततः पृथ्वी के उस भाग पर जा पहुंचीं, जहां राजा सगर के साठ हजार पुत्रों ने जमीन खोदकर विशाल गड्ढा बना दिया था और जहां उनकी भस्म पड़ी हुई थी। गंगा ने सगर-पुत्रों की भस्म को आत्मसात करके उन्हें सद्‌गति प्रदान की और

वहीं पर समुद्र बन गया। चूंकि सगर पुत्रों ने ही वहां पर गड्ढा खोदा था, सो वह स्थान सागर कहलाया।

इस प्रकार राजा भगीरथ के प्रयासों से उनके पूर्वजों को तो सद्गति प्राप्त हुई ही साथ ही उन्होंने पृथ्वी को गंगा जैसी देव नदी देकर कृत-कृत्य भी किया। विशाल सागर भगीरथ के भगीरथी प्रयासों का ज्वलंत प्रमाण है।

'हे रामचंद्र! यही है गंगावतरण की कहानी। अब संध्या हो चली है। संध्या-वंदन और संध्या स्नान करो, फिर हम विश्राम करेंगे।'

पांच

प्रात:काल होते ही विश्वामित्र ने राम-लक्ष्मण के साथ आगे की यात्रा आरंभ की। अब उनका लक्ष्य था मिथिला प्रदेश।

वे अपने लक्ष्य से कुछ दूर रह गए तो मार्ग में एक प्राचीन आश्रम नजर आया। आश्रम की शोभा दर्शनीय थी, पर आश्चर्य कि वह सुनसान था। वहां कोई नहीं था। ऐसा भव्य किंतु निर्जन आश्रम देखकर राम को कौतूहल हुआ। उन्होंने विश्वामित्र से पूछा— 'मुनिवर! यहां तो कोई नहीं रहता। यहां के तपस्वी कहां चले गए? आखिर इस निर्जन आश्रम का यहां बने रहने का कारण?'

'वत्स! तु हारा प्रश्न उचित ही है।' विश्वामित्र बोले— 'आज तुम जिस आश्रम को सुनसान देख रहे हो, वह हमेशा से ऐसा नहीं था। किसी समय यह क्षेत्र अत्यंत गुंजान था, यहां भी लोगों का निवास था। यहां रहते थे ऋषि गौतम। आश्रम उन्हीं के श्राप से इस अवस्था को पहुंचा है।'

'कृपया इसका वृत्तांत सुनाएं।'

'सुनो! किसी समय यहां ऋषि गौतम अपनी पत्नी अहिल्या के साथ सुख से रहते थे। दोनों ही ईश्वर भक्त और परम तपस्वी थे। यहां हर समय तप और यज्ञ का वातावरण बना रहता था। अहिल्या पतिव्रता और साध्वी थी, परम सुंदरी और आकर्षक। उसके रूप की चर्चा तीनों लोकों में चर्चा का विषय बनी हुई थी। बस, अहिल्या का यही रूप उसका दुर्भाग्य बन गया और आश्रम की सारी ‌ुखियां देखते-ही-देखते तिरोहित हो गइह। हुआ यों कि देवलोक के इंद्र अहिल्या के रूप के दीवान हो गए। उनके मन में अहिल्या को प्राप्त करने की इच्छा जागृत हो गई। वे जानते थे कि अहिल्या परम साध्वी नारी है और उनके आगे किसी भी कीमत पर समर्पित नहीं होगी। सो उन्होंने छल-बल से काम लेने का निश्चय किया। एक दिन रात्रि के पिछले प्रहर की बात है, गौतम ऋषि नहाने के लिए आश्रम से बाहर गए हुए थे। तब इंद्र ने गौतम ऋषि का रूप धरा और जा पहुंचे अहिल्या के पास। अहिल्या ने समझा कि पति नहाकर आए हैं, सो उसे

कोई शक नहीं हुआ। इंद्र ने अनुकूल अवसर पाकर अहिल्या से बलात् सहवास की कामना प्रकट की। इस बीच अहिल्या को पता चल गया था कि यह उसके पति नहीं, इंद्र हैं। किंतु वह भी विवश हो गई थी, फल यह निकला कि इंद्र से सहवास करके वह पथभ्रष्ट बन गई। घबराई कि गौतम को पता चल गया तो क्या होगा? इंद्र ने कहा— 'अच्छा यही है कि तुम यहां से चली जाओ, वरना जब गौतम को इस कांड का पता चलेगा तो तु हारी स्थिति शोचनीय हो जाएगी। अहिल्या अभी सोच ही रही थी कि गौतम ऋषि नदी से नहाकर आ गए। उन्होंने अहिल्या को आश्रम में पर-पुरुष के साथ देखा तो क्रोध से आग-बबूला हो गए। उन्हें सारी बात पलक झपकते समझ में आ गई। इंद्र तो उन्हें देखकर डर के मारे थर-थर कांपने ही लगे। ाला गौतम के तप-बल से कौन अनभिज्ञ था—सभी उनसे डरते थे। इंद्र ने तो उनके चरणों में गिर पड़ने में ही अपनी खैर मनाई। लेकिन जो कुछ हो चुका था, उसका तो कोई प्रतिकार ही नहीं था।'

गौतम ने गंभीर स्वर में कहा— 'इंद्र! यह तुमने अच्छा नहीं किया—इस पाप का कोई प्रायश्चित नहीं। मेरा रूप धारण कर तुमने मेरी पत्नी को पथभ्रष्ट किया है, मैं इसके बदले तु हें श्राप देता हूं। अब तुम किसी नारी से सहवास नहीं कर सकोगे। आज से तुम नपुंसक बन जाओगे।'

इंद्र को अपने पाताचरण से बहुत पछतावा हुआ। लेकिन अब क्या हो सकता था! देवों को इस कांड का पता चला तो वे भी अत्यंत चिंतित हुए। गौतम ऋषि ने अब अपनी पत्नी की ओर देखा। बेचारी अहिल्या कोने में सिर झुकाए खड़ी थी। गौतम ने पत्नी से कहा— 'तुम अपने जिस रूप से मोहांध हो गई थी, उसका फल तु हें अवश्य मिलेगा। आज से तुम पत्थर बन जाओगी। तु हार उद्धार तभी होगा, जब यहां से राजा दशरथ नंदन राम गुजरेंगे। वही अपने चरण-स्पर्श से तु हारा उद्धार करेंगे और तुम अपने स्वाभाविक रूप में प्रकट होओगी। उनके द्वारा उद्धार किए जाने के बाद ही तु हें मैं पुनः स्वीकार करूंगा और हम दोबारा एक साथ रहेंगे।'

इतना कहकर गौतम मुनि ने पत्नी को त्याग दिया और इस आश्रम सहित, इस प्रदेश को छोड़कर चले गए। उन्होंने हिमालय जाकर तप में ध्यान लगाया। तब से यह आश्रम सूना पड़ा है। इस क्षेत्र के समस्त तपस्वी जहां-तहां चले गए और अहिल्या उस दिन से यहां पत्थर की प्रतिमा बनी तु हारे आगमन की राह देख रही है।'

यह कथा सुनकर विश्वामित्र बोले— 'चलो राम! आश्रम में प्रवेश करो, अहिल्या का उद्धार करो।'

राम ने विश्वामित्र और लक्ष्मण के साथ आश्रम में प्रवेश किया। सामने ही

अहिल्या की प्रस्तर-प्रतिमा अपने दुर्भाग्य से खड़ी थी। राम ने आगे बढ़कर प्रतिमा को चरणों से स्पर्श किया। अगले ही पल प्रतिमा जीती-जागती नारी में परिवर्तित हो गई। रूपवती व गुणवती अहिल्या का उद्धार हो गया। अहिल्या ने राम का अभिवादन किया। उसका प्रायश्चित पूर्ण हुआ। उसने घर आए अतिथि राम व अन्य लोगों का हार्दिक स्वागत किया। तीनों लोकों में हर्ष छा गया। देवों ने आकाश से फूल बरसाए।

तभी आश्रम में गौतम ऋषि ने प्रवेश किया।

पाप मुक्त अहिल्या ने पति को देखा तो उसका समस्त संताप जाता रहा।

मुनि गौतम ने अहिल्या को पुन: स्वीकार किया।

इस प्रकार राम के प्रताप से वषोह्न से सूना पड़ा आश्रम फिर से गुंजान हो गया। चारों ओर हर्ष और उल्लास का वातावरण छा गया।

यहां का काम समाप्त हो गया था।

विश्वामित्र राम से बोले— 'तु हारी कीर्ति अक्षय है राम। अब चलो, हम मिथिल की ओर प्रस्थान करें, जहां राजा जनक का धनुष-यज्ञ होने वाला है।'

'जैसी आपकी आज्ञा, मुनिवर।'

इतना कहकर राम व लक्ष्मण विश्वामित्र के साथ आगे बढ़े।

छह

मिथिला नगर की शोभा के क्या कहने!

विश्वामित्र एवं लक्ष्मण के साथ राम मिथिला पहुंचे, तो वहां चारों ओर सीता के स्वयंवर की चर्चा थी। विश्व के कोने-कोने से अनेक राजा व राजकुमार पहुंचे थे, जिन्हें अपनी वीरता का अभिमान था। यज्ञशाला में सैकड़ों विद्वत्जन व ब्राह्मण पधारे थे, जिनके श्लोकों से वातावरण गूंज रहा था, वेद-पाठ के स्वर उच्चारित किए जा रहे थे। यज्ञशाला की सज्जा देखने लायक थी, नयनाभिराम फूल बिखरे हुए थे, जिनकी सुगंध से हृदय प्रफु ल्लित हो रहा था।

राजा जनक के कानों में राजा दशरथ-नंदन राम के आने की सूचना पहुंची। वे तत्काल राज पुरोहित शतानंद के साथ उनके पास पहुंचे और अत्यंत आदर से विश्वामित्र से बोले— 'आपका स्वागत है, ऋषिवर! आपके चरणों से हमारा प्रदेश पवित्र हुआ। आपको यहां पाकर मैं अपनी प्रसन्नता व्यक्त नहीं कर सकता। महामुनि, यह तो बताइए, आपके साथ परम तेजस्वी, पराक्रमी और सुंदर ये राजकुमार कौन हैं?'

विश्वामित्र ने राम की ओर देखते हुए कहा— 'ये अयोध्या-नरेश राजा दशरथ के सुपुत्र हैं। इनकी विशेषता मैं क्या बखान करूं, इन्होंने ताड़का का वध

किया है, मारीच व सुबाहु का भी नाश किया है। अब आपके धनुष-यज्ञ की चर्चा सुनकर मेरे साथ यहां आए हैं।'

राजा जनक राम-लक्ष्मण को एकटक निहारते रहे। शतानंद बोले— 'हमारा अहोभाग्य, जो आप लोग यहां पधारे। विश्वामित्र की छत्रछाया में तो आपका यश बढ़ेगा। उनके प्रताप और पराक्रम के बारे में कौन नहीं जानता! निश्चित रूप से आप लोग विश्वामित्र से मार्ग-निर्देशन पाकर परम तेजस्वी और विद्वान बनोगे।'

इतना कहकर राजपुरोहित शतानंद ने विश्वामित्र के क्षत्रिय राजा से लेकर ब्रह्मर्षि बनने की कथा सुना दी। अंत में बोले— 'सो हे राजकुमार! जिस प्राणी ने इस प्रकार महातप करके अपनी मनोकामना पूर्ण की और ब्रह्मतत्व प्राप्त किया, उसके सान्निध्य में आप लोगों का भला ही होगा। इनके जैसा सर्व शास्त्रों और विधाओं का ज्ञाता और कोई नहीं।'

राजा जनक बोले— 'आप लोग धनुष-यज्ञ में सादर आमंत्रित हैं। अब विश्राम कीजिए, कल प्रात:काल आपके पुन: दर्शन करूंगा।

❑❑

दूसरे दिन विश्वामित्र राजा दशरथ-नंदन राम व लक्ष्मण के साथ बैठे थे।

प्रात: का समय था।

थोड़ी देर में ही राजा जनक अपने राजमंत्रियों व पुरोहितों के साथ विश्वामित्र के पास आए। बोले— 'हे ऋषिवर! मेरे योग्य कोई सेवा हो तो बताइए।'

'मिथिला नरेश!' विश्वामित्र बोले— 'राम और लक्ष्मण यहां धनुष-यज्ञ देखने आए हैं। इन्हें पिनाक धनुष देखने की बड़ी लालसा थी। कृपया धनुष दिखाकर इनकी इच्छा पूरी कीजिए।'

'अवश्य।' राजा जनक बोले— 'मैं आपको यह भी बताता हूं कि यह धनुष मेरे पास कैसे आया। सुनिए, एक थे राजा निमि, जिनके बड़े भाई का नाम था देवराज। घटना तब की है, जब दक्ष-यज्ञ में उमा-पति शिव को उचित भाग न मिला, तो सती ने अग्नि का आह्वान किया और भस्म हो गइह्र। इससे शिव बहुत क्रोधित हुए। उन्होंने अपना पिनाक धनुष उठाया और यज्ञानुष्ठान को नष्ट करने के लिए देवों से बोले— 'इस यज्ञ में मुझे भी भाग मिलना चाहिए था, पर खेद है कि मुझे उससे वंचित किया गया। सो मैं तुम सबके मस्तिष्क को अभी भेदता हूं।' यह सुनकर सभी देव डर से थर-थर कांपने लगे। उन्होंने शिव से कहा— 'हे महादेव, हम क्ष य हैं, हम आपकी आराधना करते हैं।' शिव ने उन्हें अभयदान दे दिया और उनकी स्तुति से प्रसन्न होकर पिनाक धनुष देवों को ही सौंप दिया। देवों ने जाकर पिनाक धनुष देवराज को दे दिया, जिसे उन्होंने सुरक्षित रखा। देवराज हमारे ही पूर्वज थे। सो यह धनुष तबसे हमारे वंश में रखा हुआ है।

'एक बार की बात है कि हमारे राज्य में बरसात नहीं हुई, सारे राज्य में अनावृष्टि से हाहाकार मच गया और अकाल पड़ गया। यह देखकर मैंने यज्ञ करना उचित समझा। यज्ञ में एक हल लेकर मुझे भूमि जोतनी पड़ी। मैं भूमि में हल चला रहा था कि तभी मेरा हल जमीन में पड़े एक कलश से जा लगा। कलश उठाकर देखा, तो उसमें से परम सुंदरी एक कन्या अवतरित हुई। वही मेरी पुत्री सीता है। सीता को पाकर मैं बड़ा प्रसन्न हुआ और अपने महल में ले गया। तबसे उसका पालन-पोषण राजकुमारियों के समान हो रहा है। जब सीता बड़ी हुई तो उसकी सुंदरता और सुघड़ता का जवाब नहीं रहा—जितनी रूपवती उतनी ही गुणवती। देश-विदेश में सीता के रूप व गुण की चर्चा होने लगी, जगह-जगह से राजकुमारों का अनुरोध आने लगा कि वे सीता से विवाह करना चाहते हैं। पर मैं भला यों ही अपनी कन्या किसी को कैसे सौंप देता! आखिर मुझे विश्वास कैसे होता कि अमुक राजकुमार सचमुच सीता के योग्य है। तब मैंने यह घोषणा कर दी कि जो भी पिनाक धनुष को उठाकर उसकी प्रत्यंचा चढ़ाएगा, मैं अपनी पुत्री का विवाह उसी से करूंगा। सुनकर अनेक राजकुमार मिथिला पहुंचे, लेकिन धनुष की प्रत्यंचा तानना तो दूर की बात, कोई उसे जरा-सा हिला भी न सका—उठा भी न सका। जब राजकुमार अपने इस लक्ष्य में सफल नहीं हो सके, तो निराशा से मन खिन्न हो गया। वे सब मुझसे बैर-भाव रखने लगे और एकजुट होकर मुझसे लड़ने लगे। यही नहीं, उनका उत्पात इतना बढ़ गया कि उन्होंने अपनी सेना लेकर मेरी सीमाओं पर धावा बोल दिया और लूटपाट करने लगे। अब मैं क्या करता, मैंने भी प्रतिरोध करना शुरू कर दिया। पिछले एक वर्ष से मैं इन दुष्टों से युद्ध करता रहा, पर सफल न हो सका। मेरी काफी सेना काम आई। अपनी शक्ति को समाप्त होते देखकर मैंने देवताओं की स्तुति की। मेरे घोर तप से प्रसन्न होकर देवों ने मुझे अपनी चतुरंगिणी सेना सौंप दी। चतुरंगिणी सेना पाकर मेरा बल दुगुना हो गया और मैंने युद्ध में समस्त दुष्ट राजकुमारों को यथाशीघ्र पराजित कर दिया। रोज-रोज की इन दिक्कतों को देखकर अब मैंने फैसला किया है कि समस्त विवाह अभिलाषी राजकुमारों को पिनाक धनुष उठाने का एक साथ अवसर दे दूं। सीता भी सयानी हो गई है, आखिर कब तक मैं उसे अपने यहां रख सकता हूं। इसलिए मैंने यह यज्ञ रचाया है, ताकि तमाम राजकुमार आएं और भगवान शिव के पिनाक धनुष को उठाने का प्रयास करें। जो भी इस वज्र धनुष को उठाने में कामयाब होगा, सीता उसे ही वरेगी। जल्दी ही यज्ञ भूमि में पिनाक धनुष लाया जाएगा। अगर राजा दशरथ-नंदन पिनाक धनुष उठाने में समर्थ हो सकें, तो मेरी प्रतिज्ञा पूर्ण होगी और सीता को राम जैसा सुयोग्य वर प्राप्त हो जाएगा।'

वे सभी यज्ञ-स्थल की ओर बढ़े, जहां धनुष एक वेदी पर रखा था।

यज्ञस्थल आज के अवसर के लिए विशेष रूप से सजाया गया था। मंडप में रंग-बिरंगी झालरें लगी हुई थीं, अनगिनत पताकाएं हवा में लहरा रही थीं। दूर-दूर देशों से आए हुए अनेक राजा एवं राजकुमार उपस्थित थे, जो स्वर्ण एवं रजत-खचित उच्चासनों पर बैठे हुए थे। दर्शकों की भीड़ इतनी थी, जैसे सारा नगर यहां उमड़ आया हो। और ऐसा क्यों न हो, आखिर जनक-दुलारी सीता के भाग्य का निर्णय होना था—आज ही इस यज्ञ में जो सफल होगा, वही सीता के हृदय पर राज्य करेगा। नगर की औरतें भी घर का सारा काम-काज छोड़कर अपने-अपने छज्जों और द्वारों पर खड़ी मंडप की ओर उत्सुकता से निहार रही थीं। एक तरफ तपस्वी एवं ऋषि-मुनि धीर-गंभीर से बैठे हुए थे। वातावरण में मधुर वाद्यों के स्वर तैर रहे थे।

यज्ञ-स्थल की ओर एक बड़ी-सी पहिए वाली वेदी पर पिनाक धनुष को रखकर लाया गया था। वेदी को सैकड़ों आदमी ला रहे थे और पहियों से एक गंभीर स्वर निकल रहा था। धनुष देखकर तो अनेक राजा-राजकुमारों का साहस जाता रहा। धनुष सचमुच भव्य था।

मंडप में एक तरफ सीता वरमाला लिए खड़ी थीं।

स्वयंवर की सारी तैयारियां पूर्ण हो गइह्, तो जनक के जयेष्ठ पुत्र ने राजा की घोषणा सुना दी— 'नरेशो, राजकुमारो! आपका स्वागत है। इस वेदी पर जो धनुष रखा है, वह महादेव जी का है। जो वीर इस धनुष को उठाकर इस पर प्रत्यंचा चढ़ाएगा, उसे ही सीता वरमाला पहनाएगी।'

देश-विदेश से आए राजा और राजकुमारों ने अपनी-अपनी भुजाएं फड़फड़ाइह् और एक-एक करके वे धनुष के पास गए। रावण रहित सभी ने धनुष पर प्रत्यंचा चढ़ाने की आशा से धनुष उठाना चाहा, पर रहा दुर्भाग्य! कोई भी राजा अथवा राजकुमार धनुष को तिल-भर हिला-डुला भी न सका। सब असफल होकर क्षोभ, लज्जा और ग्लानि से चुपचाप अपने-अपने आसनों पर सिर झुकाए बैठ गए।

राजा जनक के हृदय को बड़ी ठेस पहुंची। वे उच्च स्वर में बोले— 'कितने आश्चर्य की बात है कि यहां पृथ्वी के कोने-कोने से, एक से बढ़कर एक योद्धा पधारे हैं, लेकिन किसी से यह धनुष उठाया न जा सका। क्या सारी पृथ्वी के वीर समाप्त हो गए? क्या धरती पर एक भी वीर नहीं बचा? अगर मुझे पहले पता होता कि स्वयंवर की ऐसी स्थिति होगी, तो मैं ऐसी असंभव प्रतिज्ञा न करता। पर अब क्या हो सकता है! लगता है मेरी कन्या जिंदगी-भर अविवाहित ही रहेगी। खैर, जैसी विधाता की मर्जी।'

राजा जनक के ऐसे वचन सुनकर लक्ष्मण ताव में आ गए। उन्हें अपने

क्षत्रियत्व पर, सूर्यवंश और अपने भाई की वीरता पर पूर्ण विश्वास था। वह तत्काल अपने आसन से उठकर बोले— 'मिथिला नरेश! आपका यह कहना मिथ्या है कि पृथ्वी पर वीर नहीं रहे। सूर्यवंश के होते आपने यह कैसे कह दिया कि पृथ्वी के सारे वीर समाप्त हो गए! जहां स्वयं रामचंद्र जैसा पराक्रमी नर बैठा हो, वहां वीरता स्वयं उपस्थित हो जाती है। रामचंद्र ही क्यों, मैं चाहूं तो यह शिव-धनुष ही क्या, शिव के कैलाश पर्वत तक को उठा सकता हूं...।'

लक्ष्मण के स्वर में क्रोध झलक रहा था और वह गुस्से से कांप रहे थे। आंखें लाल हो गई थीं।

रामचंद्र ने इशारे से भाई को शांत रहने का आदेश दिया। लक्ष्मण चुपचाप अपने आसन पर बैठ गए। राम ने विश्वामित्र से आशीर्वाद प्राप्त किया तथा धीमे-धीमे कदमों से धनुष-वेदी की ओर बढ़े—लग रहा था जैसे कोई सिंह अपनी गंभीर चाल से आगे जा रहा हो। समस्त मंडप की आंखें राम की ओर लगी हुई थीं।

सखियों से घिरी सीता की दृष्टि राम पर गई तो वह उन्हें देखती ही रह गइह्। राम एक ही नजर में सीता को भाग गए। वे राम की सुकोमल काया देखकर मन-ही-मन डर गइह् कि शायद ये भी धनुष को नहीं उठा सकेंगे।

राम वेदी के पास जाकर एक पल रुके। उन्होंने एक बार सीता को देखा और फिर मंद-मंद मुस्कराए। इसके बाद उन्होंने हाथ बढ़ा बड़े ही सहज भाव से धनुष उठा लिया, जैसे कोई फूल हो। अगले पल उन्होंने धनुष की प्रत्यंचा इतने जोर से खींची कि भयंकर गर्जना करता हुआ धनुष बीच में ही दो खंडों में टूट गया। धनुष के टूटते ही पृथ्वी कांप-सी उठी और चारों ओर धनुष के टूटने का भव्य धमाका गूंज गया। यज्ञ-मंडप में बैठे राजा-राजकुमार तो इतना डरे कि इधर-उधर छिपने के लिए जगह खोजने लगे। जो औरतें उत्सुकता से इधर ही देख रही थीं, चीखकर घरों में जा घुसीं। पल-भर में सारा सभा-मंडप जन शून्य हो गया और वहां खड़े थे सिर्फ विश्वामित्र, राम, सीता एवं लक्ष्मण—शांत, अचल, गंभीर और सौ य।

जब पृथ्वी का कंपन बंद हो गया और धनुष के टूटने के धमाके का स्वर शांत पड़ गया, प्रसन्न वदन राजा जनक अपने आसन से उठे और उपस्थित जनों को संबोधित करके बोले— 'मुनिवर! मैं सूर्यवंशी राजकुमार राम के शौर्य से अत्यंत प्रसन्न हूं। सचमुच, इनके रहते पृथ्वी वीरों से कभी वंचित नहीं रह सकती। मैं तो अत्यंत निराश हो चला था, किंतु राम के पराक्रम से मैं पूर्णतः संतुष्ट हूं। इसने तो असंभव को संभव कर दिया। आज से सीता राम की हुई। अपनी परम प्यारी पुत्री सीता को ऐसा सुयोग्य वर मिला, यह मेरी पुत्री का सौभाग्य है। जाओ पुत्री,

राम के गले में वरमाला डाल दो।'

लाज से सिकुड़ी-सिमटी व सखियों के बीच खड़ी सीता का हृदय खुशी से धड़क रहाथा, चेहरे पर संकोच और शील का आवरण था। वे धीरे-धीरे कदम उठाती हुइह्र धनुष-वेदी की ओर बढ़ीं, जहां राम विमुग्ध भाव से सीता को देख रहे थे। सलज्ज सीता ने हाथ उठाकर वरमाला राम के गले में डाल दी और आजन्म उनकी हो गइह्र।

विश्वामित्र बोले— 'जनक राज! अब यथाशीघ्र दूतों को अयोध्या भेजें, ताकि महाराज दशरथ को भी शुभ सूचना प्राप्त हो और उन्हें विवाह में आने का न्यौता भी।'

इतना सुनते ही राजा जनक ने तत्काल अपने दूतों को अयोध्या के राजा दशरथ के पास भेज दिया। रथ में सवार होकर दूत पवन वेग से अयोध्या की ओर रवाना हो गए।

चार दिन में वे अयोध्या पहुचे।

दरबार में राजा दशरथ अपने सिंहासन पर यों बैठे थे, जैसे साक्षात देवेंद्र विराजमान हों। दूतों ने महाराज के स मुख सिर नवाकर उनका अभिवादन किया।

राजा दशरथ ने पूछा— 'आओ मिथिला-नरेश के दूतो, कैसे आगमन हुआ?'

'महाराज, आपका यश अक्षुण्ण हो। हमें महाराज जनक ने आपके पास भेजा है—एक शुभ सूचना देनी है। महाराज जनक के धनुष-यज्ञ में विजयी होकर युवराज राम ने राजकुमारी सीता प्राप्त कर ली है। अब ऋषिवर विश्वामित्र के आदेश से महाराज जनक ने आपको विवाह का निमंत्रण भेजा है। कृपया सपरिवार मिथिला चलकर विवाह को संपन्न कराएं।'

राजा दशरथ तो चिंतित थे कि विश्वामित्र के साथ जाकर राम न जाने किस हाल में होंगे, लेकिन इसी बीच ज्येष्ठ पुत्र के विवाह की सूचना पाकर वे फूले न समाए। वे बोले— 'हम चलेंगे—कल प्रातः ही।'

फिर राजा दशरथ ने अपने मंत्रियों से कहा— 'कल मिथिला की यात्र का सारा प्रबंध तत्काल किया जाए। हमारे साथ सभी चलेंगे। चतुरंगिणी सेना व ऋषि-मुनि भी चलेंगे।'

दूसरे दिन प्रातः होते ही राजा दशरथ का विशाल काफिला मिथिला के लिए चल पड़ा।

चार दिनों के बाद दल-बदल सहित राजा दशरथ ने मिथिला में प्रवेश किया, तो लोग बारात की शोभा देखकर हैरान ही रह गए।

नगर-द्वार पर स्वयं जनक महाराज उन लोगों के स्वागत के लिए खड़े थे। उन्होंने आगे बढ़कर राजा दशरथ का अभिवादन करके कहा— 'राजन! आप

लोगों को यहां देखकर मैं अपनी प्रसन्नता व्यक्त नहीं कर सकता। महाराज के साथ बड़े-बड़े ऋषि-मुनि भी आए हैं, मेहा अहोभाग्य! सचमु, सीता को ऐसा योग्य वर मिला, उसका तो जीवन ही धन्य हो गया।'

सीता का विवाह राम के साथ बड़ी धूमधाम से हुआ। उसी शुभ अवसर पर सीता की छोटी बहन उर्मिला लक्ष्मण को ब्याही गई। इसके अतिरिक्त महाराज जनक के भाई कुशध्वज की दो पुत्रियों—मांडवी और श्रुतिकीर्ति का विवाह राम के शेष दो छोटे भाइयों—भरत तथा शत्रुघ्न के साथ संपन्न हुआ।

इस प्रकार दो राजवंश हमेशा के लिए एक सूत्र में बंध गए। सारे मांगलिक कायोह्न की समाप्ति के पश्चात ब्रह्मषि विश्वामित्र ने राजा दशरथ से कहा— 'राजन! मैं राम को आपसे मांगकर ले गया था। राम के द्वारा मुझे जो कार्य कराने थे, वे सब पूर्ण हो गए, अब मैं राम को आपको वापस सौंपता हूं। आज उसका विवाह भी संपन्न होते देख लिया। मुझे अनुमति दीजिए, मैं चलूं।'

यह कहकर विश्वामित्र राजा दशरथ तथा सभी उपस्थित जनों से आज्ञा लेकर हिमालय पर्वत की ओर चले गए, जहां से वे फिर कभी नहीं लौटे।

विवाहोपरांत राजा दशरथ ने मिथिला नरेश जनक से विदा ली और नव-वधुओं एवं अन्यान्य परिवार जनों के साथ अयोध्या की राह पकड़ी। जनक ने अनेक मूल्यवान वस्तुओं व उपहारों के साथ कन्याओं को विदा किया।

महाराजा दशरथ दल-बल सहित अयोध्या की ओर चले जा रहे थे कि रास्ते में भीषण तूफान आ गया। तूफान की गति इतनी तीव्र थी कि वन प्रांतर के पेड़-पौधे जड़ से उखड़ने लगे। पृथ्वी कांपने लगी। सूरज को धूल भरी आंधी ने ढक लिया।

राजा दशरथ चिंतित हो गए। वशिष्ठ से बोले— 'मुनिवर! यह तो स्पष्ट अपशकुन के चिन्ह हैं। अब क्या होगा?'

'चिंता न करें, महाराज।' वशिष्ठ बोले— 'अब तक सब भला-ही-भला हुआ है, अगर कोई बाधा पहुंची भी तो अधिक समय तक नहीं रहेगी।'

और तभी तूफान की तरह ही मचलते हुए और क्रोध से कांपते हुए परशुराम सामने आकर उपस्थित हो गए। उन्होंने क्षत्रिय कुलों को समाप्त करने का निश्चय किया हुआ था, क्योंकि एक क्षत्रिय राजा से उनके पिता की हत्या हो गई थी। उनके हाथ में फरसा और कंधों पर धनुष लटक रहा था। लगा जैसे यह तूफान उनके आगमन की सूचना देने के लिए ही उठा था।

राजा दशरथ के काफिले में भय की लहर दौड़ गई। सबने डरते हुए उनका यथाविधि स्वागत किया।

परशुराम ने आगे बढ़कर राम से कहा— 'हे राम! बड़ा शोर सुन रहा हूं

तु हारे पराक्रम का। और अब तुमने शिव-धनुष भी तोड़ डाला। आश्चर्य! जरा मैं भी देखूं कि तुम कितने वीर हो। मैं तु हारी परीक्षा लूंगा। मेरे पास जो धनुष देख रहे हो ना, यह भी उसी शिव-धनुष की भांति वज्र है, जरा इस पर भी तो प्रत्यंचा चढ़ाकर दिखाओ। अगर सफल हुए तो समझूंगा कि तुममें सचमुच बल है, वरना तु हें मुझसे युद्ध करना पड़ेगा।'

राजा दशरथ ने सुना तो सिहर उठो। उन्हें परशुराम की क्रूरता का पूरा ज्ञान था... परशुराम क्षत्रिय-वध का कोई मौका नहीं गंवाना चाहते थे। उन्होंने याचना की— 'हे परशुराम! आप तो महाज्ञानी हैं, ब्राह्मण हैं। कभी आप भी क्षत्रिय थे, लेकिन अ तो आपने ब्राह्मणत्व ग्रहण कर लिया है। ब्राह्मण का तो यह धर्म नहीं कि वह युद्ध करता फिरे, सो राम को छोड़ दें, वह तो अभी बच्चा है, आपसे उसका भला क्या मुकाबला?'

परशुराम ने राजा दशरथ की बातों की ओर कोई ध्यान नहीं दिया। वे राम से बोले— 'हां राम, खामोश क्यों हो? मेरे धनुष की भी प्रत्यंचा चढ़ाओ। जरा हम भी तो देखें कि तु हारे बाजुओं में कितना जोर है। यह मेरा धनुष भी उन्हीं दो धनुषों में से एक है, जो विश्वकर्मा ने निर्मित किए थे। इनमें एक धनुष तो भगवान शिव के पास था, जिसे तुमने तोड़ दिया, दूसरा भगवान विष्णु के पास, जो कालांतर में मेरे पिता यमदग्नि के पास रहा। लो, जल्दी करो, इस धनुष को भी जरा आजमाओ।'

राम एक पल तक उनकी बात चुपचाप सुनते रहे, फिर बड़ी कोमलता से मुस्कराए। मृदु स्वर में बोले— 'हे परशुराम! आप व्यर्थ में ही आवेश प्रकट कर रहे हैं। ऐसा क्यों सोचते हैं कि जिस तरह अन्य क्षत्रिय राजाओं को आपने हराया, वैसे ही मुझे हरा देंगे। आप मेरा पराक्रम देखना ही चाहते हैं, तो लाइए, अपना धनुष-बाण दीजिए।'

परशुराम ने अपना धनुष व बाण राम को सौंप दिया। परशुराम का विचार था कि राम तो धनुष उठा भी न सकेंगे, लेकिन राम ने इस धनुष को भी उसी सरलता से उठा लिया, जिस प्रकार शिव-धनुष। फिर उस पर बाण रखकर प्रत्यंचा खींची, तो उन्हें कोई विशेष बल नहीं लगाना पड़ा। धनुष तानकर वे परशुराम से बोले— 'देखिए, धनुष भी उठा लिया और इस पर बाण रखकर प्रत्यंचा भी खींच ली, अब बताइए, इसे किए पर छोडूं?'

परशुराम ने यह देखा तो उनका सारा गर्व जाता रहा। बोले— 'हे राम! सचमुच तु हारी शक्ति अनुपम है। मेरा सारा अभिमान जाता रहा, लेकिन मुझे इसका कोई अफसोस नहीं। आज से मेरी सारी शक्ति भी तु हारे अंदर समाविष्ट होगी। अच्छा अब मैं चला। मेरा आशीर्वाद ग्रहण करो।'

यह कहकर परशुराम महेंद्र पर्वत की ओर चले गए।

बाधा रास्ते से हट चुकी थी। राजा दशरथ अपने दल-बदल सहित अयोध्या की ओर चल पड़े।

अयोध्या पहुंचने पर पुरवासियों ने उनका भव्य स्वागत किया।

अयोध्यापुरी दुल्हन की तरह सजा दी गई थी। चारों ओर जय-जयकार की ध्वनि गूंज रही थी और फूलों की वर्षा हो रही थी। नववधुओं की एक झलक पाने के लिए लोग उमड़ आए थे।

राजमहल के द्वार पर नववधुओं का यथाविधि गृह प्रवेश हुआ। तीनों माताओं—कौशल्या, सुमित्र व कैकेयी—ने अपनी चारों वधुओं को गले से लगाया और अंत:पुर में ले गइह्व।

साता अंतपुन: हर्ष ध्वनियों से गूंज उठा।

❑❑

राजमहल में आनंद अपने चरमोत्कर्ष पर था।

इस अवसर पर महल में भरत के मामा युधाजित भी पधारे हुए थे। कुछ दिनों तक अयोध्या में टिकने के बाद उनके चलने का समय आया, तो उन्होंने भरत को अपने साथ ननिहाल कैकेय देश ;कश्मीरद्ध ले जाने की इच्छा प्रकट की।

भला राजा दशरथ को क्या एतराज हो सकता था! वे भरत से बोले— 'पुत्र, मामा तु हें साथ ले जाना चाहते हैं। जाओ, कुछ दिन ननिहाल में गुजारो।'

'जो आज्ञा, पिताजी।'

भरत ने माता-पिता एवं भाइयों से विदा ली और शत्रुघ्न के साथ ननिहाल चले गए।

राम ने तीनों माताओं को कभी भी महल में भरत अथवा शत्रुघ्न का विछोह तनिक भी खलने नहीं दिया। उन्हें भी सबका प्यार प्राप्त था—पिता, माताएं, भाई, राजपुरुष एवं जन-सामान्य—सबका प्यार व स मान उन्हें मिलता था।

सच तो यह था कि राम को पाकर क्या अंत:पुरवासी, क्या देशवासी बल्कि सारी मानवता अपने को धन्य मानती थी।

अयोध्या कांड

एक

राम ने अपना संपूर्ण जीवन जनहित में समर्पित कर दिया।

अपने आचरण से उन्होंने सबका हृदय जीत लिया था। विशेषकर मां कौशल्या तो राम जैसे पुत्र को पाकर फूली नहीं समाती थीं।

राम बड़ों का आदर करते थे और छोटों को स्नेह देते थे। विद्वानों के प्रति उनके हृदय में असीम स मान के भाव थे—ब्राह्मणों व ऋषि-मुनियों के प्रति पूजा-भाव था।

राम राजनीति में निपुण थे, तो युद्ध-विद्या में निष्णात्। वे निरीहों के सहायक, अत्याचारियों के संहारक और धर्मात्माओं के रक्षक थे।

राम में आलस्य तो लेशमात्र को भी नहीं था—प्रमाद से वे कोसों दूर थे। उन्होंने जिस महान उत्तरदायित्व को निभाने के लिए जन्म लिया था—उसका उन्हें भलीभांति ज्ञान था।

दिन राजी-खुशी से व्यतीत हो गए। राम सीता को पाकर विभोर हो गए थे। दोनों का एक-दूसरे के प्रति अद्वितीय अनुराग था। सीता तो राम का अगाध प्यार पाकर सब कुछ पा गई थीं—मुखमंडल पर ऐसा तेज आ गया था, जैसे सर्वगुण संपन्न लक्ष्मी ही प्रकट हो गई हों।

इस प्रेम और अनुराग में बारह वर्ष कैसे बीत गए, इसका किसी को पता भी न चल सका।

राजा दशरथ वृद्ध हो चले थे। राज्य-कार्य से निवृत्त होकर अब वे विश्राम करना चाहते थे। अपने चारों पुत्रों के प्रति उन्हें बराबर लगाव था, हां राम के प्रति कुछ विशेष झुकाव अवश्य था। राम थे भी तो अनुपम—पराक्रम में उनका कोई मुकाबला करने वाला न था, वे सुशील और सदाचारी भी थे। उनमें वे सारे गुण मौजूद थे, जो एक योग्य शासक में होने चाहिएं। अत: राजा दशरथ अपने बाद राम को ही कौशल-नरेश बनाना चाहते थे। राम राज्य-कार्य में अपने पिता की सहायता भी करते थे। जन-जन में समादृत राम का व्यक्तित्व इतना प्रभावशाली व आकर्षक था कि एक दृष्टि में वे किसी को भी अपना बना लेते थे। सौ य, गंभीर,

सुंदर, क्षमाशील, उदार, सात्विक—यह थीं—उनकी चारित्रिक विशेषताएं। तभी तो उन्हें पुरुषोत्तम कहा जाता है—नवरत्न!

सभी को पता था कि उनके भावी राजा राम हैं। बस, उन्हें प्रतीक्षा थी तो इस बात की, कि वे सिंहासन पर कब बैठेंगे!

स्वयं राजा दशरथ की चिंता की मु य-धारा भी यही थी कि राम कब शासन भार संभालकर उन्हें राज्य-कार्य के भार से मुक्त करेंगे? बस, एक ही इच्छा थी उनकी—जीते-जी ज्येष्ठ पुत्र को सिंहासन पर आसीन देखें। ऐसा प्रजावत्सल राजा जन-सामान्य को कहां मिलेगा!

काफी सोच-विचार के बाद उन्होंने तय कर लिया कि राम को कौशल का राजा बनाना उचित है—और शीघ्र ही।

सो एक दिन देश के भावी राजा के बारे में विचार-विमर्श हेतु राजा दशरथ ने सभी प्रमुख जनों, ऋषि-मुनियों व मंत्रियों को बुलवाया। दरबार में सभा का आयोजन हुआ। राजा दशरथ ने सभी का यथा-योग्य स्वागत करते हुए कहा— 'हे गुणी-जनो! अब तक मैंने अपने सामर्थ्यानुसार प्रजा का पालन किया। उनकी भलाई के लिए मुझसे जो कुछ हो सका, वह मैंने किया। अब मैं वृद्ध हो चला हूं, प्रजा की सेवा करने में पहले जैसा सामर्थ्य मुझमें नहीं रहा। चाहता हूं, यह महत कार्य-भार राम को सौंप दूं। राम समर्थ हैं, नीतिवान हैं, शस्त्रों व शास्त्रों में पारंगत हैं, सुशील-सदाचारी हैं, प्रजा-वत्सल हैं। उन्हें सिंहासन पर बिठाकर मैं वानप्रस्थ ग्रहण करना चाहता हूं। आप सब विद्वज्जनों के सामने मैंने अपने विचार रख दिए, कृपया अपनी स मति दें कि मेरा विचार उचित है अथवा नहीं?'

दरबार में जितने लोग उपस्थित थे, सभी की प्रसन्नता का पारावार नहीं रहा। सबने एक स्वर में कहा— 'निश्चय ही उचित विचार है, महाराज। राम जैसा राजा पाकर तो हम धन्य हो उठेंगे।'

'ठीक है, मैं आज गुरु वशिष्ठ से राम को युवराज घोषित करने का निवेदन करता हूं।' राजा दशरथ बोले— 'शीघ्र ही शुभ-मुहूर्त पर राम का राज्याभिषेक होगा। आज ही नगर में उदघोषणा कर दो कि कौशल के भावी राजा राम होंगे। राजतिलक के अवसर पर पधारने के लिए देश-विदेश के समस्त राजाओं को निमंत्रण भेज दिया जाए और अभिषेक की तैयारी शुरू की जाए।'

राज्याभिषेक का समय चैत्र मास निश्चित किया गया।

युवराज राम के राजा बनने की घोषणा-मात्र से अयोध्या में हर्षोल्लास की लहर दौड़ गई।

राजा दशरथ के विश्वस्त मंत्री सुमंत ने राजा के विचार से राम को अवगत कराया, तो वे बोले— 'उनकी आज्ञा सिर-माथे पर। उन्होंने मुझे इस योग्य

समझा, यह तो मेरा अहोभाग्य है। मैं उनकी आकांक्षाओं के अनुरूप खरा उतरूं—यही मेरी कामना है।'

अंत:पुर में अजब उत्साह छा गया। माताएं राम के युवराज घोषित किए जाने से बेहद प्रसन्न थीं। भाई लक्ष्मण भी प्रसन्न था। भरत, शत्रुघ्न अभी ननिहाल में थे, उन्हें इसकी सूचना नहीं मिली थी। कैकेयराज को ही नहीं, मिथिला-राजा जनक को भी यह सूचना नहीं भेजी जा सकी थी। अगले दिन ही राम का युवराज्याभिषेक करना था, सो राम व सीता माताओं से आशीर्वाद लेकर उपवास तथा व्रत में लग गए।

अयोध्या में जन-मन में असाधारण उत्साह छा गया था। आखिर क्यों न छाए... अगले दिन ही... उनके प्राण-प्रिय राम का राजतिलक जो होना था।

दो

अयोध्या में जो उत्साह छाया हुआ था, उसे राजमहल के झरोखों से देख रही थी—मंथरा—कुबड़ी और कुरूपा।

मंथरा कैकेयी की परिचारिका थी। नगर में विचित्र कोलाहल छाया हुआ था। नगर की सड़कें सजी हुई थीं। मकानों-दुकानों की शोभा के क्या कहने! लोग खुशी से घूम-फिर रहे थे। मंदिरों-देवालयों में शंख और घंटे-घड़ियाल बज रहे थे। मंथरा की समझ में नहीं आया कि नगर में किस उत्सव की तैयारियां चल रही हैं।

तभी मंथरा की नजर एक दासी की ओर चली गई, जो रेशम की साड़ी पहने वहां से गुजर रही थी। मंथरा ने आश्चर्य से पूछा— 'आज जिसे देखो, वही विशेष उत्साह में है। क्यों री, तूने यह रेशमी साड़ी क्यों पहन रखी है? यह नगर में ऐसा कोलाहल क्यों मच रहा है, नगर को सजाया क्यों जा रहा है?'

'यह क्या!' दासी आश्चर्य से बोली— 'तु हें कुछ पता नहीं? आज ही तो घोषणा हुई है कि कल राम का राजतिलक होगा। यही सुनकर नगर में खुशियां मनाई जा रही हैं, नगर को सजाया जा रहा है। कल राजपथ से राम की भव्य सवारी गुजरेगी।'

सुनकर मंथरा का कुरूप चेहरा और भी विकृत हो गया—कुबड़ी की पीठ थोड़ी और झुक आई। वह कैकेयी की सिर्फ निजी परिचारिका ही नहीं थी, बल्कि दूर की कोई रिश्तेदार भी थी। भला वह कैसे सहती कि कौशल्या के पुत्र का राजतिलक हो। कैकेयी का पुत्र भी तो राजा बन सकता है। राम राजा बना तो कौशल्या कहलाएगी राजमाता—फिर कैकेयी का क्या स मान रहेगा—कौशल्या की परिचारिकाओं का तो मंथरा से ज्यादा मान होगा... मंथरा को भला कौन

पूछेगा! यह तो भारी अपमान की बात है। नहीं, नहीं मैं ऐसा नहीं होने दूंगी।

अगले पल ही नगर की शोभा उकसी आंखों में खटकने लगी। वह दासी को वहीं छोड़कर तेज-तेज कदमों से चलती हुई कैकेयी के कमरे में जा पहुंची।

कैकयी उस समय सो रही थी।

मंथरा ने उसे झकझोर कर जगा दिया और तेज स्वर में बोली— 'वाह, तू यहां सो रही है और उधर तेरा भाग्य सोने जा रहा है। तु हें कुछ पता भी है कि कैसा अनर्थ होने जारहा है। कल से तु हारा सब कुछ जाता रहेगा—यह ठाठ-बाट, मान-स मान कुछ नहीं रहेगा। उठो, अब भी समय है, कुछ करो।'

कैकेयी हड़बड़ाकर उठ बैठी। संयम से बोली— 'क्या बात है, मंथरे इतना चीख क्यों रही है?'

'लो, और सुनो!' मंथरा बोली— 'महारानी, तुमने कुछ सुना? कल राम का राजतिलक होगा, कौशल्या राजमाता कहलाएंगी।'

'यह तो बड़ी खुशी की बात है। इसमें अनर्थ कैसा? राम तो इसके उपयुक्त हैं—कौशल्या के राजमाता बनने से मुझे क्या आपत्ति! राम जैसे कौशल्या का पुत्र वैसे ही मेरा पुत्र! भरत से कम प्यार नहीं करती मैं उसे।'

मंथरा सिर पीटकर बोली— 'कितनी भोली है तू, कैकेयी! तु हें क्या पता कि राम के राजा बनते ही तु हारी कैसी दुर्दशा होगी। मैं तो सदा तु हारा हित चाहती हूं, सो यह अन्याय मुझसे देखा नहीं जाता। देखो तो कैसा षड्यंत्र रचा गया है। भरत को ननिहाल भेजकर राम को राजा बनाया जा रहा है।'

कैकेयी मुस्करायी— 'इतनी शोकाकुल मत हो, मंथरा। राम भाइयों में सबसे बड़ा है। योग्य है, सो उसका राजा बनना सर्वथा उचित है। ले, इस खुशी में मैं तुझे मोतियों की माला अर्पित करती हूं।'

यह कहकर कैकेयी ने अपने गले से मोतियों की माला उतारकर मंथरा को दे दी। मंथरा को कैकेयी का यह व्यवहार नहीं भाया। वह मुंह बनाकर बोली— 'कैकेयी! यह भी सोचा है कि राम अगर राजा बन गया, तो तु हारी क्या हालत होगी? तू होगी कौशल्या की दासी और भरत होगा राम का दास।

'कौशल्या है तो मेरी सौत ही। भला वह तुझे चैन से क्यों रहने देगी। तू तो कहती थी कि राजा दशरथ तु हें बहुत चाहते हें, फिर तु हारे पुत्र को राजा न बनाकर राम को राजा बनाने का क्या प्रयोजन? यही है तु हारे प्रति उनका प्यार! यह तो सरासर धोखा है। राजा ने बहला-फु सलाकर तु हें अंधेरे में रखा है। अब तो कल से हमेशा के लिए इसी अंधेरे में रहने के लिए तैयार हो जाओ। लेकिन मैं चुप नहीं रह सकती।' मंथरा ने मोतियों की माला धरती पर फे ंकते हुए कहा— 'कैकेय-नरेश ने आखिर मुझे तु हारे साथ भेजा है। तु हारा भला-बुरा सोचना मेरा

फर्ज है। मैं तो यह सोचकर मरी जा रही हूं कि भरत का क्या होगा, तु हारा क्या होगा, मेरा क्या होगा। नि:संदेह राम राजा बनते ही भरत को राज्य से निकाल बाहर कर वन में निष्कासित कर देगा। उफ! कितना भयावह दृश्य होगा। तु हारा प्रिय पुत्र राज्यविहीन होकर जंगलों में मारा-मारा फिरेगा—तु हारी आज्ञा मानने वाला कोई नहीं रहेगा। मैं तो कहूं, तुम अगर आज न चेती, तो जिंदगी-भर इस कमरे में रोती रहोगी...हां।'

बोलते-बोलते मंथरा की सांस फूल गई थी... आंखें क्षोभ से उबल रही थीं। कैकेयी के लिए बड़ा मुश्किल था, मंथरा की बातों को सच मान लेना। वह राम के आचरण से अच्छी तरह परिचित थी—वे कैकेयी का भी स मान करते थे और भरत को बहुत मानते थे। कैकेयी को कोई कारण नजर नहीं आया कि वह मंथरा के संदेहों को सच मान ले।

पर मंथरा थी कि बार-बार एक ही बात दुहराए जा रही थी। सो कैकेयी के मन में भी संदेह का बीज प्रस्फु टित हो उठा। आखिर तो वह भी एक मां थी। सोचा—क्या जाने राजा बनने के बाद राम सचमुच बदल जाए। सत्ता पाकर लोगों का आचरण अकसर बदल भी जाता है। क्या ठिकाना वह भरत को वैरी मानकर वनवास ही दे... तब मेरा क्या होगा? क्या कौशल्या भी राजमाता बनकर मुझसे बुरा बर्ताव करेगी?

कैकेयी मन-ही-मन कांप उठी। वह धीरे से बोली— 'मंथरा मेरा दिल बैठा जा रहा है। अब तू ही कोई उपाय बता कि इस अनिष्ट से कैसे बचा जाए?'

'तो भला, यह भी कोई पूछने की बात है।' मंथरा हाथ नचाकर बोली— 'तुम तो चुटकियों में अपना भाग्य संवार सकती हो।'

कैकेयी की सांस तेज चलने लगी थी। मुखकमल भय और संदेह से लाल हो गया था। उन्होंने पूछा— 'वह कैसे?'

'सुनो!' मंथरा ने कूट-योजना बताई— 'तु हें याद होगा कि एक बार महाराज राजा दशरथ देवताओं के लिए शंबर नामक असुर से युद्ध करने गए थे। तुम भी उनके साथ गई थीं। याद है ना, वैजयंती नगर में शंबर से लड़ते-लड़ते राजा दशरथ बुरी तरह घायल हो गए थे, तब तु हीं रथ चलाकर उन्हें युद्ध-भूमि से बाहर सुरक्षित ले आई थीं। तुमने घायल राजन् की सेवा की थी, जगह-जगह तीर लग गए थे, उन्हें निकाला था, घावों पर लेप लगाया था। तु हारी सेवा और देखभाल से ही वे स्वस्थ हो सके थे। तब राजा ने होश में आते ही प्रसन्नता के आवेश में तुमसे कहा था— 'रानी, मैं तुमसे बहुत खुश हूं—अगर आज तुम साथ न होतीं, तो बचता नहीं। मैं तु हें इसके बदले दो वर प्रदान करता हूं। मांग लो, जो मांगना हो।' तब तो तुमने कुछ नहीं मांगा था। बस, मुस्कराकर यही कहा था—

'आपका दिया मेरे पास सब कुछ है। बाद में कभी जरूरत पड़ी तो मांग लूंगी।' तु हारे उत्तर से महाराज कितने प्रसन्न हुए थे। वे आज भी इस घटना को नहीं भूले होंगे। तो बस, आज समय आ गया है कि तुम उनसे दो वर मांग ही लो—ऐसा सुनहरा अवसर फिर नहीं मिलेगा।'

'क्या मांगूं ?'

'पहला वर यह कि भरत का राजतिलक हो—दूसरा वर यह कि राम को चौदह वर्ष का वनवास हो।'

'क्या ?'

'हां, इसमें जरा भी डरने या शरमाने की आवश्यकता नहीं। अगर मन में थोड़ी भी दया की भावना जागृत हुई, तो सब कुछ हाथ से निकल जाएगा।'

'पर...।'

'पर क्या ? अपने मान-स मान और वैभव को बनाए रखने का यही एकमात्र तरीका है। चौदह साल वनवास करने के बाद तो राम को सारी प्रजा विस्मृत कर देगी, फिर भरत की ही जय-जयकार होगी। ध्यान से मेरी बात सुनो, तुम इसी क्षण कोप-भवन में जा, यह राजसी वस्त्र और रत्नाभूषण उतार फें क, केशों को बिखेर लो। मैले-कुचैले कपड़े पहनकर कोप-भवन में बैठ जाओ। जब राजा दशरथ को पता चलेगा कि तुम कोप-भवन में हो तो भागे-भागे तु हारे पास आएंगे, तु हारी यह दशा देखकर कांप उठेंगे। वे इसका कारण पूछें, तो तुम उनसे बात भी मत करना, उनकी ओर देखना मत। इससे वे अधिक घबरा जाएंगे। बार-बार तु हें खुश करने का प्रयास करेंगे। फिर तुम उचित अवसर देखकर बस उनसे वे ही दो वर मांग लेना, जो मैंने तु हें बताए हैं। महाराज तु हें टालना चाहेंगे, कुछ और मांगने का अनुरोध् करेंगे, किंतु सावधान... तुम अपनी बात से जरा भी मत डिगना। आखिर तो महाराज वचन के पक्के हैं—उन्हें अंततः तु हारी बात माननी ही पड़ेगी—वे अपने वचन से टलेंगे नहीं, भले ही उन्हें जान देनी पड़ जाए। बस इस प्रकार तु हारा काम बन जाएगा।'

अंततः कैकेयी की बुद्धि पर पर्दा पड़ ही गया। सत्ता की लालसा में वह भूल गई कि राम का ही राजा बनना न्यायोचित है। चेहरा खुशी से चमक उठा। बोली— 'वाह मंथरा! तु हारा जवाब नहीं। तुमने तो मेरी डूबती नैया को किनारा दिखा दिया।'

'अब बातें मत बनाओ, मैंने जैसा कहा है, वही करो। समय कम है।'

कैकेयी तत्काल उठ खड़ी हुई। उसने अपना राजसी ठाठ-बाट उतारा और बालों को बिखेर, मलिन वस्त्र पहने, दुःख की साकार मूर्ति बन कोप-भवन में पहुंच गई। चेहरे पर उदासी की घनीभूत परत बिखेरकर वह भूमि पर ही लेट गई।

अब उसे यह सच प्रतीत हो रहा था कि राजा दशरथ का प्यार मात्र दिखावा था, उससे राजा का कोई लगाव नहीं, अगर होता तो वे राम को राजा न बनाते। दुःख, क्रोध और आवेश में उसके अश्रु निकल आए। वह सिसकती हुई मंथरा से बोली— 'मैं अब जी कर क्या करूंगी, मंथरा। तू आज ही कैकेय चली जा और पिताश्री से कहना—अगर भरत राजा न बना, तो कैकेयी मर जाएगी।'

तीन

दरबार में मंत्रणा समाप्त हुई।

राजा दशरथ ने खुशी-खुशी अंतःपुर में प्रवेश किया। सभी को राम के राजतिलक की सूचना दी, किंतु कैकेयी को वहां न पाकर उन्हें हैरानी हुई। वे उसी समय कैकेयी के प्रकोष्ठ की ओर बढ़ चले—आखिर कैकेयी को इस खुशी से वंचित कैसे करते!

प्रकोष्ठ में घुसे तो देखा—प्रकोष्ठ खाली है। उन्होंने पुकारा— 'कैकेयी, कहां हो तुम? कुछ सुना, हमारा राम कौशल-नरेश बनने जा रहा है।'

पर कोई प्रत्युत्तर न मिला। सुसज्जित प्रकोष्ठ में खामोशी छाई रही। 'क्या बात है।' राजा दशरथ ने सोचा— 'रोज तो कैकेयी स्वयं दरवाजे पर खड़ी होकर हमारा स्वागत करती थी, आज खुशी के अवसर पर कहां गायब हो गई?'

तभी वहां एक दासी आई, जो घबराई हुई थी।

राजा दशरथ ने पूछा— 'दासी, रानी कहां है?'

दासी के चेहरे पर उलझन के भाव छा गए। वह कंपकंपाते स्वर में बोली— 'राजन्! रानी को आज न जाने क्या हुआ है। वे बहुत क्षुब्ध एवं क्रोधित हैं... कोप-भवन में हैं।'

'कोप-भवन में?' राजा दशरथ का मुंह आश्चर्य से खुला-का-खुला रह गया।

राजा दशरथ जल्दी से कोप-भवन पहुंचे।

कोप-भवन में कैकेयी को मलिन वस्त्रों में भूमि पर लेटे देखकर कोशलेश बेहद घबरा गए। उनकी बूढ़ी काया किसी अज्ञात अनिष्ट की शंका से कांप उठी। भला अपनी प्रिय रानी की यह दशा वे कैसे बर्दाश्त कर पाते? उनकी दशा विक्षिप्तों जैसी हो गई। बोले— 'प्राणप्रिये! यह क्या, तुम इस हालत में कोप-भवन में? किसी ने कुछ कह दिया है या कोई बात है? तुमहें मालूम नहीं, तु हारी यह दशा देखकर मेरे दिल की क्या हालत हो गई है। सच बताओ, क्या बात है?'

कैकेयी ने सिर उठझकर राजा की ओर देखा भी नहीं। बांहों में सिर छिपाए लंबी-लंबी सांसें लेती रही।

राजा दशरथ बोले— 'मेरी ओर देखो, कैकेयी। आखिर इस क्रोध का कारण् क्या है, मुझे भी तो मालूम हो। क्या मुझसे कोई अपराध् हो गया है या किसी ने तु हारा अपमान किया है?'

'नहीं मेरा अपमान कौन करेगा?' कैकेयी बिफर कर बोली।

'फिर कोप-भवन में क्यों?'

'यह तभी बताऊंगी, जब आप मेरी मनोकामना पूरी करने का वचन दे देंगे।'

'मैंने भला तु हारी बात कब टाली है। बोलो, तुम क्या चाहती हो? अपनी प्राणप्यारी की प्रत्येक मनोकामना पूरी करने को तैयार हूं—मैं वचन देता हूं।'

'आपने वचन दिया है, सो मेरी किसी मांग को ठुकराएंगे नहीं।' कैकेयी बोली— 'भगवान भी आपकी प्रतिज्ञा के साक्षी हैं, कहीं मुकर मत जाना।'

राजा दशरथ तो सिकी तरह कैकेयी को खुश करना चाहते थे। इस उम्र में कैकेयी के प्रति उनका अनुराग कुछ ज्यादा ही बढ़ गया था। कैकेयी का हाथ पकड़कर बोले— 'मेरी प्रियतमा, देर मत करो, शीघ्र अपनी इच्छा प्रकट करो।'

'तो सुनिए, महाराज!' कैकेयी बोली— 'आपको याद होगा, वषोह पूर्व एक बार युद्ध-भूमि में आप घायल हो गए थे, तो मैंने आपकी सेवा, शुश्रुषा की थी। आपने मुझे दो वर दिए थे। उस समय तो मैंने वर नहीं मांगे थे, लेकिन आज मैं वे दोनों वर मांगना चाहती हूं।'

'तो मांग लो! देर किस बात की?'

'किंतु राजन् स्मरण रहे, आपने वचन दिया है, सो इन्हें टालकर रघुकुल की रीति कलंकित न करें।' कैकेयी बोली— 'पहला वर मैं यह मांगती हूं कि कल जो राम का राजतिलक हो रहा है, बजाय राम के भरत का राजतिलक हो। दूसरा वर राम को चौदह वर्ष के लिए वनवास और मैं चाहती हूं आज ही राम राजसी वस्त्र त्यागकर तपस्यिों के वेष में दंडकारण्य रवाना हो जाएं। बस, यही मेरी मनोाकमना है। राजन् इसे पूर्ण कर अपना वचन निभाएं।'

राजा दशरथ से कुछ बोला न गया। वे हतभाग्य से कैकेयी को निहारते रह गए। उन्हें लगा, जैसे उनके कान में कैकेयी के कटु वचन गर्म लावे की तरह घुलते चले जा रहे हैं। आखिर यह क्या कह डाला कैकेयी ने। युद्ध-भूमि में जो वर दिए थ्से, उनका यह परिणाम निकेलगा... ऐसा तो उन्होंने कभी सोचा भी नहीं था।

हृदय को ऐसा आझात पहुंचा कि राजा दशरथ स्वयं को संभाल नहीं सके और बिना कुछ बोले मूर्छित हो जमीर पर जा गिरे।

❑❑

थोड़ी देर बाद उन्हें होश आया, तो वे एकदम बदले हुए थे—टूटे हुए अशक्त और निरुपाय। दरबार से आते समय वे कितने खुश थे—लगता था संसार में उनसे

अधिक भाग्यशाली और कोई नहीं होगा और अब? कौन था—उनके जैसा अभागा, अपने ही प्राणप्रिय पुत्र को सिंहावन पर न बिठाकर जंगल की ओर भेजना उनसे कैसे हो सकेगा? कैसे कैकेयी ने ऐसी निष्ठुर इच्छा प्रकट कर दी। उनकी आंखों में अश्रु भर आए। वे मर्माहत होकर क्षुब्ध स्वर में बोले— 'उफ कैकेयी! मुझे पता नहीं था कि तू ऐसी दुष्टा और कुलघातिनी है। राम तो तुझ पर भी उतनी ही श्रद्धा रखता है, जितनी दूसरी माताओं पर, फिर उसके प्रति यह दुर्भावना क्यों? क्या बिगाड़ा था राम ने तेरा? मुझे पता नहीं था कि इस सुंदर काया में नागिन का हृदय है। धिक्कार तो मुझे है कि मैं तुझ जैसी पापिन के प्यार में स्वयं को भुला बैठा था। जिस राम का सारा संसार गुणगान करता है, उसे तुम वनवास देने को कह रही हो—आखिर किस अपराध में उसे महल से निकालूं? हाय, अब मैं क्या करूं? वचन भी तो भंग नहीं कर सकता। राम के बिना तो मैं एक पल भी जी नहीं सकूंगा।'

'महाराज, अब तो आपको मेरी बात माननी ही पड़ेगी।'

'ऐसा मत कहो कैकेयी, बेहतर यही है कि अपने वर वापस ले लो। राम को तो तुम बहुत चाहती हो। मुझे याद नहीं आता कि तुमने कभी किसी का बुरा चाहा हो, फिर आज कैसे तु हारा हृदय इस कदर कठोर हो गया। राम को चौदह वर्ष का वनवास! नहीं-हीं... यह तो अत्यंत कष्टकारक विचार है। मेरी ओर देखो कैकेयी, मैं बूढ़ा हो चला। मेरे सिर के समस्त बाल सफे द हो गए, कभी भी मृत्यु मुझे आगोश में ले सकती है। इन अंतिम दिनों में मुझे क्यों दुनिया की नजरों में बुरा बनाना चाहती हो, मुझ पर दया करो, कुछ और मांग लो, मेरी यही करुण विनती है।'

राजा दशरथ ने अपना मुकुट उतारा और कैकेयी के चरणों पर रख दिया। किंतु राजा दशरथ के करुण विलाप से कैकयी तनिक भी विचलित नहीं हुई। बोली— 'इतना पछतावा हो रहा है, तो वर ही क्यों दिए थे। अगर संसार को पता चल गया कि रघुवंशी राजा दशरथ ने वचन भंग किया है, तो तुम सबकी नजरों से गिर जाओगे। आप कुछ भी कहिए, मैं अपने विचार से जराभी टस-से-मस नहीं होऊंगी। वाह, कौशल्या राजमाता और राम राजा बनकर तो राज करें और मैं तथा मेरा पुत्र दासों की तरह जीवन व्यतीत करें—ऐसा कभी नहीं होगा। आपको अपने वर पूरे करने ही पड़ेंगे।'

राजा दश्रथ की आंखें पथरा गइह, मस्तिष्क ज्ञानशून्य हो गया और शरीर निढाल! अस्फु ट स्वर में बोले— 'एक औरत के बहकावे में आकर मैंने राम को वनवास और भरत को राज्य सिंहासन दिया तो दुनिया मुझे मूर्ख ही मानेगी। बेचारी सीता का क्या होगा? कौशल्या क्या सोचेगी? मैं न जानता था कि तू इतनी अधम

है। पति का नाश करने वाली, अग्नि को साक्षी मानकर कभी तु हें अपनाया था, आज तु हारा त्याग करता हूं। जल्दी ही प्रात: हो जाएगी—महल में राम के राजतिलक की तैयारियां शुरू हो जाएंगी। सारा नगर राम के सिंहासनारूढ़ होने की प्रतीक्षा कर रहा है—जब लोगों को पता चलेगा कि राम तो चौदह वर्षो के लिए वन जा रहा है, तब वे क्या सोचेंगे। मेरा मरण निश्चित है। कृपा करके तुम या तु हारा पुत्र मुझे जलांजलि भी न दें।'

पूर्व दिशा में नया सूरज उगने लगा था। प्रात:काल का मद्धिम उजाला चारों ओर बिखरने लगा था। कैकेयी रात-भर राजा दशरथ के विलाप से कुपित हो गई थी। बोली— 'बस-बस, राजन्, बहुत हुआ। व्यर्थ ही मेरी भावनाओं को ठेस पहुंचाने की कोशिश मत कीजिए। इसी समय राम को बुलाइए और उसे वन रवाना करके भरत के राजतिलक की घोषणा कीजिए।'

राजा दशरथ समझ गए कि कैकेयी अपनी जिद से जरा भी नहीं टलेगी, वे घायल पक्षी की तरह तड़पकर रह गए। अवरुद्ध कंठ से बोले— 'वचन हार चुका हूं कैकेयी, सो वही होगा, तो तुम चाहती हो।'

चार

राजमहल में भारी चहल-पहल थी।

राम-सीता का उपवास यथाविधि समाप्त हो चुका था। राजतिलक की सारी तैयारियां पूरी हो चुकी थीं। लोग उत्सुकता से उस पल की प्रतीक्षा कर रहे थे, जब राम के मस्तक पर राजमुकुट रखा जाएगा।

राज्याभिषेक की सामग्री के साथ वशिष्ठ मुनि मंत्रियों व श्रेष्ठ जनों के साथ नगर के राजपथों से होते हुए महल में पधार चुके थे। बस, प्रतीक्षा थी तो सिर्फ राजा दशरथ की। वशिष्ठ ने सुमंत से कहा— 'मंत्रिवर! विलंब हो रहा है। शीघ्र महाराज को दरबार में ले आओ, ताकि शुभ मुहूर्त में राम का राजतिलक किया जा सके।'

सुमंत तत्काल राजा दशरथ के पास पहुंचे और उन्हें दरबार में चलकर राज्याभिषेक की कार्यवाही में भाग लेने को कहा।

किंतु राजा दशरथ क्या उत्तर देते! वे शोक की साकार प्रतिमा बने हुए थे। शून्य निगाहों से सुमंत को देखते-देखते अचानक ही वे पुन: होश-हवास गंवाकर मूर्छित हो गए।

यह क्या! खुशी के मौके पर राजा दशरथ की ऐसी अवस्था। सुमंत तो एकदम सहमकर दो कदम पीछे हट गए।

कैकेयी पास ही थीं। बोलीं— 'घबराइए नहीं मंत्रिवर! दरअसल, महाराज

रात-भर सो नहीं सके बस, राम के राजतिलक के बारे में ही सोचते रहे, सो उनकी मन:स्थिति ठीक नहीं है। आप जाइए, राम को यहीं भेज दीजिए।'

सुमंत को सच्चाई का क्या पता! वह चुपचाप वहां से चलकर दरबार पहुंचे, जहां सभी राजा दशरथ की आतुरता से प्रतीक्षा कर रहे थे। राम व सीता अभिषेक-महोत्सव के लिए पहुंच चुके थे। सुमंत ने राम से विनीत स्वर में कहा— 'राजकुमार! रानी कैकेयी का आदेश है कि आप तुरंत उनके प्रकोष्ठ में जाइए, जहां महाराज आपसे कुछ कहना चाहते हैं।'

राम ने सीता की ओर देखा। बोले— 'प्राणप्रिये! पिता व माता कैकेयी ने बुलाया है। तुम तो जानती हो कि माता कैकेयी मुझे भरत से भी ज्यादा प्यार करती हैं। राजतिलक से पहले वे शायद मुझे कुछ सीख देना चाहती हैं। मैं माता-पिता के दर्शन करने जा रहा हूं।'

राम उसी समय सुमंत के साथ राजा दशरथ के पास जा पहुंचे। माता-पिता के चरण स्पर्श करके बोले— 'आज्ञा कीजिए।'

राजा दशरथ ने नम आंखें उठाकर पुत्र की ओर देखा, जिसका चेहरा कमल की तरह खिला हुआ था। वे ठंडी सांस लेकर इतना ही बोल सके— 'हे राम!'

महाराज का गला अवरुद्ध हो गया और आंखों से अश्रुधारा बह निकली। वे ज्यादा देर तक पुत्र को देखते रहने का साहस न कर सके।

राम अवाक! पिता की ऐसी दशा की तो उन्होंने कल्पना भी नहीं की थी। अभिषेक के अवसर पर पिता इस कदर पीड़ित और मर्माहत! राम का हृदय बैठ गया। वे माता कैकेयी से बोले— 'मां! महाराज को क्या हो गया? वे मुझसे बोलते क्यों नहीं, इतने दुखी क्यों हैं। क्या मुझसे अनजाने में कोई अपराध हो गया है, जो वे मुझसे नाराज हो गए हैं या उनका शरीर स्वस्थ नहीं है। कृपया मुझे बताइए, महाराज की वेदना का वास्तविक कारण क्या है?'

यही मौका था, जब कैकेयी को चतुराई से काम लेना था। अगर चूक गई, तो बना-बनाया काम बिगड़ जाएगा। सो बोली— 'महाराज भला तुमसे क्यों नाराज होने लगे, शरीर से भी वे स्वस्थ हैं। सच तो यह है कि तुमसे कुछ कहना चाहते हैं, पर कहते हुए सकुचा रहे हैं कि कहीं तु हें बुरा न लगे।'

'मुझसे कैसा सकुचाना माता, आप ही कहें वे क्या कहना चाहते हैं?'

राजा दशरथ आंखें मूंदे चुपचाप निढाल से पड़े थे। लग रहाथा, शरीर में प्राण ही न हों कैकेयी ने एक नजर उन्हें देखकर कहा— 'सुनो! एक बार महाराज ने प्रसन्न होकर मुझे दो वरदान दिए थे। आज जब मैंने वे दोनों वरदान मांग लिए, तो पछता रहे हैं। यह तो रघुकुल रीति के विपरीत है। सो तु हीं पिता की कुछ सहायता करो, ताकि उन पर वचन भंग का कलंक न लगे। स्वीकार हो तो वे

वरदान तु हारे स मुख दुहरा दूं।'

कैकेयी के स्वर में जो कटुता व व्यंग्य था, उससे राम को बड़ी पीड़ा हुई। बोले— 'मेरी पितृ-भक्ति पर संदेह न करें मां। अगर पिता अग्नि में कूदने का आदेश दें, तो उसे भी सहर्ष स्वीकार कर सकता हूं। आप निःशंक अपने वरदान सुनाएं, प्रतिज्ञा करता हूं, अवश्य पालन करूंगा।'

'राम! मैंने जो दो वर मांगे हैं, उनमे पहला तो यह है कि भरत को राज्य मिले और दूसरा यह है कि तु हें चौदह वर्ष का वनवास। पुत्र का एकमात्र कर्तव्य यही है कि पिता के यश के लिए, उनकी वचन रक्षा के लिए स्वयं को सत्य मार्ग पर समर्पित कर दे। सो बेहतर यही है कि तुम इसी समय वल्कल वस्त्र पहनो और वन को चले जाओ। भरत ही यहां राज्य-कार्य संभालेगा। महाराज तो पुत्र-वियोग से दुखी हैं। वे अजीब धर्मसंकट में फंस गए हैं, इसीलिए उनका चेहरा उतर गया है। किंतु तु हीं सोचो, क्या तुम उन्हें वचन-भंग करने दोगे। वे तो तुमसे यह सब कहने से रहे, अब तु हें ही सोचना है कि क्या करना उचित या अनुचित है?'

राम के अधरों पर मुस्कराहट खिल उठी। मृदु स्वर में बोले— 'हे माता! बस, इतनी-सी बात थी। मुझे आपका आदेश स्वीकार है। मैं तुरंत वनवास को जाता हूं। इसमें पिता को दुखी होने अथवा सकुचाने की क्या आवश्यकता है! पिता के वचनों की पूर्ति के लिए तो मैं एक राज्य क्या तीनों लोकों के राज को त्याग सकता हूं। भरत का अभिषेक हो—इससे बढ़कर खुशी की और क्या बात हो सकती है! आप तुरंत भरत को ननिहाल से बुलाएं। मैं महाराज के दोनों वर मानकर उन्हें धर्मसकट से मुक्त करता हूं।'

बेचारे राजा दशरथ का कलेजा फटा जा रहा था—पर वे क्या कर सकते थे, वचन जो हार चुके थे।

राम के चेहरे पर असीम ओज था—वे पिता के किसी काम आ सके थे, इस विचार से उनकी आंखें चमक रही थीं।

कैकेयी बोली— 'ठीक है, मैं इसी समय कैकेय में भरत के पास दूत भेजती हूं। तुम भी देर मत करो, अविलंब वन जाने की तैयारी करो। तुम जब तक महल में रहोगे, पुत्र मोह में फंसे महाराज चैन की सांस नहीं ले सकेंगे—जल्दी उनकी आंखों से ओझल हो जाओ।'

राजा दशरथ से बर्दाश्त न हो सका। उनके कंठ से एक गहरी सांस निकली और वे पुनः मूर्छित होकर गिर पड़े।

राम ने मूर्छित पिता एवं माता कैकेयी को सिर झुकाकर अभिवादन किया और प्रकोष्ठ से बाहर निकल गए। राम को इस बात का तनिक भी अपफसोस नहीं था कि उनके हाथ से सत्ता निकल गई। उनके चेहरे पर पहले जैसी सौ यता

छाई हुई थी, मार्ग में जो भी मिला, उसने राम का हर्षध्वनि से स्वागत किया। लोगों को क्या पता कि हालात बदल गए हैं।

❑❑

राम सीधे माता कौशल्या के पास गए—वे राम के राज्याभिषेक हेतु व्रतपरायण हो अग्निहोत्र कर रही थीं। कौशल्या ने आगे बढ़कर बड़ी आतुरता से राम को बांहों में भर लिया और उनका ललाट चूम लिया। बोलीं— 'पुत्र! तुम यहां क्या कर रहे हो? उधर तु हारा अभिषेक होना है, महाराज तु हारी प्रतीक्षा कर रहे होंगे, जल्दी जाओ।'

राम ने मृदु स्वर में उत्तर दिया— 'मां, होनी को तो कुछ और ही मंजूर है। सुनो मो, राज्याभिषेक से जरूरी मेरे लिए यह है कि मैं पिता के वचन की रक्षा करूं। महाराज ने माता कैकेयी को दो वर दिए हैं, जिन्हें निभाना मेरा कर्तव्य है।'

'यह कैसी बातें कर रहे हो पुत्र! मैं कुछ समझी नहीं। वचन की रक्षा—दो वर? कैसे वर पुत्र?' कौशल्या आश्चर्य से बोलीं— 'उनका तु हारे राजतिलक से क्या संबंध?'

'है मां, उनका मेरे राजतिलक से संबंध है।' राम बोले— 'सुनो मां, महाराज ने जो दो वर दिए हैं, वे हैं—भरत का राजतिलक और मुझे चौदह वर्ष का वनवास! सो मां, मुझे महलों का सुख त्यागकर अभी तपस्वी वेष में वन जाना होगा।'

'क्या?' कौशल्या जैसे आसमान से गिरीं। प्रसन्नता से दमकते चेहरे पर विषाद की गहरी रेखाएं छा गइह्व। उनका सारा होश जाता रहा, वे मूर्छित-सी हो गइह्व। राम ने आगे बढ़कर माता को संभाल लिया।

कुछ क्षणों के बाद कौशल्या होश में आइह्व। राम को शून्य निगाहों से देखती हुइह्व वे सिसककर बोलीं— 'मैं कैसे सह पाऊंगी तु हारा वियोग, भला पुत्र से बिछुड़कर मां कैसे जीवित रह सकती है? इससे बेहतर तो यह था कि मैं बांझ ही रह जाती! यह अंत, यह कैसा अंत! मैंने तो कभी सोचा भी नहीं था कि कैकेयी ऐसा व्यवहार करेंगी। क्या यही सब देखने और सहने को मैं जिंदा थी? क्या इसी दिन के लिए मैंने तुझे पाल-पोसकर बड़ा किया था कि एक दिन हमें तड़पता छोड़कर वन चला जाए— ?'

लक्ष्मण पास ही खड़े थे। वे बेहद क्षुब्ध थे। बोले— 'मां, इसमें राम का कोई दोष नहीं। राम तो देवता हैं। मेरा विचार है कि राम को चुपचाप सत्ता संभाल लेनी चाहिए। पिताजी की बुद्धि बुढ़ापे में भ्रष्ट हो गई है। मैं राम की सहनशीलता एवं नम्रता का लाभ किसी को उठाने नहीं दूंगा। जो राम की राह में बाधा पहुंएगा, मैं उसे जीवित नहीं छोडूंगा। मां, तुम चिंता मत करो, यह अनहोनी मैं नहीं होने दूंगा।'

कौशल्या ने नम आंखों से एक बार लक्ष्मण को देखा, फिर राम से बोलीं— 'राम, लक्ष्मण ठीक ही कहता है, तुम वन मत जाओ। मां को दु:ख पहुंचाना कहां का न्याय है! अगर पिता के आदेश को मानना धर्म है, तो मां का आदेश भी न मानना अधर्म है। मुनि कश्यप की भांति तुम भी यहीं रहो और मां की सेवा करो। अगर तुम चले गए तो मैं अन्न-जल सब कुछ त्याग दूंगी।'

राम उलझन में पड़ गए, फिर दृढ़ स्वर में बोले— 'क्षमा करो मां, मैं अपने वादे से मुकर नहीं सकता। चंद्र, सूर्य अथवा पृथ्वी भले ही अपना धर्म त्याग दें, किंतु मेरे लिए पिता के आदेश को मानने के सिवा और कोई चारा नहीं। आप मेरी मां हैं, तो महाराज की धर्मपत्नी भी। सो आपका भी यह कर्तव्य बनता है कि पति के वचन भंग न होने दें। कृपया मुझे वन जाने से न रोकें।'

कौशल्या क्या जवाब देतीं। वे चुप रहीं।

राम ने लक्ष्मण से कहा— 'भाई लक्ष्मण! मेरे प्रति तु हारा जो स्नेह है, उससे मैं भली-भांति परिचित हूं, पर तु हारा क्रोध व्यर्थ है। पिता का आदेश न मानना कितना बड़ा अधर्म है, यह तो तुम भी जानते हों मां को तो प्रसन्न होना चाहिए कि उनका पुत्र कुल की रीति का पालन कर रहा है। चौदह वषोह के बाद तो मैं महल में लौट ही आऊंगा। इसमें महाराज अथवा माता कैकेयी का दोष नहीं, यही प्रारब्ध था। भाग्य से भला कौन लड़ सका है!'

लक्ष्मण बोले— 'आश्चर्य है, आप जैसा कर्मवीर भी भाग्य को ही सब कुछ मान रहा है, जबकि सच्चाई यह है कि आप माता कैकेयी के षड्यंत्र के शिकार हुए हैं। आपको तो इस अन्याय का मुकाबला करना चाहिए, किंतु आप हैं कि इसे ही प्रारब्ध मान रहे हैं। मैं ऐसा नहीं होने दूंगा। आपको ही सत्ता संभालनी पड़ेगी।'

राम धीरे से मुस्कराकर बोले— 'धैर्य धारण करो लक्ष्मण, मुझे धर्म का पालन करने दो।'

'किंतु।' सहसा कौशल्या बोलीं— 'तुम महलों में पले हुए वन में कैसे रह सकोगे? कैसे वहां के कष्ट और दु:ख सह सकोगे? कहां सोओगे? क्या खाओगे? उफ! मेरा तो कलेजा फटा जा रहा है। ठीक है, तुम न जाओगे तो मैं भी तु हारे साथ चलूंगी।'

राम ने कौशल्या का हाथ पकड़कर कहा— 'मां, इस समय आपका महल में होना जरूरी है। महाराज की हालत नाजुक है। कैकेयी माता के व्यवहार से उनका दिल टूट गया है। अगर आप ऐसी हालत में उन्हें छोड़कर चली गइह, तो वे जीवित नहीं रहेंगे, उन्हें इस दारुण दशा से आप ही उबार सकती हैं। पति की सेवा ही पत्नी का एकमात्र कर्तव्य है, माता।'

कौशल्या समझ गइह कि राम को अपने पथ से विचलित करना संभव नहीं

है और फिर राम जो कुछ कर रहे थे, धर्मानुसार ही तो है। सो वे आंखें पोंछकर भरे दिल से कांपते स्वर में बोलीं— 'जाओ पुत्र! ईश्वर तु हारी रक्षा करे। मैं जानती हूं, तु हें रोक पाना असंभव है।'

❑❑

राम माता से विदा लेकर सीता से मिलने अपने प्रकोष्ठ में गए।

सीता पति के संभावित राज्याभिषेक की कल्पना से भाव-विभोर थीं, लेकिन जब राम ने उनके प्रकोष्ठ में प्रवेश किया, तो उनके शरीर पर कोई राजचिंह नहीं था, देखकर सीता किसी अनिष्ट की कल्पना से कांप उठीं।

सीता ने व्याकुल होकर पूछा— 'यह क्या प्राणनाथ! कैसा उद्वेग! आप तो राज्याभिषेक के लिए गए थे, फिर क्या हुआ? न तो आपके मस्तक पर स्वर्ण जड़ित मुकुट देख रही हूं और न आपकी जय-जयकार हो रही है। मेरा हृदय बैठा जा रहा है, सच बताएं, क्या हुआ है?'

सीता की बड़ी-बड़ी आंखों से अश्रु की बूंदें लुढ़क पड़ीं।

राम ने सीता के अश्रु पोंछते हुए कहा— 'सीते! तुमसे क्या छिपाना! मुझे राज्याभिषेक के बजाय चौदह वर्ष का वनवास मिला है। माता कैकेयी की इच्छा है कि भरत कौशल-नरेश बनें और मैं वनवासी—यही उन्होंने पिताजी से चाहा है और पिताजी चूंकि उन्हें वर देकर वचनबद्ध हो चुके हैं, अतएव यह मेरा कर्तव्य है कि उनके वचन की रक्षा करूं। सीते, तु हें दु:ख तो होगा, पर मैं लाचार हूं, मुझे वन जाना ही पड़ेगा। मैं तुमसे विदा लेने आया हूं। माताओं की सेवा करना, भाइयों को स्नेह देना और भरत के प्रति कोई दुर्भावना मत रखना...।'

सीता ने झटके से सिर उठा लिया। तीखे स्वर में बोलीं— 'आर्यपुत्र! आपकी बात सुनकर बड़ा आश्चर्य हुआ। मुझे छोड़कर आप वनवास भोगेंगे और मैं यहां महलों में सुख से रहूं—यह मुझसे न होगा। मां-बाप, भाई-बहन, संतान अथवा मित्र-सखा तो अपने-अपने कर्म-फलों से जीते हैं। जबकि पत्नी पति के कर्म-फल भोगती है, मैं आपकी अर्द्धांगिनी हूं, पति की पूरक, सो जो वनवास आपको मिला है वही मुझे भी। आप अकेले वनवास नहीं जाएंगे, मैं भी आपके साथ चलूंगी। पत्नी की गति पति-सान्निध्य में ही है, मुझे आप पतिव्रत धर्म से वंचित नहीं रह सकते। आपके साथ रहकर तो मैं महावन में भी सुखपूर्वक रह सकती हूं...।'

'सीते, वन का जीवन अत्यंत कठोर है...।'

'मुझे रोकिए मत, स्वामी! वन में फल-फूल खाकर मुझे आपके साथ जो आनंद प्राप्त होगा, वह महल में नहीं मिलेगा। आपके बिना तो मैं स्वर्ग में ज्ञी नहीं रह सकती। वन में वास करती हुई मैं नदी-सरोवरों व पर्वतों में नि:शंक होकर

विहार करूंगी। अगर मुझे साथ न ले गए तो मैं यहीं अपने प्राण दे दूंगी।'

'हठ मत करो सीते, तु हारा महल में ही रहना उचित है। महल में रहकर वही करो, जैसा मैंने कहा है। वनों में जीव-जंतुओं का भय है, पहाड़ों की गुफाओं में मानव-भक्षी पशु रहते हैं, नदी-नालों में भयानक हिंसक प्राणी हैं। इसके अलावा नदी-नालों और पहाड़ों को पाकर करना भी मुश्किल है। वन में पग-पग पर कंटीली झाड़ियां हैं। तुमहारे कोमल चरण लहूलुहान हो जाएंगे, तु हारा सुकुमार शरीर कु हला जाएगा। ग्रीष्मकाल में सूरज की तपन व शीतल ऋतु वषोंह तक वन में कष्टकारी जीवन बिताना असहय है।'

'वन का कष्टकारी जीवन भी मेरे लिए सुखकर है, क्योंकि आपका सुखद साथ तो होगा। मैंने तो जीवन में यही सीखा है कि पत्नी अपने पति की अनुगामिनी होती है। वन में हिंसक जीव-जंतु आपको देखते ही भाग खड़े होंगे। मेरे तो आप ही सर्वस्व हैं, वन में रहकर मैं आपकी सेवा करूंगी। महल के सुख आपके वियोग में मेरे लिए व्यर्थ हैं।' सीता की आंखों से झरझर अश्रु बहने लगे।

'सीते! मैं स्वयं तु हारा वियोग सह नहीं पाऊंगा, किन्तु...'

'किंतु क्या, स्वामी! किस बात का भय है आपको, क्यों आप मुझे यहां छोड़कर जाना चाहते हैं, लगता है, आपको मेरी सहनशीलता पर संदेह है। यह क्यों भूलते हैं कि नारी पति के लिए सब कुछ बर्दाश्त कर सकती है। सावित्री ने सत्यवान के लिए कितना कष्ट सहा था। सच मानिए, आपके साथ रहते जंगल की कांटों भरी राहें, पर्वतों की पथरीली पगडंडियां व नदी-नालों के दलदली मार्ग भी मेरे लिए फूल से कोमल हो जाएंगे। वन में आपके साथ घास पर सोने में जो आराम मिलेगा, वह महल के मुलायम बिस्तरों पर कहां? मेरे प्राणेश्वर, मैं तो आपके बिना एक पल भी जी नहीं सकती, फिर चौदह वर्ष कैसे जीऊंगी?'

राम पत्नी सीता का ऐसा अनुराग देखकर अभिभूत हो उठे। उन्होंने सीता को आलिंगन में लिया, उनके अश्रु पोंछकर बोले— 'उफ्! तुमने तो मुझे अजीब दुविधा में डाल दिया। मैं तो चाहता था कि तु हें अपने साथ वन का कष्ट न भोगने दूं, किंतु देखता हूं, तुम मेरे बिना यहां भी सुख से नहीं रह पाओगी। यह मत सोचना कि मैं वन में तु हारी देखभाल नहीं कर सकता। मैं तो यह सोचता था कि महलों की रानी वन में कैसे रह सकेगी? सच तो यह है कि तु हारे बिना चौदह वषोंह का वनवास काटना मेरे लिए भी मुश्किल है। चलो, यह अच्छा ही हुआ कि तुम मेरा साथ देना चाहती हो। तु हारे उद्गार सुनकर मैं अत्यंत प्रसन्न हुआ। अब देर मत करो, यथाशीघ्र वन चलने की तैयारी करो। अपना जो कुछ है, उसे साचकों को दान में दे दो और वल्कल वस्त्र पहनकर महल से निकल पड़ो। कहीं ऐसा न हो कि किसी का मोह हमारे पैरों को आगे बढ़ने से रोक दे। हमें प्रत्येक

मूल्य पर माता-पिता के आदेश का पालन करना है, त ाी हमें यश व सुख प्राप्त होगा।'

सीता के नेत्रों से प्रसन्नता के अश्रु निकल पड़े। वह आंखें मूंदकर अस्फुट स्वर में बुदबुदाइह— 'स्वामी!'

❑❑

राम व सीता वल्कल वस्त्र पहने वनवास के लिए जाने को उद्यत हुए, तो लक्ष्मण से नहीं रहा गया। लक्ष्मण राम व सीता के चरणों पर गिर पड़े और रो-रोकर बोले— 'मुझे किसके सहारे छोड़कर जा रहे हैं आप लोग! मैं आपको अकेले वन नहीं जाने दूंगा। कृपया मुझे भी साथ चलने की अनुमति दीजिए, मैं वहां जंगली पशु-पक्षियों से आपकी रक्षा करूंगा। आपके बिना तो इस महल में मैं एक पल भी नहीं रह सकूंगा।'

'नहीं लक्ष्मण, मैं ऐसा नहीं कर सकता। अगर तुम वन चले गए तो यहां माता-पिता की सेवा कौन करेगा, उन्हें सांत्वना कौन देगा? हम तो यहां से जा रहे हैं, तुम भी चल पड़े तो माता-पिता का वियोग-दु:ख और बढ़ जाएगा।'

'यहां भरत और शत्रुघ्न तो होंगे ही, वे ही माता-पिता की देखभाल कर लेंगे, मैं तो आपके साथ ही चलूंगा। जरा सोचिए, वहां आपकी एवं सीता जी की देखभाल करने वाला कौन होगा?'

राम ने एक बार सीता की ओर निहारा, सचमुच लक्ष्मण साथ रहें, तो सीता को काफी आराम रहेगा। वे लक्ष्मण से बोले— 'हमारे प्रति तु हारा प्यार व आदर अनुपम है, लक्ष्मण! ठीक है तुम भी हमारे साथ चलो। जाओ, पिता, माताओं व गुरुजनों से आज्ञा लेकर शीघ्र आओ, अब हम अधिक देर तक यहां नहीं रुक सकते।'

लक्ष्मण की प्रसन्नता की सीता नहीं रही। वह उसी समय माताओं, पिता व गुरुजनों से विदा लेने गए और साथ ही अपने साथ ले जाने के लिए कुछ अस्त्र-शस्त्र लेने भी।

पांच

सारे नगर में यह बात फैल गई कि राम चौदह वर्ष के लिए वनवास को जा रहे हैं—साथ में जनक-नंदिनी सीता एवं भ्राता लक्ष्मण भी हैं।

राम ने अपने समस्त वस्त्र-आभूषण याचकों को वितरित कर दिए—सीता व लक्ष्मण ने भी अपनी वस्तुएं साधुओं व भिक्षुओं में बांट दीं। अब वे तीनों अपने महल से निकलकर राजमहल की ओर चल पड़े—महाराज से अंतिम विदाई लेने।

नगर के मागोह्र के दोनों ओर लोगों की भीड़ जमा हो गई थी। चारों ओर कोलाहल मचा हुआ था। सीता व लक्ष्मण के साथ राम सड़कों से होकर आगे बढ़े, तो महलों के वासियों को यों राह में भटकते देखकर लोगों के मुंह से कराह निकल पड़ी। सभी महाराज के इस विचित्र निर्णय से क्षुब्ध थे—जिस राम का आज ही राज्याभिषेक होना था, वह वन की ओर आ रजे थे—यह कैसा अनर्थ! कई तो खुलेआम राजा दशरथ को भला-बुरा कहने लगे। लोग कह रहे थे, बेचारी सीता जंगल में भला कैसे रह सकेगी? जनकदुलारी ने कभी नंगे पांव धरती पर पैर भी न रखा, वह भला वन की कंटीली राहों में कैसे चल सकेगी! अब तो अयोध्या वीरान हो जाएगी। राम के बिना यहां रहकर क्या करना? अच्छा तो यही है कि जहां राम जाएं, वहीं हम भी जाएं—वही हमारे राजा हैं—जहां उनका पैर पड़ेगा, वही स्थान हमारे लिए अयोध्या है। राम न रहे तो यह अयोध्या कब तक बसी रहेगी। एक दिन यहां जंगल होगा और फिर करने दो भरत को यहां राज, भोगने दो कैकेयी को यहां सुख।

मार्ग से गुजरते समय जनता की ये भावनाएं राम को साफ सुनाई दे रही थीं, किंतु उन्होंने शांत रहना ही उचित समझा।

भीड़ को चीरते हुए राम, लक्ष्मण व सीता राजमहल के मु य द्वार पर पहुंचे, उनकी अगवानी करने को खड़े थे—शोकाकुल मंत्री सुमंत।

राम बोले— 'हम महाराज से अंतिम विदा लेने आए हैं। कृपया उन्हें सूचित कीजिए कि हम उनसे मिलना चाहते हैं।'

'जो आज्ञा, राजकुमार!'

यह कहकर सुमंत अंत:पुर की ओर चल पड़े।

महाराज दशरथ दु:ख की साकार मूर्ति बने हुए थे। मुखमंडल की सारी शोभा जाती रही थी। आंखों में वीरानी छाई हुई थी। एक दिन में ही वे इतने वृद्ध और शिथिल पड़ गए थे।

सुमंत ने पास आकर कहा— 'महाराज, राम द्वार पर खड़े आपसे मिलने की अनुमति चाहते हैं। उन्होंने अपने वस्त्राभूषण सब कुछ दान में दे दिया है। अब वे वन की ओर प्रस्थान करने को प्रस्तुत हैं। जाने से पहले वे यहां पिता, माताओं, मित्रों व गुरुजनों से मिलनेआए हैं। आपकी क्या आज्ञा है?'

बड़ी मुश्किल से महाराज दशरथ बोल सके— 'बच्चों को मेरे पास ले आओ, सुमंत। साथ ही तीनों रानियों व संबंधियों आदि को भी यहां बुला लो। मुझे लगता है, राम के जाते ही मेरा अंतिम समय आ पहुंचेगा।'

थोड़ी देर के पश्चात ही राम ने प्रकोष्ठ में प्रवेश किया... साथ में सीता व लक्ष्मण भी थे। तीनों ने महाराज का अभिवादन किया। वहां अन्य सभी लोग

उपस्थित थे—माताएं, संबंधी, मंत्रीगण व गुरुजन—सभी चिंतित और मौन। राजा दशरथ ने राम को देखते ही आवेग से आगे बढ़कर पुत्र का आलिंगन करना चाहा, लेकिन राम के निकट पहुंचने से पहले ही वे अपना होश गंवा बैठे और बेहोश होकर नीचे गिर पड़े।

राम ने उन्हें संभाल लिया और पलंग पर लिटाया। राम अपने पिता की व्यथा समझते थे। धीरे से बोले— 'महाराज, मैं वन जा रहा हूं—साथ में सीता व लक्ष्मण भी हैं। मैंने तो इन्हें बहुत रोका, किंतु उनके हठ के आगे मुझे झुकना ही पड़ा। तातश्री हमें आशीर्वाद दीजिए।'

'पुत्र! मैं लाचार हूं, न चाहते हुए भी तु हें वन भेजने को विवश हूं, कैकेयी जीवन की अंतिम वेला में ऐसी निष्ठुरता करेगी, मैं नहीं जानता था। तुम चाहो तो मेरा आदेश न मानने को स्वतंत्र हो। वर देकर मैं तो बंधा हूं... तुम तो नहीं।'

'ऐसा न कहें पिताश्री, माता-पिता की आज्ञा मानना, मेरा प्रथम कर्तव्य है।'

'तु हारा यह कर्तव्य विश्व में सदा याद किया जाता रहेगा। तु हारा वन्य-जीवन निष्कंटक व्यतीत हो, यही कामना है। तु हारे जैसा पुत्र पाकर मैं धन्य हुआ।'

राजा दशरथ की आंखों से अश्रु बह निकले।

'पिताजी, यह दु:ख मनाने का समय नहीं।' राम बोले— 'अपने को संभालिए। अभी आपको एक और वचन पूरा करना है। कृपया भरत को बुलाकर उसे यथाशीघ्र राज्य सौंप दीजिए।'

महाराज दशरथ से कोई जवाब देते न बना। वे गहरी निश्वास छोड़कर पल-भर के लिए संज्ञाशून्य हो गए। उनकी यह हालत देखकर आसपास खड़े लोगों में कोहराम मच गया। रानियों के रुदन से महल कंपित हो उठा।

शोकाकुल सुमंत ने कैकेयी से कहा— 'महाराज, आपने यह ठीक नहीं किया। राजा दशरथ जैसे महाप्रतापी राजा आज आपके कारण जो कष्ट पा रहे हैं, वह अवर्णनीय है। संसार आपके कृत्य को कभी क्षमा नहीं करेगा... सर्वत्र आपकी निंदा होगी। आश्चर्य है कि आपके पाप से धरती क्यों नहीं फट पड़ती।'

कैकेयी ने उनकी कही बात की ओर कोई ध्यान नहीं दिया। वह तो भरत के राज्याभिषेक की कल्पना से भाव-विभोर थी।

अब महाराज दशरथ ने धीरे से आंखें खोलीं। एकाएक याल आया—क्यों न राम के वनवास को कष्टविहीन बना दिया जाए। वे सुमत से बोले— 'मंत्रिवर! राम तो वन जा ही रहे हैं, उनके साथ चतुरंगिणी सेना भी भेज दो। अंगरक्षक और खास मित्र भी चले जाएं। वन में यज्ञ व तप करते हुए वे आनंदपूर्वक वास कर सकें, इसके लिए भरपूर अन्न व धन दिया जाए।'

कैकेयी को यह पसंद नहीं आया। वह मुंह बनाकर बोलीं— 'वाह महाराज, खूब! अगर राम के साथ सेना, धन-धान्य व साथी-संगी चले गए तो भरत के लिए यहां क्या रह जाएगा! ऐसा हुआ, तो मेरे वरों का अभिप्राय ही जाता रहेगा।'

राम मुस्कराकर बोले— 'हे तात! माता ठीक कहती हैं। वन में भोग-विलास की सामग्री ले जाकर क्या करूंगा। वहां तो मुझे तपस्वियों के समान ही रहना है। मुझे न धन-धान्य चाहिए और न चतुरंगिणी सेना। बस, हमें तन ढकने को वल्कल वस्त्र दे दीजिए।'

कैकेयी ने अगले पल ही राम की मांगी वस्तुएं राम के आगे कर दीं। वल्कल वस्त्र राम के लिए ही नहीं, सीता के लिए भी रख दिए। फिर बोलीं— 'लो, यह वस्त्र धारण करो और यथाशीघ्र वन जाओ।'

राम ने राजसी वस्त्र उतारकर वल्कल वस्त्र धारण कर लिए। इन वस्त्रों में वे बड़े ओजस्वी प्रतीत हो रहे थे। लक्ष्मण ने भी वल्कल वस्त्र पहन लिए। अब कैकेयी सीता से बोलीं— 'तुम भी पहन लो, जानकी।'

राजा दशरथ सब देख रहे थे। कैकेयी जो कुछ कर रही थीं, वह किसी को भी अच्छा नहीं लग रहा था। बेचारी सीता ने कभी ऐसे वस्त्र नहीं पहने थे। उन्होंने पति से पूछा कि इन वस्त्रों को वह कैसे पहने। तब राम ने जनक-दुलारी को वल्कल पहनने का तरीका समझाया। सभी के हृदय में हूक-सी उठी। कैकेयी ने वर में सिफ राम का ही वनवास मांगा था, फिर सीता को किस अपराध में वह वल्कल वस्त्र पहनने का निर्देश दे रही थीं—यह किसी को समझ में नहीं आया। सभी महाराज दशरथ की आलोचना करने लगे, जो कैकेयी को यह सब करते रोक नहीं पा रहे थे। वे तो होश में ही नहीं थे, ऐसा दुखद दृश्य देखने से पहले ही वह बेहोश हो चुके थे।

कैकेयी को किसी के भल-बुरा कहने की कोई परवाह नहीं थी। पुत्र राजा बनने वाला था। सो ऐसी बातों का उन पर कोई असर नहीं हो रहा था। वैसे भी सीता ने पति का साथ निभाने का फैसला स्वयं किया, कैकेयी को कुछ अप्रिय सुनाकर भी क्या होता!

राम ने एक बार चारों ओर दृष्टि घुमाकर सभी आत्मीयों को देखा, फिर पिता से बोले— 'तातश्री! मैं जा रहा हूं। माता कौशल्या आपके साथ हैं। उन्होंने हमेशा सभी का भला चाहा है। मेरे जाने से उन्हें बहुत दुःख पहुंचा है, अब जीवित हैं, तो सिर्फ आपके लिए, सो उनका ध्यान रखिएगा। आपका मधुर व्यवहार ही मेरी मां के दुखों को हर सकता है। वापस आऊं, तो मेरी मां मुझे जीवित ही मिलें। अच्छा...।'

इतना कहकर राम ने सीता व लक्ष्मण को साथ लिया और वहां से बाहर

निकल आए।

कौशल नरेश फूट-फूटकर रो पड़े और सुमंत से बोले— 'न जाने किन पापों का फल मुझे आज मिल रहा है। सुमंत देखो, मेरे बच्चे यहां से पैदल न जाने पाएं। एक रथ पर बिठाकर उन्हें कौशल की सीमा तक पहुंचा दो।'

छह

रथ तैयार खड़ा था।

राम, सीता व लक्ष्मण रथ पर सवार हुए, तो माता कौशल्या ने बहू को गले से लगाकर कहा— 'जनक-नंदिनी, तुमसे विशेष क्या कहूं, तुम तो स्वयं समझदार हो। पत्नी का धर्म तुमने भली-भांति निभाया है। पति राजा हो या रंक... उसका साथ कभी नहीं छोड़ना चाहिए। पति ही तु हारा सर्वस्व है।'

'हे माता! आर्य से अलग मैं कैसे रह सकती हूं! भला चंद्रमा से चांदनी अलग रह सकी है ? मैं तो उनके पीछे छाया के समान रहूंगी।

कौशल्या की आंखें नम थीं। वह आगे कुछ न बोल सकीं।

राम ने माता के चरण स्पर्श किए। बोले— 'मां, पिताजी अत्यंत दुःखी हैं। उन्हें सांत्वना देकर शांत कीजिए। वनवास के चौदह वर्ष देखते-ही-देखते समाप्त हो जाएंगे। तब हम फिर एक साथ रहेंगे।'

तीनों ने माताओं, पिता तथा उपस्थित जन-समुदाय का अभिवादन किया। सुमंत ने रथ को जैसे ही आगे बढ़ाया, चारों ओर मर्मभेदी कोलाहल मच गया। अयोध्यावासी अपने प्रिय राम को यों जाते देखकर स्वयं को रोक न सके और सबका दिल भर आया। आंखों में अश्रु भरे वे 'हे राम!' की चीत्कारों से वातावरण को गुंजाने लगे।

रथ आगे बढ़ा, तो अयोध्या के नर-नारी, बच्चे, बूढ़े सभी रथ के पीछे दौड़ पड़े। वे सुमंत से आर्तनादकर कह रहे थे— 'रथ रोको! रथ रोको! राम को हमसे जुदा मत करो। हमें राम के जी भरकर दर्शन कर लेने दो। हमारा दुर्भाग्य कि जनक-दुलारी व लक्ष्मण भी हमें छोड़कर जा रहे हैं। न जाने अब दुबारा हम उन्हें कब देख पाएंगे ?'

लोगों की भीड़ रथ के पीछे थी। सुमंत ने रथ की गति जैसे ही कम करनी चाही। राम बोले— 'आर्य! रथ बढ़ाओ।'

'नहीं... नहीं! राम को मत ले जाओ।' भीड़ आर्तनाद कर रही थी।

राम के प्रति जनता का ऐसा असीम प्यार देखकर राजा दशरथ का जी चाहा, वे स्वयं को जी भरकर धिक्कारें। क्षोभ, ग्लानि व दुःख के मारे वे कटे वृक्ष की तरह जमीन पर गिर पड़े। जनसमूह में कोलाहल मच गया। पुरवासी अपने

महाराज को घेरकर खड़े हो गए।

माता, पिता व जनसमूह की ऐसी शोचनीय स्थिति देखकर राम की आंखों में अश्रु मचलने लगे। उन्होंने महामंत्री सुमंत से कहा— 'जितना जल्दी हो सके, यहां से निकल चलें।'

रथ की गति तेज हो गई। अयोध्यावासी भी तेज-तेज कदमों से रथ के पीछे दौड़ पड़े। वे अपना खाना-पीना व घर जाना ूल गए थे। बस, लगातार आर्तनाद कर रहे थे।

'रथ रोको! रथ रोको!'

राजा दशरथ भी रथ के पीछे जाने को उद्यत हुए तो मंत्रियों ने कहा— 'महाराज! राम आपकी आज्ञा से ही तो वन जा रहे हैं, फिर यह कैसी विवशता! यह उचित नहीं। राम एक दिन वापस आएंगे और जो वापस आता है, उसके पीछे जाना शास्त्र स मत नहीं।'

थोड़ी देर में ही रथ आंखों से ओझल हो गया और पीछे रह गई सिर्फ उड़ती हुई धूल। राजा— 'हे राम!' 'हे लक्ष्मण!' की मर्मभेदी चीख के साथ भूमि पर आ गिरे।

कौशल्या ने राजपुरुषों से कहा— 'महाराज को महल ले चलो।'

मंत्री व राजपुरुषों ने धरती पर पड़े महाराज को उठाया। वे रोते हुए आर्त स्वर में बोले— 'अब मैं जीकर क्या करूंगा! मुझ जैसा अभागा भला कौन होगा, जिसने स्वयं अपने पुत्र को वन भेज दिया। मेरा मर जाना ही उचित है। इस अंतिम वेला में मुझे महारानी कौशल्या के महल ले चलो।'

राजपुरुष महाराज को कौशल्या के महल ले गए और शैया पर लिटा दिया। कौशल्या ने उन्हें अनेक प्रकार से धीरज बंधाया।

❑❑

कौशल नरेश रात-भर करवटें बदलते रहे। बार-बार राम, सीता व लक्ष्मण की मन-भावना सूरतें उनकी आंखों के सामने कौंध जातीं। उनके बिना विशाल राजमहल उन्हें सूना प्रतीत हो रहा था। राम का जन्म, उनका बचपन, किशोर-काल, पराक्रम, सीता-स्वयंवर आदि एक-एक घटनाएं उन्हें याद आ रही थीं। जब भी वे होश में आते, बस 'हे राम!' कहकर रह जाते।

आधी रात को महाराज को यों बिखलते देखकर कौशल्या उनके पास आइह तो राजा बोले— 'कौशल्या! मुझे छोड़कर कहीं मत जाओ। राम के बिना तो मेरी आंखों की ज्योति भी जाती रही। मुझे तो कुछ नजर नहीं आ रहा।'

कौशल्या का अंतर हाहाकार कर उठा। आंखों से झर-झर अश्रु की धाराएं बह निकलीं। उन्होंने राजा दशरथ का मस्तिष्क स्पर्श किया तो कांप उठीं,

बोलीं— 'अरे आपका शरीर तो तप रहा है। हे भगवान, अब क्या होगा! मुझ पर दया करो भगवान, महाराज को ठीक कर दो, पुत्र-वियोग से मैं पहले ही दुःखी हूं।'

सुमित्रा ने कौशल्या को रोते देखा तो बोलीं— 'बहन! तुम तो बड़ी धीरज वाली हो, फिर यह कैसा अधैर्य! राम तो पिता के वचन की लाज निभाने के लिए ही वन गए हैं। उनके लिए दुःख मनाने की क्या जरूरत है! राम एक दिन यश की पताका फहराकर पुनः अयोध्या पधारेंगे। आप ही धीरज खो देंगी तो राजा को कौन संभालेगा, अंतःपुरवासियों को कौन सांत्वना देगा! शोकाकुल न हों... ।'

कौशल्या के हृदय को कुछ सांत्वना पहुंची। उन्होंने नम आंखों को पोंछा एवं शोक-संतप्त महाराज की सेवा में लग गइह्र।

सात

राम का रथ सीमा-प्रदेश की ओर अग्रसर था।

अयोध्यावासियों की भीड़ अभी तक रथ के पीछे लगी हुई थी। राम से उनका यह दुःख देखा न जा सका। भीड़ चाहती थी कि राम वापस अयोध्या लौट चलें, जबकि राम अपना धर्म निभाने को तत्पर थे। राम ने सारथी से कहा— 'बंधु, रथ रोक दो।'

रथ एक झटके से रुक गया।

साथ आया सारा जनसमूह रथ को घेरकर खड़ा हो गया।

राम ने शोक-संतप्त भीड़ को संबोधित करते हुए कहा— 'प्रिय अयोध्यावासियो! मैं जानता हूं कि तुम लोग अगाध प्रेम के कारण ही मुझे वन जाने से रोकना चाहते हो, पर यह क्यों भूलते हो कि मैं पिता का वचन निभा रहा हूं। वचन भंग करने से न सिर्फ मैं ही धर्मच्युत हो जाऊंगा, बल्कि पितृ-द्रोही भी कहलाऊंगा। ऊिर तो जन सामान्य भी पिता की आज्ञा मानने से विमुख होगा। बेहतर यही है कि मुझे चुपचाप जाने दें। अब आप लोग नगर लौट जाइए।'

पर लोग क्यों मानने लगे, एक भी प्राणी अपनी जगह से नहीं हिला।

राम ने फिर समझाया— 'अगर आप लोगों का मुझसे इतना ही प्रेम है, तो मैं कहता हूं, यही प्रेम भरत से भी रखें। भरत अभी उम्र में छोटा है, पर अत्यंत शीलवान, गुणी व वीर है। वही अब आप लोगों का राजा है। उसकी आज्ञा पालन करो, यही मेरी इच्छा है। हे प्रजाजन! ऐसा करने से ही महाराज भी प्रसन्न होंगे। अब रथ आगे बढ़ाओ, सारथी।'

सारथी ने रथ आगे बढ़ाया, पर भीड़ ने वापस जाने का नाम नहीं लिया। राम के उद्गारों में ऐसी पीड़ा थी कि सारी भीड़ पुनः रथ के पीछे चल पड़ी। भीड़ में

कुछ ब्राह्मण भी थे, वे रथ से जुते घोड़ों से बोले— 'अरे घोड़ों, तुम लोग ही हम दुखियों की पुकार सुन लो, हमारे राम को वन मत ले जाओ। घोड़े तो मानव-मन की बात को जल्दी समझ लेते हैं, तु हीं लोग मान जाओ, रथ को अयोध्या की ओर ले चलो।'

तभी सामने तमसा नामक नदी आ गई।

सुमंत ने रथ वहीं रोक दिया। राम रथ से उतरकर बोले— 'कितना मनोहर सथान है! लक्ष्मण, आज की रात हम यहीं गुजारेंगे। चारों ओर प्यारे-प्यारे पशु-पक्षी विचर रहे हैं। लेकिन मेरा हृदय तो माता-पिता के शोक से चिंतित है। खैर, भरत के होते हुए मैं निश्चिंत हूं।'

रात घिर आई तो लक्ष्मण ने राम एवं सीता के सोने का प्रबंध कर दिया और स्वयं सुमंत से बातें करते रहे... रात-भर सो नहीं सके। साथ आए लोग भी थकान की वजह से गहरी नींद में सो गए।

प्रात: होते ही राम की नींद खुल गई। साथ आए लोगों की भीड़ अभी तक जहां-तहां पड़ी हुई निद्रामग्न थी। राम ने सुमत से कहा— 'इनके स्नेह ने तो मुझे अभिभूत कर दिया। जी चाहता है, इन्हें छोड़कर कहीं नहीं जाऊं, पर कर्तव्य की पुकार के आगे विवश हूं। ये लोग जाग गए तो मुझे आगे नहीं जाने देंगे। उत्तम होगा कि इनके जागने से पूर्व ही हम यहां से प्रस्थान कर जाएं।'

रथ में आरूढ़ हो राम, सीता व लक्ष्मण वहां से प्रस्थित हो गए। महामंत्री सुमंत रथ को घुमा-फिराकर दक्षिण दिशा की ओर ले चले, ताकि अयोध्यावासी प्रात: उठें, तो रथ का पीछा न कर सकें।

कई वन-प्रांतों व नदी-नालों को पार करता हुआ रथ कौशल राज्य की दक्षिणी सीमा की ओर चला जा रहा था।

❑❑

इधर प्रात: जब अयोध्यावासी नींद से उठे, तो तमसा के तट पर न रथ था और न राम, सीता अथवा लक्ष्मण। वे दूर-दूर तक उन्हें देखने गए, पर उनका कहीं पता न चला। तब वे निराश और शोक-अभिभूत अयोध्या लौट गए।

अयोध्या राम के बिना सूनी पड़ी थी—वहां की सारी कांति तो राम के साथ ही चली गई थी।

आठ

नया सूरज उगने के साथ ही राम का रथ कौशल-प्रदेश की सीमा से आ लगा।

चारों ओर हरे-भरे खेत थे और वातावरण शांत था।

राम रथ से उतरे और अयोध्या की ओर मुंह करके हाथ जोड़कर बोले— 'हे मेरी मातृ-भूमि! सूर्यवंशी नरेशों की राजधानी! मेरी जन्मभूमि अयोध्या नगरी! तु हें बार-बार प्रणाम! मुझे इतनी शक्ति दो कि मैं अपना वनवास हंसते-खेलते गुजार लूं। अब विदा! चौदह वर्ष बाद फिर आकर तु हारे दर्शन करूंगा।'

तदुपरांत पुनः रथ पर सवार हुए।

सुमंत रथ को नदी-तट से आगे बढ़ाने लगे।

अगस्त्य मुनि के आश्रम को पार करते हुए वे लोग गंगा नदी के किनारे जा पहुंचे। वहां के मनोहर वातावरण को देखकर राम बोले— 'सुमंत, रथ यहीं रोक दें। देखो, नदी किनारे इंगुदी का विशाल पेड़ खड़ा है। इसी के फल खाकर आज रात यहीं व्यतीत करेंगे।'

मंत्रिवर ने रथ रोक दिया। राज परिवार ने इंगुदी पेड़ के नीचे डेरा डाला। रथ के घोड़े नदी के किनारे चरने के लिए छोडऋ दिए गए।

❑❑

गंगा-तट के इस प्रदेश का राजा था निषादराज गुह... जो अत्यंत बलवान था। राम के प्रति उसके हृदय में असीम श्रद्धा थी। उसे जब यह सूचना मिली कि राम ने यहां गंगा-तट पर डेरा डाला है, तो वह अपने परिवार, मंत्रीगण और सगे-संबंधियों के साथ उनके दर्शनार्थ निकल पड़ा।

इंगुदी वृक्ष के नीचे राम, सीता व लक्ष्मण को वल्कलवसन धारण किए दीन-हीन अवस्था में देखकर निषादराज गुह का माथा ठनका। राम ने उसे आते देखा, तो उठकर आगे बढ़े और उसका स्वागत किया। निषादराज ने अत्यंत दुखित स्वर में कहा— 'हे राम! मेरे प्रदेश में आपका स्वागत है। मेरा राज्य आपके चरणों की धूल पाकर धन्य हुआ। इसे भी आप अपना ही राज्य समझें। कृपया मेरे इस प्रदेश के शासन की बागडोर संभालकर मुझे कृतार्थ करें। आप सबके लिए स्वादिष्ट भोज्य सामग्री प्रस्तुत है, कृपया ग्रहण करें।'

'निषादराज! तुमहारा स्वागत-सत्कार व स्नेह अनुपम है।' राम बोले— 'लेकिन बंधु, मुझे खेद है कि मैं तु हारा आतिथ्य स्वीकार नहीं कर सकूंगा। न मैं तु हारे देश का शासन संभाल सकता हूं और न यह भोज्य सामग्री स्पर्श कर सकता हूं। मैं तो पिता के वचनों को पूरा करने निकला हूं। मुझे तपस्वियों की तरह चौदह वर्ष वन में गुजारने हैं।'

'आप चाहें, तो चौदह वर्ष यहीं व्यतीत कर सकते हैं।'

'नहीं निषादराज, यह उचित नहीं। आज हमारे वनवास की दूसरी रात है।'

फिर गुह ने कोई हठ नहीं किया। रथ के घोड़ों को ही उत्तम चारा खिलाकर अपने मन की इच्छा पूरी की।

संध्या का समय था। संध्योपासना के पश्चात लक्ष्मण ने राम व सीता के लिए तृण का बिस्तर लगा दिया।

राम-सीता सो गए तो लक्ष्मण व आर्य सुमंत गुह के पास आ बैठे।

गुह बोला— 'भई लक्ष्मण! तुम भी सो जाओ—बहुत रात हो गई। राम, सीता की रक्षा करने के लिए मैं यहां मौजूद हूं... तुम निश्चिंत रहो।'

'नहीं निषादराज!' लक्ष्मण बोले— 'मुझसे सोया नहीं जाएगा। आज अयोध्या पति राम धरती पर सोये हैं, उन्हीं के साथ जनकदुलारी सुकुमारी तृणशैया पर पड़ी हैं, ऐसी स्थिति में मुझे नींद कहां आएगी! मुझे पूरा विश्वास है कि राम के वियोग में पूरी अयोध्या नगरी भी जगी हुई होगी। माताएं रो रही होंगी और पिता विक्षिप्तों की तरह कलप रहे होंगे—उनका मरण निश्चित है। जरा सोचो, कहां तो राजमहल में राज्याभिषेक की तैयारियां हो रही थीं, चारों ओर आनंदमंगल था और कहां यह विपत्तियों का पहाड़ टूट पड़ा। अब यही कामना है कि चौदह वर्ष वनवास बिताकर जब हम अयोध्या लौटें, तो माता-पिता को सकुशल व जीवित पाएं।'

निषादराज गुह से रहा न गया, उसकी आंखों से आंसुओं की धारा फूट निकली। रात-भर लक्ष्मण ऐसी बातें करके अपने दिल का दर्द दूर करते रहे।

❑❑

प्रात:काल हुआ।

राम ने नींद से जागते हुए लक्ष्मण से कहा— 'कितना सुहावना समय है! इसी शुभ बेला में हमें गंगा पार करके आगे बढ़ना चाहिए। निषादराज, हमारे लिए नौका का प्रबंध करें।'

निषादराज ने कहा— 'अभी लीजिए, प्रभु।' फिर उसने राज कर्मचारियों से कहा— 'तुरंत एक सुंदर-सी नाव तैयार कीजिए। मैं स्वयं उसे चलाकर राम, सीता व लक्ष्मण को गंगा के उस पार ले जाऊंगा!'

नाव नदी तट पर आ लगी। राम, सीता व लक्ष्मण नाव में सवार होने लगे, तो सुमंत ने नम आंखों से पूछा— 'राजा दशरथ नंदन! अब मेरे लिए क्या आदेश है?'

'आपका काम समाप्त हुआ, आर्य। अब आप अयोध्या लौट जाइए। नदी पार करके हम पैदल ही आगे की यात्रा प्रारंभ करेंगे। राजमहल पहुंचकर माताओं-पिता के चरणों में हमारी वंदना पहुंचाएं। उन्हें बता दें कि वनवास में हम जरा भी दुखी नहीं हैं।'

सुमंत की आंखों से आंसुओं की झड़ी बह निकली। सिसकते हुए कहा— 'नगरवासियों व माता कौशल्या को कैसे अपना मुंह दिखाऊंगा! भगवान का यह

कैसा न्याय है कि आप लोगों को वनवास मिला। कृपया मुझे भी अनुमति दें, मैं भी आपके साथ वनवास चलूं। फिर चौदह वर्ष व्यतीत करके आप लोगों को रथ में बिठाकर अयोध्या वापस ले आऊं।'

राम मुस्कराए। धीरे से बोले— 'मैं आपका दु:ख समझता हूं, किंतु आपका अयोध्या जाना बहुत जरूरी है। आप महाराज के शुभचिंतक हैं। इस समय उन्हें आपके सहारे की आवश्यकता है। आज शीघ्र ही भरत को ननिहाल से बुलवाकर उनका राजतिलक कराएं। भरत से कहें कि उनके प्रति हमारे मन में तनिक भी मलाल नहीं। फिर अयोध्या जाकर आप माता कैकेयी को भी विश्वास दिला सकते हैं कि मैंने सचमुच महाराज के वचन का पालन कर दिया—वरना वे सोचेंगी कि पता नहीं मैं वन गया भी अथवा नहीं। हमारे लिए तनिक भी चिंता न करें।'

सुमंत जाना तो नहीं चाहते थे, बड़ी मुश्किल से वे अयोध्या जाने को राजी हो गए। सुमंत के जाने के पश्चात निषादराज गुह ने भी राम के साथ ही रहने की इच्छा प्रकट की। इस पर राम बोले— 'निषादराज! हमें तपस्वियों का धर्म पालन करते अकेले ही वनवास भोगने दें। सुनो, अब हम महावन में प्रवेश करेंगे और जटा बनाएंगे। कृपया वटवृक्ष का दूध मंगाएं।'

गुह ने तत्काल उनके स मुख वटवृक्ष का दूध प्रस्तुत कर दिया। राम-लक्ष्मण ने दूध केशों में लगाकर जटा बनाइह। जब नाव पर राम, सीता व लक्ष्मण ने आसन ग्रहण कर लिया, तो गुह ने नौका को आगे बढ़ाया। बीच धारा में पहुंचकर सीता ने पुण्यसलिया मां गंगा की स्तुति की।

उस पार पहुंचकर तीनों नाव से उतरे। राम ने गुह को गले लगाकर विदा किया। उस निर्जन स्थान पर तीनों एकदम अकेले थे। राम ने सामने दूर-दूर तक फैले महावन की ओर देखते हुए कहा— 'लक्ष्मण! अब हमारा वास्तविक वनवास आरंभ होता है। वन में संकटों की कमी नहीं, सो तुम आगे-आगे चलो, बीच में सीता होंगी और पीछे मैं तुम लोगों की रक्षा करता हुआ चलूंगा।'

'जैसी आपकी आज्ञा, भैया।'

यह कहकर राम, लक्ष्मण व सीता के पीछे-पीछे चल पड़े।

वत्स देश पहुंचकर उन्होंने रात एक वृक्ष के नीचे बिताई।

प्रात:काल होते ही वे फिर आगे बढ़ चले। चलते-चलते संध्या के समय वे गंगा-यमुना के संगम स्थल प्रयाग जा पहुंचे। वहीं था भरद्वाज मुनि का आश्रम। भरद्वाज मुनि ने राज-परिवार का अपनी कुटी में स्वागत किया। राम ने भरद्वाज मुनि से कहा— 'मुनिवर! हम चौदह वर्ष तक वनवास करेंगे। कृपया कोई ऐसा मनोरम व निर्जन स्थान बताइए, जहां हम कुटी बनाकर रह सकें।'

'यों तो मैं चाहता हूं कि आप यहीं अपना वनवास व्यतीत करें, अगर आप

ऐसा न चाहें, तो यहां से दस कोस की दूरी पर चित्रकूट नामक स्थान पर डेरा डाल दें। वहां अनेक तपस्वी रहते हैं। बड़ा मनोरम स्थान है, आपको कोई कष्ट नहीं होगा।' भरद्वाज मुनि ने बताया।

❑❑

रात्रि उन्होंने भरद्वाज मुनि के आश्रम में ही व्यतीत की।

प्रात: होते ही राम, सीता व लक्ष्मण के साथ चित्रकूट की ओर प्रस्थान कर गए।

मार्ग में यमुना नदी पड़ी। दोनों राजकुमार सोच में पड़ गए कि नदी कैसे पार की जाए। सीता तो नदी के गहरे जल और उसकी तरंगों को दे ाकर डर ही गइह्व। राम व लक्ष्मण ने बांसों और पत्तों की एक डिंगी बनाई और सीता को उस पर बैठने को कहा। सीता का भय के मारे बुरा हाल था। इस पर राम ने स्वयं सीता को डिंगी में तृण के आसन पर बिठा दिया। वस्त्रादि रखकर दोनों राजकुमार हाथों से डिंगी को धकेलते हुए उस पार जाने लगे। बीच धारा में पहुंचकर हल्की-सी डिंगी बुरी तरह हिचकोले खाने लगी। इस पर सीता ने हाथ जोड़कर यमुना से प्रार्थना की कि उन्हें सकुशल उस पार उतरने दें।

उस पार पहुंचकर राम, सीता व लक्ष्मण अनेक जटिल वन्य मागोह्व को लांघते हुए आगे बढ़ते चले गए। लक्ष्मण आगे और राम पीछे थे, बीच में थीं सीता। सीता ने पहले कभी राजमहल से बाहर पग भी नहीं रखा था, सो वे विस्फारित नेत्रों से वन की शोभा निहार रही थीं। बार-बार वृक्षों के बारे में पूछतीं, फल-फूलों के बारे में पूछतीं। वन में अनेक प्रकार के पशु-पक्षी थे, उन्हें देखकर वे उत्सुकता से भर उठतीं।

❑❑

राह में विश्राम करते हुए वे एक दिन चित्रकूट के पास आ पहुंचे। दूर से ही चित्रकूट पर्वत को देखकर राम बोले— 'सीते! उधर देखो, कितना मनोरम स्थल है। लाल-लाल टेसुओं से सारा वातावरण जगमगा रहा है। पक्षी कैसे कलरव कर रहे हैं, ऊंचे-ऊंचे वृक्ष तो मानो हमारा स्वागत करने के लिए ही खड़े हैं। वृक्षों पर मधु के छत्ते भी हैं। कैसी शीतल वायु बह रही है। चारों ओर हरी तृण चादर बिछरी हुई है। कंद-मूल भी यहां बहुत हैं। वाह! चित्रकूलट का यह वन तो सचमुच अत्यंत रमणीक और मनोरम है। यहां तो हमारा वनवास पलक झपकते ही व्यतीत हो जाएगा। तभी तो यहां अनेक ऋषि-मुनियों ने आश्रम बना रखा है।'

शीघ्र ही वे चित्रकूट का पहुंचे। सीता को यह स्थान बहुत भाया।

लक्ष्मण ने चित्रकूट की तराई में एकांत जगह में रहने के लिए एक कुटी बनाई। कुटी बहुत ही मजबूत और सुंदर थी, जो राम को बहुत पसंद आई। पास

ही माल्यवती नदी बहती थी। पूजा-पाठ करके तीनों ने कुटी में प्रवेश किया।

चारों ओर प्रकृति का अलौकिक सौंदर्य बिखरा हुआ था।

नौ

उदासी से भरे सुमंत ने अयोध्या-नगरी में प्रवेश किया।

सारा नगर वीरान और उदास था। राम के वियोग में लोग मायूसी से घिर गए थे। निर्जन राहों से जैसे ही सुमंत का रथ गुजरा, तो लोग घरों से बाहर निकल आए। खाली रथ देखकर सभी उनसे नाना प्रकार के प्रश्न पूछने लगे— 'राम कहां हैं? सीता कैसी हैं? लक्ष्मण तो ठीक है?'

बेचारे सुमंत क्या उत्तर देते! बस, इतना ही बोल सके— 'उन्हें गंगा के उस पार पहुंचाकर चला आया।' यानी राम, सीता व लक्ष्मण उनसे कोसों दूर जा चुके थे—सभी की आंखें भर आइह्र। नगर का सारा कार्य-कलाप ठप्प पड़ गया—लोग चौराहों और नुक्कड़ों पर खड़े होकर अपने प्रिय राम की चर्चा में निमग्न हो गए।

सुमंत सिर झुकाए लोगों की बातें सुनते व सबकी नजरों से बचते हुए रथ राजमहल की ओर ले गए।

राजा दशरथ अपने प्रकोष्ठ में पुत्रों व पुत्रवधु के वियोग में निढाल पड़े थे—विशेषकर राम का शोक उनसे बर्दाश्त नहीं हो पा रहा था। उनका मुखमंडल कु हला गया था, आंखों की रोशनी मद्धम पड़ गई थी। वे बिस्तर पर पड़े मौत के पल गिन रहे थे। तभी सुमंत उनके पास आए और अभिवादन करके बता दिया कि राम को सीमांत तक छोड़ आए हैं।

राजा दशरथ के दिल में ऐसी हूक उठी कि वे संज्ञाशून्य हो गए। राजा दशरथ की बेहोशी का समाचार सारे राजमहल में आग की तरह फैल गया—चारों ओर बदहवासी और हाहाकार मच उठा—कुछ ही पलों में अंत:पुरवासी महाराज दशरथ के चारों ओर घेरा बनाकर खड़े हो गए। उन्हें खामोश पाकर कौशल्या व सुमित्रा बोलीं— 'राजन्! देखिए, सुमंत वापस आ गए हैं, उनसे बात कीजिए। अब इतना दु:खी होने से क्या लाभ, कैकेयी को दिए वर तो पूरे हुए। आपके शोक से सभी दु:खी होते हैं। कुछ तो बोलिए...।'

तब राजा दशरथ ने धीरे-धीरे आंखें खोलीं। सुमंत की ओर ताकते हुए कांपते स्वर में बोले— 'हां सुमंत! महलों के वासी आज वन के वासी हुए। कोमल शैया पर शयन करने वाले भला धरती पर कैसे सोएंगे! रूखा-सूखा उनसे कैसे खाया जाएगा! उन्होंने तो हमेशा रथ, हाथी, घोड़ों और पालकियों पर सवारी की थी, अब वे वन-वन में कैसे पैदल चलेंगे? बेचारी जनक-दुलारी जंगली में

कैसे जिएगी... कैसे जंगली जानवरों के बीच समय गुजारेगी? जरा मैं ज्ञी तो सुनूं, तु हें विदा करते समय उन्होंने तुमसे क्या कहा था?'

सुमंत ने संकोचपूर्वक कहा— 'उन्होंने आपको, माताओं व समस्त श्रेष्ठजनों व मंत्रियों को प्रणाम भेजा है। राम ने आपको संदेश भेजा है कि वे सीता व लक्ष्मण सहित खुश हैं। उन्हें कोई कष्ट नहीं। माता कौशल्या से राजा की देखभाल करने का अनुरोध किया है और कैकेयी व भरत के प्रति किसी प्रकार की दुर्भावना न रखने को कहा है। उन्होंने यह भी कहा है कि भरत को यथाशीघ्र ननिहाल से बुलवाकर उन्हें राज्य सौंप दें, क्योंकि वृद्धावस्था के कारण राज्य का भार संभालना आपके लिए संभव नहीं। भरत से उन्होंने कहा है कि वे सभी माताओं का स मान करें और पिता के आदेशानुसार आचरण करें।'

'नगर की क्या स्थिति है?'

'क्या बताऊं, महाराज!' सुमंत बोले— 'जब मैं खाली रथ लेकर चला आ रहा था, तो सारा नगर उत्सुकता व बेबसी से देखने लगा। राम के वियोग में सभी शोकाकुल हैं। सारा नगर उदास व मायूस है, बड़ा ही हृदयविदारक दृश्य है, महाराज।'

महाराज की आंखों से आंसुओं की धारा छलक पड़ी। बोले— 'यही होनी को मंजूर था, सुमंत! अब तो मृत्यु ही मुझे इस दुःख से उबार सकती है। बड़ा अभागा हूं। देखो, मृत्यु के समय उनके दर्शन भी न कर सकूंगा।'

उनसे ज्यादा बोला न गया और वे पुनः बेहोश हो गए। कौशल्या उसास भरकर महाराज के पास गइह्र। ऐसे मौके पर न चाहे हुए भी कौशल्या की जबान से कुछ कटु शब्द निकल गए। राजा दशरथ जानते थे कि वह भी पुत्र-शोक से बेहाल है, फिर भी उनका दिल टूट गया। बोले— 'कौशल्या! इस अंतिम बेला में तो मुझे मत कोसो। कैसा भी हूं—तु हारा पति हूं—मुझे क्षमा कर दो।'

कौशल्या लज्जा में डूब गइह्र। आंखों से आंसुओं की धारा बह चली। अस्फुट स्वर में बोलीं— 'क्षमा तो मुझे मांगनी चाहिए महाराज, पुत्र-शोक में मैंने न जाने आपसे क्या-क्या कह दिया। मैं यह भूल गई थी कि आपने सत्य की रक्षा के लिए ही राम को वनवास जाने दिया है। पर मैं क्या करूं राजन्, मैं मां हूं ना, इसलिए राम को गए भले ही पांच दिन गुजरे हैं, किंतु मुझे तो ऐसा लग रहा है, मानो मैंने पांच साल घोर दुःख में बिताए हों।'

राजा दशरथ के टूटे हृदय को कुछ धैर्य मिला।

❑❑

संध्या समय महाराज दशरथ की आंखें लग गई। किंतु वह अधिक समय तक सोये न रह सके, आधी रात को अचानक उनकी आंखें खुल गइह्र। आंखें

खुलते ही उन्हें राम की याद ने फिर घेर लिया और अपने ही किए पर पछता उठे। पास ही बैठी कौशल्या से दु:खपूर्वक बोले— 'मानव जैसा कर्म करता है, वैसा ही फल पाता है। सच तो यह है कि एक बार युवावस्था में अनजाने में मैंने वृद्ध मां-बाप के एकमात्र पुत्र श्रवण कुमार को बाण से मार डाला था, इसीलिए मुझे भी पुत्र-शोक मिला है। अब मुझसे जिया नहीं जाएगा। मुझे मौत की पगध्वनियां साफ सुनाई दे रही हैं। मेरा हृदय बैठा जा रहा है—चेतना लुप्त होती जा रही है—आंखों के सामने अंधेरा छा रहा है। मेरे राम! कहां हो, वस्त! मैं चला! हे राम!'

इतना कहते-कहते उनकी धड़कनें रुक गइह। सांस के तार टूट गए। पुत्र वियोग से शोकाकुल राजा दशरथ के प्राण पखेरू उड़ गए।

❑❑

महाराज के देहांत की खबर पलक झपकते पूरे अयोध्या में फैल गई। चारों ओर शोक का वातावरण छा गया।

राजमहल में हाहाकार मचा हुआ था।

कौशल्या तो चेतना खोकर राजा दशरथ के चरणों पर गिर पड़ी थीं। सुमित्रा व अन्य रानियां छाती पीट-पीटकर रुदन कर रही थीं।

प्रात: तक समस्त मंत्रीगण व पुरोहित राजमहल पहुंच गए।

अंतिम संस्कार के लिए अंत:पुर में कोई राजकुमार उपस्थित न था, सो राजा के शव को नाव में तेल भरकर उसमें रखा गया।

अयोध्या पर यह दोहरा आघात था। सारी नगरी उजाड़ हो गई थी। राजमहल के कंगूरों पर उड़ती हुई सूर्यवंशी पताका को झुका दिया गया था।

❑❑

अगले दिन दरबार में मंत्री व राजपुरुष एकत्र हुए। भविष्य में क्या कदम उठाए जाएं, इस पर विचार-विमर्श हुआ। मार्कण्डेय, वासुदेव, मौद्गल्य, कात्यायन, कश्यप और सुमंत ने अंतिम निर्णय वशिष्ठ मुनि पर छोड़ दिया। सुमंत बोले— 'महाराज, हमें अकस्मात् छोड़कर चले गए। देश राजा-विहीन है। अब आप यथाशीघ्र किसी एक राजकुमार को सिंहासन पर बिठाकर देश को सुरक्षा प्रदान कीजिए।'

वशिष्ठ मुनि बोले— 'आप लोग सही कह रहे हैं। राजा के बिना राज्य का अनिष्ट निश्चित है। मैं शीघ्र ही कैकेय-देश से भरत को बुलवा रहा हूं, क्योंकि महाराज राजा दशरथ उन्हें ही राजा बनाने की घोषणा कर चुके हैं।'

मुनिवर ने चार श्रेष्ठ दूतों को बुलाया और उनसे कहा— 'आप लोग इसी समय कैकेय पहुंचो और भरत को लिवा लाओ। एक बात का ध्यान रहे, अयोध्या

में जो कुछ हुआ है, उसकी भनक भी भरत के कानों में न पड़े। राम-सीता, लक्ष्मण के वनगमन अथवा सम्राट की मृत्यु की सूचना से अनिष्ट हो सकता है। बस, भरत से सिर्फ इतना ही कहा जाए कि कुलगुरु व मंत्रियों ने आवश्यक कार्य हेतु बुलाया है, शीघ्र अयोध्या चलिए।'

दूतों ने देर नहीं की। दक्ष घोड़ों पर सवार होकर वे कैकेय की ओर रवाना हो गए।

दस

कैकेय देश अयोध्या से काफी दूर था और मार्ग भी सुगम नहीं था। दूत पवन-वेग से नदी-नालों और वन-प्रांतरों को पार करते हुए कैकेय की राजधानी गिरिब्रज जा पहुंचे।

उसी रात भरत ने एक दु:खद स्वप्न देखा था।

प्रात: दु:स्वप्न की स्मृति ने उन्हें बेहद उदास कर दिया। उनका चेहरा उतर गया और आंखों में चिंता छा गई। मित्रों ने उन्हें इस हाल में देखा, तो बोले— 'यह क्या! चेहरा इतना मलिन क्यों?'

'बंधु, रात को एक अमंगलकारी स्वप्न देखा, इसी से मेरा चित्त अशांत है।' भरत बोला— 'मैंने जो कुछ देखा, उससे लगता है, कोई अनिष्ट अवश्यंभावी है। मैं तो बहुत डर गया हूं। पता नहीं क्या होगा!'

तभी भरत को सूचना मिली कि अयोध्या से दूत आए हैं।

दूतों का कैकेय-नरेश व राजकुमार युधाजित ने यथाविधि स्वागत किया। दूतों ने कैकेय-नरेश को बहुमूल्य उपहार आदि दिए। फिर भरत से कहा— 'राजकुमार! कुलगुरु वशिष्ठ ने अत्यावश्यक कार्य हेतु आपको याद किया है, कृपया शीघ्र ही अयोध्या चलें।'

भरत का जी पहले ही घबराया हुआ था। आशंकित होकर पूछा— 'वहां सब ठीक तो है? माता-पिता कैसे हैं? बड़े भैया राम व लक्ष्मण का क्या हाल है?'

'राजकुमार, वहां सब कुशल-मंगल है।' दूतों ने सत्य छिपाते हुए कहा— 'अब आप विलंब न करें, जल्दी रथ पर सवार हों।'

भरत ने फिर कुछ नहीं पूछा। अयोध्या जाने को राजी हो गए।

भरत ने ननिहाल में सबसे विदा ली। वह अपने भाई शत्रुघ्न के साथ रथ में सवार हुए और दूतों के साथ अयोध्या की ओर प्रस्थान किया।

❑❑

दुर्गम राहों को पार करते हुए भरत व शत्रुघ्न आठवें रोज अयोध्या जा पहुंचे।

अयोध्या को एक नजर देखते ही भरत को प्रतीत हुआ कि कुछ विपदा अवश्य है। अयोध्या में पहले जैसी रौनक नहीं थी, चारों ओर शोक का वातावरण था। भरत ने चिंतातुर स्वर में दूतों से पूछा— 'दूतो! नगर ऐसा जनशून्य क्यों है, मागोह में पहले जैसी रौनक नहीं। लोगों के चेहरे पर भारी उदासी है। सच बताओ, क्या बात है?'

दूत क्या उत्तर देते!

राजमहल में प्रवेश किया। राजमहल में भी भारी उदासी छाई हुई थी। किसी के चेहरे पर प्रसन्नता नहीं थी।

भरत बहुत घबराए। वह रथ से उतरे और तेजी से महाराज दशरथ के प्रकोष्ठ में पहुंचे। उनका शयन खाली था। भरत तेज-तेज कदमों से माता कैकेयी के पास गए।

उसे देखते ही कैकेयी के चेहरे पर मुस्कराहट छा गई। वह खुशी से उठी और पुत्र को आलिंगन में ले लिया। बोलीं— 'पुत्र! ननिहाल में सब ठीक तो थे ना, तुमने तो बहुत दिन लगा दिए। आते समय मार्ग में कोई असुविधा तो नहीं हुई, पुत्र!'

'मैं एकदम ठीक हूं, मां। ननिहाल में भी सब कुशल-मंगल है। किंतु मां, यह तो बताओ मुझे अचानक बुलाने का क्या अर्थ है?' भरत ने उतावली से पूछा— 'पिताजी कहां हैं?'

कैकेयी तो पुत्र को सामने पाकर खुश हो गई थी—आखिर भरत राजा जो बनने वाले थे। वह बोली— 'बेटे! तु हारे परम यशस्वी पिता हमें छोड़कर परम-धाम चले गए हैं।'

'क्या!' भरत बुरी तरह चौंके। यह असहय आघात था। भरत से सहा न गया। वे फूट-फूटकर रो पड़े और धरती पर गिरकर शोक से छटपटाने लगे। अंतिम समय वह पिता के दर्शन भी न कर सके थे, इससे उनकी बेचैनी अधिक बढ़ गई।

'पुत्र! व्यर्थ ही इतना शोक मत करो।' कैकेयी बोली— 'तु हारे पिता तो मरते समय बस 'हे राम! हे लक्ष्मण! हे सीता!' ही पुकारते रहे। तु हारा नाम भी नहीं लिया। कहते थे, कितना अभागा हूं, जो अंतिम समय में राम-सीता व लक्ष्मण के दर्शन न कर सका।'

भरत ने आश्चर्य से पूछा— 'क्यों, वे कहां हैं? क्या वे अंतिम समय पिता के समीप नहीं थे?'

'नहीं, राम तपस्वियों के वेश में वन चले गए हैं—साथ में सीता व लक्ष्मण भी गए हैं।'

'राम को वन जाने की क्या आवश्यकता थी?' भरत ने पूछा— ' !'क्या उनसे कोई भारी अपराध हो गया है, क्या उन्होंने किसी ब्राह्मण का धन मार लिया है या किसी पर-स्त्री की ओर आंख उठाई थी। आखिर वे वन क्यों चले गए?'

कैकेयी एक पल खामोश रही, फिर बोली— 'पुत्र! राम ने ऐसा कुछ नहीं किया। उन्हें किसी अपराध में वन नहीं भेजा गया है। सच तो यह है कि जैसे ही मंथरा ने यह खबर सुनी कि राम का राज्याभिषेक होने वाला है, वैसे ही महाराज से मैंने उनके दो वरों के बदले राम के लिए चौदह वर्षीय वनवास और तु हारे लिए राज्य मांग लिया। बस, इसी कारण राम वनवास चले गए। सीता व लक्ष्मण तो उनके साथ अपनी मर्जी से गए हैं।' इतना बताकर कैकेयी का चेहरा दमक उठा, जैसे उसने पुत्र के लिए कोई उपकारी काम किया है। बोली— 'पुत्र! यह सब मैंने तु हारी खुशी के लिए किया। अब तुम कोई चिंता मत करो, शोक करने की आवश्यकता नहीं, मजे से राजगद्दी पर बैठकर देश का शासन संभालो। तु हारा विरोध करने वाला कोई नहीं रहा। कुलगुरु वशिष्ठ तु हारा राज्याभिषेक कर देंगे।'

भरत के कानों को जरा ी विश्वास नहीं हुआ। मां ने यह क्या अनर्थ कर डाला। अवश्य पिताजी की मृत्यु के पीछे यही कारण रहा होगा—मेरे कारण राम ी सीता व लक्ष्मण के साथ वन-गमन कर गए। उफ, मां को यह क्या सूझा? भरत का सारा शरीर क्रोध से कांपने लगा। वह तेज स्वर में बोले— 'मां, मैं न जानताथा कि स्वार्थ में अंधी होकर तुम ऐसा पाप करोगी। मां, तुमने तो हमारे इक्ष्वाकु-वंश को ही कलंकित कर दिया। नि:संदेह तु हारे कारण ही महाराज का निधन हुआ है। सोचो तो, लोग मेरे बारे में क्या सोच रहे होंगे—सभी मेरी निंदा करेंगे कि भरत के कारण राम को वन भेज दिया गया। उफ मां! जरा यह ज्ञी तो सोचो कि तु हारी मंदबुद्धि से कौशल्या व सुमित्रा भी पुत्र-वियोग में मारी गइह। दोनों माताएं तु हारे साथ कितना अच्छा व्यवहार करती हैं और बदले में तुमने उन पर यह अत्याचार किया। तु हारा हृदय कितना कठोर है कि सबको दु:खी करके मेरे राज्याभिषेक की बात कर रही हो। नहीं मां, मुझसे राज्य का शासन नहीं संभाला जाएगा। मैं राम का अधिकार नहीं मारना चाहता। मैं उनके बिना एक क्षण भी नहीं जी सकता। सच अगर मैंने तु हारे गर्भ से जन्म न लिया होता, तो इसी समय तु हें त्याग देता। मैं मर जाऊंगा, लेकिन तु हारी मनोकामना पूरी नहीं होने दूंगा।'

'बेटे! यह तुम क्या कह रहे हो? मैं तो... मैं तो...।' आश्चर्य व भय से कैकेयी से आगे बोला नहीं गया।

'हां मां! मैं दुनिया की नजरों में गिरना नहीं चाहता। तु हारे कारण मैं आज

अनाथ हो गया, भाई-भाभी के स्नेह से वंचित रह गया। मुझे नहीं चाहिए—ऐसा राज्य और सत्ता। मैं वन जाकर राम, लक्ष्मण व सीता को वापस ले आऊंगा और उन्हें ही सिंहासन पर बिठाऊंगा। मैं चला...'

इतना कहकर भरत बिना कैकेयी की ओर देखे, प्रकोष्ठ से बाहर निकल गए। वह शत्रुघ्न के साथ सीधे मां कौशल्या के पास गएँ

पुत्र-वियोग से व्याकुल कौशल्या ने दोनों राजकुमारों को आलिंगन में ले लिया। वह भरत से बोलीं— 'तुम आ गए भरत, अब यह राज्य संभालो। तु हारी मां ने राम को वनवास दिला दिया, अब तुम मुझे भी वनवास भेज दो, उनके बिना यहां रहकर मैं क्या करूंगी। अब तु हीं यहां के सुखों का उपभोग करो।'

भरत का लज्जा और ग्लानि से सिर झुक गया। बोले— 'यह क्या कह रही हो, मां! तुम मुझे ही दोषी समझती हो। यह सब मां की करनी है, मैं निरपराध हूं। मैं तो राम के वनवास की सूचना से मर्माहत हूं। मैं ऐसा नराधम नहीं कि अपने प्रिय भाई राम को वन भेजकर राजा बनना चाहूंगा। यह सब मेरे जाने बिना हुआ मां, मैं सौगंध खाकर कहता हूं।'

कौशल्या ने स्नेह से भरत का मस्तक चूमकर कहा— 'पुत्र! अब सौगंध खाने से क्या लाभ! जो होना था, सो तो हो चुका। तु हारा इसमें कोई दोष नहीं।'

❑❑

अगले दिन भी भरत का चित्त शांत नहीं हुआ। पिता के निधन व राम के वन-गमन से उनका हृदय छलनी हो गया था।

तब महर्षि वशिष्ठ भरत के पास गए और बोले— 'वत्स! इतना शोकाकुल होने से कैसे काम चलेगा! संसार में जो आया है, उसका मरण निश्चित है। उठो, पिताजी के अंतिम संस्कार का प्रबंध करो।'

'आप ठीक कहते हैं, ऋषिवर।'

भरे मन से भरत ने महाराज दशरथ के अंतिम संस्कारों का प्रबंध किया। राजा दशरथ के शव को श्मशान घाट ले जाकर चिता पर रखा गया। तत्पश्चात भरत ने चिता को अग्नि से प्रज्जवलित कर दिया।

लगभग एक पक्ष व्यतीत हो गयाँ

एक दिन सभी विशिष्ट मंत्रीगण भरत के पास पहुंचे और बोले— 'राजकुमार! महाराज की इच्छा थी कि आप ही राज्य संभालें—सो शीघ्र सत्ता संभालकर देश का कल्याण करें।'

'राजा की मृत्यु के पश्चात हमेशा बड़ा पुत्र ही गद्दी पर बैठता है—यही नियम है और इसी में वंश की मर्यादा भी है। क्षमा करें, मैं सिंहासन पर नहीं बैठ सकता। मैं वन जाकर राम को वापस ले आऊंगा। वही कौशल के सिंहासन पर बैठने के

अधिकारी हैं—उन्हें ही सत्ता सौंपनी होगी। कृपया मेरे जाने का प्रबंध करें, मैं चतुरंगिणी सेना के साथ यथाशीघ्र यहां से प्रस्थान करना चाहता हूं।'

दरबारियों ने भरत के ये वचन सुने तो उनकी प्रसन्नता की सीमा नहीं रही। राम को पुन: अपने बीच पाने की कल्पना से उनका सारा शोक जाता रहा। बोले— 'आपका कल्याण हो, भरत।'

बस, फिर क्या था, सारे नगर में आनंद छा गया। भरत के जाने की व्यवस्था में सभी लग गए। जहां-जहां से भरत की सवारी गुजरनी थी, उस मार्ग को साफ किया जाने लगा।

ग्यारह

भरत रथ पर सवार होकर निकल पड़े।

उनके साथ न सिर्फ चतुरंगिणी सेना थी, बल्कि समस्त मंत्रीगण, तीनों माताएं और अनेक नगर-निवासी भी थे। हाथी, घोड़ों से सुसज्जित उनका काफिला धूल उड़ाता दक्षिण दिशा की ओर चल पड़ा।

काफिला गंगा-तट पर स्थित श्रृंगवेरपुर पहुंचा, तो वहीं उन्होंने डेरा डाल दिया।

निषादराज गुह को जब सूचना मिली कि भरत विशाल सेना के साथ राम के अनुसंधान में जा रहे हैं, वह घबराया। निषादराज ने समझा—हो-न-हो, उनके मित्र राम पर विपत्ति आई है, भरत उनको अपने रास्ते से हमेशा के लिए हटाने के लिए उनसे लड़ने जा रहे हैं। गुह ने अपने आदमियों से कहा— 'राम पर मैं जरा भी विपत्ति नहीं आने दूंगा—सो जल्दी से अपनी फौज तैयार करो। पांच सौ नौकाओं में सशस्त्र सैनिक बैठकर आदेश की प्रतीक्षा करें, बाकी सैनिक जंगल में छिप जाएं। अगर भरत के मन में राम के प्रति कोई विरोध न हुआ, तो हम उन्हें गंगा के पार जाने देंगे, वरना उन्हें सेना के साथ यहीं खत्म कर देंगे।'

इसके बाद वह खान-पान की सामग्री लेकर भरत से मिलने चल पड़ा।

गुह को दूर से आता देखकर भरत सुमंत से बोले— 'अरे ये तो निषादराज है—राम के परम हितैषी और शुभचिंतक। देखिए, अपने साथियों के साथ इधर ही चले आ रहे हैं—हमसे मिलने। उन्हें जरूर मालूम होगा कि राम किस दिशा मे ंवन की ओर गए हैं।'

निषादराज पास आया और उपहार आदि देकर बोला— 'राजकुमार! आपका स्वागत है। इस तरह अकस्मात इधर आने का प्रयोजन जान सकता हूं?'

'हे निषादराज! तुमसे क्या छिपाना—तुम तो हमारे शुभचिंतक हो। दरअसल मैं राम से मिलने भरद्वाज आश्रम की ओर जा रहा हूं। लेकिन यहां का मार्ग मेरे

लिए अनजान है। कृपया हमारी मदद कीजिए।'

'आप निश्चिंत रहें, राजकुमार। मेरे रहते आपको कोई कष्ट नहीं होगा। मेरे आदमी यहां के चप्पे-चप्पे से परिचित हैं—वे आपको रास्ता दिखा देंगे।' निषादराज ने कहा— 'किंतु राम से मिलने के लिए जाते समय इतनी भारी सेना ले जाने का क्या अर्थ? कृपया मेरी शंका दूर कीजिए।'

भरत धीरे से बोले— 'भीलराज! आपकी शंका निर्मूल है। राम तो मेरे लिए पिता समान हैं। मैं उन्हें अयोध्या वापस ले जाने के लिए जा रहा हूं। देखिए मेरे साथ मंत्री भी हैं, राजपुरुष भी हैं और माताएं भी हैं।'

निषादराज की सारी शंका जाती रही। वह ुशी से बोला— 'वाह भरत! तुम महान हो। सत्ता को बड़े भाई के लिए यों ठुकरा देना सचमुच बहुत बड़ी बात है—तु हारा त्याग अतुलनीय है—रहती दुनिया तक तु हारा यश कायम रहेगा।'

❑❑

वह रात भरत ने सेना सहित गंगा तट पर व्यतीत की।

भरत को रात-भर नींद नहीं आई। राम के दुर्भाग्य की कल्पना से उनकी आंखें खुली-की- ुली रह गइह्र। उन्होंने निषादराज गुह से व्यथित स्वर में कहा— 'भीलराज! न जाने राम की क्या दशा होगी? सीता वन में कैसे सोती होंगी? लक्ष्मण कैसे होंगे? क्या खाते हों, क्या पीते होंगे?'

गुह ने इंगुदी वृक्ष की ओर संकेत करते हुए कहा— 'वहीं तृण-शैय्या पर सोए थे—राम एवं जानकी। और, लक्ष्मण धनुष-बाण लेकर रात-भर उनकी रक्षा कर रहे थे।'

भरत की आंखें नम हो गइह्र। उन्होंने माताओं को वह स्थान दिखाया, जहां राम सोए थे। बोले— 'उफ, राम ने मेरे कारण कितना कष्ट सहा। निषादराज, जरा यह तो बताओ, वे क्या खाते-पीते थे?'

'मैं तो उनके लिए ढेर सारी खाद्य-सामग्री लाया था, किंतु उन्होंने छुइह्र भी नहीं। कंद-मूल खाकर उन्होंने गुजारा किया। एक रात यहां विश्राम करके वे जटाएं बनाकर गंगा पार चले गए।'

'यह सब मेरे कारण ही तो हुआ। न जाने मां को क्या सूझा कि इतना बड़ा कांड कर डाला। राजप्रासादों में पले मेरे भाई व जनक-दुलारी आज मेरे कारण वन-वन की ठोकरें खा रहे हैं। आज से मैं भी उन्हीं की तरह आचरण करूंगा—मैं भी राजसी ठाठ-बाट त्याग दूंगा। मैं प्रतिज्ञा करता हूं... आज से मैं धरती पर सोऊंगा, कंद-मूल खाऊंगा, जटा बनाऊंगा। जैसे भी हो, राम को वन से लाकर सिंहासन पर प्रतिष्ठित करूंगा और स्वयं चौदह वर्ष का वनवास भोगूंगा।'

❑❑

प्रातः हुई।

भरत ने निषादराज से कहा— 'कृपया मेरे गंगा-पार जाने की व्यवस्था कर दें।'

'अभी लीजिए।'

निषादराज ने सैकड़ों छोटी-बड़ी नौकाओं पर भरत की सेना व साथ आए लोगों को उस पार पहुंचा दिया। भरत व उनकी माताएं, मंत्रियों व गुरुजनों के साथ बड़ी-सी नौका में बैठे। गंगा तट पर अजीब-सा कोलाहल मच गया।

❑❑

गंगा पार करके भरत की यात्रा फिर शुरू हुई। इस बार वे पैदल ही चले— क्योंकि राम भी यहां से पैदल ही चित्रकूट तक गए थे।

एक दिन वे भरद्वाज मुनि के आश्रम में जा पहुंचे।

मुनि ने पूछा— 'भरत! सब ठीक तो है? अयोध्या का राज्य-भार छोड़कर इतनी बड़ी सेना लेकर कैसे आना हुआ? कहीं राम से टकराने तो नहीं जा रहे हो?'

भरत ने हाथ जोड़कर कहा— 'नहीं, मुनिवर! मैं तो राम के चरणों का तुच्छ सेवक हूं। कृपया, मेरे ऊपर कोई शक न करें। माता कैकेयी ने जो कुछ किया, उसमें मेरी रजामंदी नहीं थी। मैं तो राम को वापस लेने जा रहा हूं। उनसे क्षमा मांगकर राज्य संभालने को कहूंगा।'

'तु हारा विचार उत्तम है, भरत।' मुनिवर बोले— 'तुमने अपने कुल के गौरव की रक्षा कर ली। सुनो वत्स! इस समय राम, सीता व लक्ष्मण चित्रकूट में रहते हैं। आज की रात यहीं विश्राम करो, कल प्रातः चित्रकूट की ओर चल देना।'

❑❑

राजा दशरथ के दुखद निधन का समाचार महाराज जनक के पास भी पहुंच चुका था।

जनक ने तत्काल कुछ दूत अयोध्या भेजे, ताकि वास्तविक स्थिति का पता चले। दूतों ने लौटकर बताया कि अयोध्या तो सूनी पड़ी है, भरत, माताओं, मंत्रियों व ऋषि-मुनियों के साथ चित्रकूट की ओर जा चुके हैं, जहां राम वनवास भोग रहे हैं।

यह सुनते ही जनक भी अपने परिवार सहित चित्रकूट की ओर चल पड़े— साथ में मंत्री तथा राजकर्मचारी भी थे।

चित्रकूट पहुंचकर भरत व जनक ने अपना पड़ाव डाल दिया।

बारह

राम पत्नी सीता को चित्रकूटा की शोभा दिखा रहे थे। पास ही महा-कोलाहल सुनकर वे चौंके। उन्होंने लक्ष्मण से कहा— 'देखो भाई, ये शोर कैसा है? लग रहा है, कोई विशाल जनसमूह इधर ही चला आ रहा है।'

लक्ष्मण ने एक वृक्ष पर चढ़कर देखा, भरत एक विशाल सेना के साथ इधर ही आ रहे हैं। बोले— 'भैया! लगता है, भरत राज्य पाकर संतुष्ट नहीं हुए हैं,वे सेना लेकर आपसे युद्ध करना चाहते हैं, ताकि आपको निहत्थे पराजित करके निश्चिंत हो जाएं।'

राम मुस्कराए। बोले— 'तत्काल कोई निष्कर्ष नहीं निकालना चाहिए, लक्ष्मण! उन्हें पास आने दो।'

भरत जैसे ही राम से मिले, तो उनके चरणों पर फूट-फूटकर रोए। उन्होंने पिता की मृत्यु का समाचार सुनाया, तो राम अत्यंत दुःखी हुए।

भरत बोले— 'मुझे ऐसा राज-पाट नहीं चाहिए, भैया। उस पर आपका अधिकार है। अयोध्या चलकर सिंहासन संभालिए।'

'यह मुझसे नहीं होगा, भरत।' राम बोले— 'मैंने पिता के आदेश से वनगमन किया है—उनके वचन के विपरीत काम करके मैं उनकी आत्मा को कष्ट नहीं पहुंचाना चाहता।'

चित्रकूट में उन लोगों ने कई दिनों तक डेरा जमाया। राम ने सबका यथायोग्य आदर-सत्कार किया। भरत ही नहीं, महर्षि वशिष्ठ, सुमंत, जाबालि, महाराज जनक आदि सभी ने राम को अयोध्या चलकर राज्य संभालने को कहा, पर राम अपने पिता के वचन को कैसे झुठलाते—वे अपने निर्णय से टस-से-मस नहीं हुए। राम बोले— 'पिताजी भरत को ही राज्य देने की बात कह गए हैं, यही उचित है कि भरत उनकी आज्ञा का पालन करें। वह अयोध्या चले जाएं।'

भरत ने जब देखा कि राम किसी भी तरह नहीं मानेंगे, तब अत्यंत लाचारी से बोले— 'मैं यहां से तभी जाऊंगा, जब आप अपना कोई चिंह मुझे देंगे... वही चिंह अयोध्या में आपका प्रतिनिधि होगा।'

राम ने एक पल तक कुछ सोचा और फिर पैरों से खड़ाऊं उतारकर भरत को दे दिए।

राम की चरण पादुका लेकर सब लोग चित्रकूट से विदा हुए।

❑❑

महाराज जनक कुछ दिनों तक अयोध्या ही रहे, फिर सबको सांत्वना देकर मिथिला चले गए।

अयोध्या में सभी ने भरत को राज्य-सिंहासन पर आसीन होने का अनुरोध

किया, किंतु भरत ने सिंहासन पर स्वयं न बैठकर राम की पादुकाओं को प्रतिष्ठित कर दिया। उन्होंने परिवार का उत्तरदायित्व शत्रुघ्न को सौंप दिया और स्वयं राम की तरह तपस्वियों का बाना धारण कर लिया। वह भूमि पर ही सोते और रूखा-सूखा खाते। उन्होंने भी जटा बना ली।

❑❑

भरत का यह व्रत चौदह वर्ष तक निरंतर चलता रहा। उनका प्रण था कि राम वापस अयोध्या न आए तो वे अग्नि में कूदकर आत्महत्या कर लेंगे।

भरत के चित्रकूट से लौट जाने पर राम उदास हो गए। सभी लोगों से दुबारा मिलकर उनका चित्त अशांत हो गया था। उनकी यादों ने उन्हें ऐसा आ घेरा कि चित्रकूट में रहना दूभर हो गया था। विराट जनसमूह के पड़ाव और हाथी-घोड़ों के कारण वह स्थान प्रदूषित भी हो गया था।

उन्होंने चित्रकूट से अपना डेरा उठाया और लक्ष्मण व सीता के साथ पहुंचे ऋषि अत्रि के आश्रम।

महर्षि अत्रि व उनकी पत्नी अनुसूया ने अतिथियों का आदर-सत्कार किया। अनुसूया ने सीता को पत्नी-धर्म समझाया और उपदेश दिए।

दूसरे दिन राम आगे की यात्रा के लिए उद्यत हुए, तो उन्हें विदाई देने वन के अनेक ऋषि-मुनि आ गए। उन्होंने कहा— 'राजा दशरथ-नंदन! आपके पराक्रम को कौन नहीं जानता! इन वनों में अत्यंत भयावह जीव-जन्तु रहते हैं, जो वनवासी ऋषि-मुनियों को बहुत कष्ट देते हैं। अनेक राक्षसों ने निरीह लोगों को मार डाला है। अत: आपसे निवेदन है कि इन्हें समाप्त करके हमारी रक्षा कीजिए।'

'ऐसा ही होगा, तपस्वियो।'

इतना कहकर राम, सीता व लक्ष्मण के साथ महावन में प्रवेश कर गए... जैसे सूर्य बादलों के पीछे छिप गया हो।

अरण्य कांड

एक

दण्डकारण्य में अनेक महा तेजस्वी ऋषि-मुनि रहते थे। उनके स्वच्छ आश्रमों में सदैव यज्ञ होते रहते थे।

राम-सीता, लक्ष्मण को वन में देखकर उन ज्ञानी तपस्वियों ने उनका स्वागत किया। बोले— 'आपको अपने बीच पाकर हम कृतार्थ हुए। आप अयोध्या में विराजें अथवा जंगल में—हर जगह आप राजा हैं। वन में राक्षसों के प्रकोप से अनेक निर्दोष ऋषि-मुनि जान से हाथ धोते हैं, कृपया हमारी रक्षा करें, यही राजा का कर्तव्य है।'

राम उनसे आशीर्वाद प्राप्त कर आगे बढ़े।

सचमुच दण्डकारण्य में नरभक्षी पशुओं और राक्षसों का भारी आतंक था।

राम कुछ कदम आगे बढ़े ही थे कि एक भयावह राक्षस चीखता हुआ सामने प्रकट हुआ। उसका शरीरथा हाथी की भांति और खाल थी बाघ की भांति। वह सीता पर झपटते हुए गरजकर बोला— 'तुम लोग कौन हो? यहां तो तपस्वियों का वास है, ऐसी जगह दो नर एक स्त्री को लेकर कैसे घूम रहे हो? मैं हूं विराध, इस वन में मेरा राज्य है। मैं मानव भक्षी हूं। रोज यहां के मुनियों को खाता हूं। हां, आज इस सुंदरी को पाकर तुम लोगों को छोड़ दूंगा।'

बेचारी सीता तो थर-थर कांपने लगी।

राम ने देर नहीं की, अपना धनुष ताना और बाण से उस अभिमानी राक्षस के दो टुकड़े कर दिए। अंतिम समय निकट जानकर वह राम से बोले— 'हे राम! आज तु हारे हाथों मरकर मुझे शांति मिली। तु हारा शौर्य इंद्र समान है।'

❑❑

विराध राक्षस का वध करके राम महर्षि शरभंग के आश्रम में जा पहुंचे। महर्षि शरभंग बहुत ही वृद्ध थे और मृत्यु के दिन गिन रहे थे। राम को सीता व लक्ष्मण के साथ आश्रम में देखकर बोले— 'तुम आ गए राम! मैं तु हारी प्रतीक्षा में ही बैठा था। आज तु हारे दर्शन पाकर मैं धन्य हुआ। अब मैं परम धाम जाऊंगा—तुम मेरी अंतिम क्रिया कर देना।'

यह कहकर महर्षि शरभंग अग्नि में प्रवेश कर गए और परम-धाम पहुंच गए।

फिर वन के अन्य ऋषि-मुनियों ने भी राम से यही प्रार्थना की—कि वे वन के राक्षसों से बहुत परेशान हैं, राम उनकी रक्षा करें।

राम बोले— 'आप आदेश दीजिए, मुझे क्या करना है? मैं तो पिता की आज्ञा का पालन करने वन में आया हूं। अगर आप लोगों के किसी काम आ सका, तो मुझे प्रसन्नता ही होगी। मैं प्रतिज्ञा करता हूं कि वन के समस्त राक्षसों को समाप्त करके अपना वनवास सार्थक करूंगा। आशीर्वाद दीजिए।'

यहां से चलकर वे लोग सुतीक्ष्ण ऋषि के आश्रम में आए, जिसका चेहरा जटाओं से परिपूर्ण था। राम ने उनके चरण स्पर्श कर आशीर्वाद प्राप्त किया। चलते समय सुतीक्ष्ण बोले— 'मुक्त होकर वनों में विचरण करो, वत्स! यहां की शोभा निराली है। यहां पग-पग पर महातपस्वियों का निवास है, उनके दर्शन करके पुण्य प्राप्त करो।'

वहां से निकले, तो राह में सीता बोलीं— 'हे आर्यपुत्र! आप सशस्त्र इस वन में निकले हैं। यह ठीक है कि इसी में क्षत्रिय-धर्म निहित है। वैसे तो आप में सब गुण हैं, पर रौद्रता कहां का गुण है? वन में जो राक्षस रहते हैं, उन्होंने आपका क्या बिगाड़ा है, फिर उनकी हत्याएं करके पाप के भागी क्यों बनते हैं?'

'तुमने जो कुछ कहा है, मेरी भलाई के लिए ही।' राम बोले— 'लेकिन मैंने या लक्ष्मण ने जो अस्त्र धारण किया है, वह व्यर्थ हत्या करने के लिए नहीं। यहां के ऋषि-मुनि राक्षसों के उपद्रव से परेशान हैं। उन्होंने मेरी मदद मांगी है, सो यह क्षत्रिय का कर्तव्य है कि वह अस्त्र द्वारा राक्षसों के उपद्रवों को शांत करके ऋषि-मुनियों के कष्ट दूर करे।'

इस तरह बातें करते हुए वे अगस्त्य मुनि के आश्रम गए। उनके दर्शन पाकर वे फिर आगे की यात्रा आरंभ करना चाहते थे।

❑❑

राम को वनवास भोगते हुए लगभग दस वर्ष हो गए थे। इस दौरान वे अनेक वनों में गए, अनेक ऋषि-मुनियों के दर्शन किए, कई जगह आश्रम बनाकर रहे। वे जहां भी गए, उनकी नजरें अगस्त्य मुनि को खोजतीं, पर अगस्त्य मुनि कहीं नजर न आए। तब वे पुनः सुतीक्ष्ण ऋषि के पास आए और उनसे अगस्त्य मुनि का पता पूछा।

'सुनो वत्स!' सुतीक्ष्ण ऋषि बोले— 'यहां से दक्षिण दिशा में सोलह कोस दूर एक विशाल पीपल का वन है, जो हमेशा हरा-भरा रहता है, जहां सदैव पक्षियों का मधुर शोर गूंजता है। वहां रहते हैं—अगस्त मुनि के भाई! कुछ दिन उन्हीं के

वन में पड़ाव डालना, फिर वन के किनारे-किनारे चार कोस और दक्षिण दिशा की ओर जाना—वहीं मिलेंगे तु हें अगस्त्य मुनि।'

❑❑

इस प्रकार राम अगस्त्य मुनि से जा मिले।

अगस्त्य मुनि तो उन्हें देखते ही गद्‌गद् होकर बोले— 'मेरे अहोभाग्य जो आज तुम यहां पधारे। तु हारी प्रतीक्षा में ही तो अब तक मेरे नेत्र तरस रहे थे। वत्स, मेरे पास कई अस्त्र-शस्त्र पड़े हैं, जो देव-असुर संग्रामकाल के हैं। आज से वे तु हारे हुए। इन्हें पाकर तुम अपराजेय हो जाओगे। सीता व लक्ष्कण को भी अपने आश्रम में पाकर मैं बहुत प्रसन्न हूं—नका त्याग अनुपम है।'

'ऋषिवर! आपकी अनुकंपा से हम तीनों उपकृत हुए।' राम बोले।

'तुम लोग चाहो, तो अपना डेरा भी यहीं जमा लो। तु हारे यहां रहने से यह स्थान पवित्र होगा।' अगस्त्य मुनि बोले— 'वैसे कहीं एकांत में रहना चाहो, तो यहां से आठ कोस की दूरी पर पंचवटी है, बड़ा भव्य वन है। गोदावरी नदी के पानी से सिंचित है। वहां रहकर तु हें अच्छा लगेगा।'

रात-भर राम, सीता व लक्ष्मण ने वहीं निवास किया।

प्रात:काल होते ही मुनि का आशीर्वाद लेकर वे पंचवटी चल दिए।

❑❑

हरी-भरी राहों से होते हुए राम, सीता व लक्ष्मण चले जा रहे थे। अचानक बीच में विशाल शरीर वाला एक पक्षी आ खड़ा हुआ। लक्ष्मण ने समझा, कोई राक्षस है। बस, धनुष तानकर बोले— 'कौन हो तुम?'

पक्षी ने हाथ जोड़कर राम से कहा— 'जबसे सुना है, आप दण्डकारय में पधारे हैं, तबसे आपके दर्शनों के लिए भटक रहा हूं। मैं जटायु हूं, राम! तु हारे पिता का मित्र—सो मुझे अपना मित्र ही जानो। मुझे भी अपने साथ रहने की अनुमति दो—मैं तु हारी मदद की करूंगा।'

राम ने उनकी याचना स्वीकार कर ली। जटायु को अपने साथ लेकर पंचवटी की राह पकड़ी।

दो

पंचवटी सचमुच बहुत ही रमणीक स्थल था।

राम को यह स्थान बहुत भाया। उन्होंने लक्ष्मण से कुटिया बनाने को कहा। लक्ष्मण ने तत्काल अच्छी-सी कुटिया बना डाली।

राम और सीता इस कुटिया को देखकर बड़े प्रसन्न हुए। तीनों ने हवन करके कुटिया में प्रवेश किया।

अब वही कुटिया उनका घर थी। लक्ष्मण बड़े भाई व भाभी की तन-मन से सेवा करने लगे।

दो माह बीत गए।

हेमंत की ऋतु थी।

एक दिन दोनों भाई गोदावरी नदी से नहाकर वापस लौटे, तभी आश्रम के पास एक राक्षसी आ पहुंची। वह और कोई नहीं राक्षस-राज रावण की बहन थी—सूर्पणखा। उसने जो राम को देखा तो उन पर एकदम मोहित हो गई। उसे लगा, जैसे साक्षात् कामदेव सामने खड़े हों। वह राम के पास जाकर बोली— 'इस वन में तो राक्षसों का राज्य है—तुम लोग यहां कैसे पहुंच गए? वस्त्र तो तपस्वियों जैसे हैं, पिुर साथ में एक स्त्री लेकर कैसे घूम रहे हो? कौन हो तुम?'

राम ने उत्तर दिया— 'मैं राम हूं—कौशल नरेश महाराज दशरथ का पुत्र। यह मेरा छोटा भाई है लक्ष्मण और वह जो स्त्री है, वह मेरी पत्नी है। मैं पिता की आज्ञा से चौदह वर्ष का वनवास भोगने आया हूं। अब कृपया अपने बारे में ज्ञी बताओ। यहां किस प्रयोजन से घूम रही हो, क्या नाम है?'

'मुझ रति समान सुंदरी का नाम है सूर्पणखा। मैं तो सदैव वन में विचरती हूं—मुझे कोई डर नहीं। त्रिलोक-जयी लंकानरेश रावण मेरे भाई हैं—बलशाली कुंभकरण व विभीषण भी मेरे भाई हैं—यही क्यों, खर और दूषण भी मेरे भाई हैं, जिनकी वीरता के आगे कोई टिक नहीं सकता। वे ही दोनों पंचवटी क्षेत्र के मालिक हैं। सुनो राम, तु हारी मनमोहिनी सूरत मुझे भा गई है। तु हें देखकर मेरा हृदय मेरे वश में नहीं रहा। मैंने तु हें पति रूप में स्वीकार कर लिया है—तुम भी मुझे वरण करो।'

राम ने एक बात ऊपर से नीचे तक सूर्पणखा को देखा। फिर बोले— ' !'पर मैं तो विवाहित हूं। तु हारा वरण कैसे कर सकता हूं। हां, मेरा भाई लक्ष्मण पत्नी विहीन है, सो अगर वह चाहे तो तु हारा वरण कर सकता है।'

सूर्पणखा तो काम से पीड़ित थी, सो राम न सही लक्ष्मण ही सही। वह झट से लक्ष्मण के पास जाकर बोली— 'तु हारी सुंदरता ने मुझे मोह लिया है। मुझे पत्नी के रूप में स्वीकार कर लो। हम आजीवन सुख से रहेंगे।'

लक्ष्मण ने व्यंग्य से कहा— 'कहां तुम लंकापति रावण की बहन—एक राजकन्या! और कहां मैं राम का अकिंचन सेवक! मेरी पत्नी बनोगी तो तु हारा स मान जाता रहेगा। तु हारे लिए राम की पत्नी बनना ही उचित है।'

सूर्पणखा को लक्ष्मण की सलाह पसंद आ गई। उसने मुंह बनाकर क्षुब्ध स्वर में कहा— 'राम, तु हें मुझसे विवाह करना ही पड़ेगा। कुरूपा सीता के कारण तुम मेरा अपमान नहीं कर सकते। अगर तुमने मेरी बात न मानी, तो मैं अभी सीता को

मारकर खाती हूं। फिर तु हारे साथ विवाह रचाकर वन में ही रहूंगी।'

यह कहकर सूर्पणखा विकराल रूप धारण कर सीता की ओर लपकी। भला यह लक्ष्मण कैसे बर्दाश्त करते। राम का आदेश पाते ही, उन्होंने तलवार निकाली और सूर्पणखा के नाक-कान काट लिए।

सूर्पणखा का पीड़ा के मारे बुरा हाल हो गया। वह दर्द से छटपटाती हुई वहां से भाग निकली—सारी राह छलकते लहू से लाल हो गई। वन को चीखों से गुंजाती हुई वह सीधे अपने भाई खर के पास पहुंची। ार ने बहन की यह दुर्दशा देखी, तो गुस्से से कांपता हुआ बोला— 'तु हारी यह दशा! किसने तु हारे नाक-कान काटने की हि मत की? मुझे उस पापी का नाम बताओ, मैं अपने बाणों से उसका कलेजा छलनी कर दूंगा।

'भैया!' सूर्पणखा रोती-कलपती बोली— 'वन में कौशल नरेश दशरथ के दो पुत्र तपस्वी वेष में आए हैं—उनका नाम है—राम और लक्ष्मण। साथ में एक सुंदर स्त्री भी है। बस, मैंने जो उनसे उस स्त्री के विषय में पूछताछ की, तो उन्होंने बुरा मानकर मेरे नाक-कान काट लिए। भैया, तुम उन नराधमों को इसका मजा चखाओ, उनका खून पीकर ही मुझे शांति हासिल होगी।'

'ऐसा ही होगा बहन।'

यह कहकर खर ने अपने महापराक्रमी महाडील-डौल वाले चौदह राक्षसों को आदेश दिया कि वे तत्काल सीता सहित राम-लक्ष्मण को मार डालें।

सूर्पणखा के साथ चौदह राक्षस तूफान की तरह राम की कुटिया पर आ पहुंचे।

किंतु राम के सामने वे न टिक सके। राम के चौदह वाणों ने उन राक्षसों को धराशायी कर दिया।

तब खबर स्वयं रथ पर सवार होकर राम से लोहा लेने चला, साथ में भाई दूषण व चौदह सहस्र राक्षसों की सेना भी लेता गया। सारा वन उनके शोर से गूंज उठा—धूल उड़कर बादलों की तरह आकाश में छा गई।

राम ने इतनी विशाल सेना आते देखी, तो समझ गए कि आज यहां खून की नदी बहकर रहेगी। उन्होंने सीता को लक्ष्मण के संरक्षण में निकटवर्ती पर्वत की गुफा में भेज दिया और स्वयं खर व दूषण की सेना का मुकाबला करने अकेले ही डट गए।

आश्रम के निकट पहुंचते ही खर व उसकी सेना राम पर बाण छोड़ने लगी, जिन्हें राम ने चुपचाप सह लिया—उनका सारा शरीर रक्त-रंजित हो गया—पर वे जरा भी विचलित नहीं हुए। फिर जब उन्हें क्रोध आया, तो उन्होंने ताबड़तोड़ बाण छोड़ने शुरू कर दिए—उनकी फुर्ती से देवता भी चकित रह गए। देखते-

देखते अनगिनत राक्षस जमीन पर आ पड़े। पलक झपकते ही सारा क्षेत्र राक्षसों की लाशों से पट गया। अब जो राक्षस बचे थे, वे भयभीत होकर इधर-उधर भाग निकले।

दूषण ने सेना की यह दशा देखी तो स्वयं राम पर आक्रमण करने की ठानी। उसने तीखे बाण राम की ओर छोड़ दिए। दूषण को देखते ही राम का क्रोध बढ़ गया। उन्होंने दूषण के धनुष को ही तोड़ डाला—फिर चार बाण ऐसे छोड़े कि उसके रथ के चारों घोड़े जमीन सूंघने लगे। सारथी का सिर भी बाण ने धड़ से अलग कर दिया। दूषण से रहा नहीं गया—वह एकदम राम के पास जा लपका वार करने। पर राम की फुर्ती के क्या कहने! उन्होंने तलवार के एक ही वार से दूषण के दोनों हाथ काट डाले—दूषण एक चीख के साथ जमीन पर आ गिरा और बेहोश हो गया।

बचे-खुचे सैनिक राक्षसराज खर के भाई का यह हाल देखकर राम पर एक साथ टूटे पड़े—राम ने एक साथ ही उन्हें यमलोक भेज दिया।

युद्ध-भूमि खून से लथपथ हो गई थी—जहां-तहां राक्षसों के शवों का ढेर लग गया था—पल-भर में ही वन का वह टुकड़ा नरक-तुल्य हो उठा। सारी सेना दूषण सहित मारी गई थी—जीवित बचे थे तो सिर्फ राक्षसराज खर व सेनापति त्रिसिरा। त्रिसिरा ने खर से कहा— 'राक्षसराज! मुझे आज्ञा दें, मैं इस राम को जिंदा नहीं छोड़ूंगा। वरना मैं अपनी जान दे दूंगा।'

खर को भला क्या एतराज! उसने स्वीकृति दे दी। त्रिसिरा राम को मारने दौड़ा—पर सच तो यह था कि मौत उसका इंतजार कर रही थी। राम के बाणों ने पहले उसके रथ के सारथी, घोड़े व रथ पर उड़ती पताका को धराशायी किया, फिर त्रिसिरा को भी यमलोक की राह दिखा दी।

अब अकेला रह गया था खर। वह राम पर धुआंधार बाण छोड़ने लगा। राम ने भी प्रत्युत्तर में बाण छोड़े। पल-भर में सारा आकाश बाणों से पट गया। यों खर जल्दी भागने वाला नहीं था। कुछ देर के लिए तो देवता भी डर गए कि राम उसका मुकाबला कैसे करेंगे। किंतु राम के पास थे—अगस्त्य मुनि के अस्त्र। उन्होंने मुनि के धनुष को उठाया और खर के सारथी व घोड़ों को खत्म कर दिया। खर हाथ में गदा लेकर राम पर झपटा, पर अगस्त्य मुनि के धनुष से जो एक तीर निकला, तो खर का वक्ष-स्थल चाक हो गया। एक कर्णभेदी चीख के साथ वह जमीन पर था।

देवताओं ने राम की वीरता देखी, तो पुष्ट-वृष्टि की।

थोड़ी देर में ही लक्ष्मण सीता को गुफा से लेकर आ गए।

लहूलुहान युद्ध-क्षेत्र में विजयी राम को देखते ही सीता ने उन्हें आलिंगन में

ले लिया।

तीन

इस युद्ध में जो एक राक्षस बच गया था, उसका नाम था अकंपन। वह सीधा लंकानरेश रावण के पास पहुंचा और पंचवटी में जो कुछ हुआ था, उसका संपूर्ण वृत्तांत कह सुनाया।

रावण के क्रोध का ठिकाना न रहा। वह गरजकर बोला— 'किसने मेरे भाई खर व दूषण को मार डाला— ? किसने त्रिसिरा सहित चौदह सहस्र राक्षस मार डाले ? किसने मेरे जन-स्थान को उजाड़ दिया ? अकंपन, किसने अपनी मौत को ललकारा है ?'

'हे लंकेश, यह राजा दशरथ नंदन राम का किया-धरा है, जिनके शौर्य की कोई सीमा नहीं। वह तो तीनों लोगों को जीतने में समर्थ हैं।' अकंपन ने बताया।

'तीनों लोकों को जीतने में समर्थ! असंभव!' रावण गरजकर बोला— 'तीनों लोकों को तो सिर्फ मैं जीत सबता हूं। क्या उसकी मदद करने देवता भी आए थे ?'

'नहीं, राक्षसरास' ' अकंपन बोला— 'राम निरे अकेले हैं— उनके पास दिव्य शक्तियां हैं। उनका छोटा भाई लक्ष्मण भी पराक्रम में कम नहीं। मैंने राम को युद्ध करते देखा है। उनसे लड़ना सहज नहीं। उन्हें तो आप सारी सेना के साथ जाकर भी युद्ध में हराकर नहीं मार सकते। हां, एक उपाय है।'

'कैसा उपाय ?'

'राम की पत्नी सीता अत्यंत रूपवती है—उनके रूप के आगे तो अप्सराएं भी पानी भरती हैं। राम उन्हें बहुत चाहे हैं। अगर आप सीता को हर लाएं तो राम उसके वियोग में घुल-घुलकर मर जाएंगे—आपको ज़हमत उठाने की जरूरत नहीं पड़ेगी।'

उपाय रावण को भा गया। बदला लेने का इससे अच्छा तरीका और क्या हो सकता है। वह अपने दिव्य रथ पर सवार होकर आकाशमार्ग से सागर पार करके जा पहुंचा मारीच राक्षस के पास। यह वही मारीच था, जिसे राम ने कभी विश्वामित्र के यज्ञ की रक्षा करते समय ऐसा तीर मारा था कि वह उसके आघात से यहां आ पड़ा था। मारीच था, रावण का मित्र। उसने अचानक रावण के आ धमकने का कारण पूछा।

'मित्र, क्या बताऊं, राम ने मेरा जन-स्थान उजाड़ डाला। मेरे भाइयों को मार डाला—उनकी चौदह सहस्र सेना भी नहीं बची। मैं राम को इस किए का मजा चखाना चाहता हूं। मैं उसकी पत्नी सीता को हरकर लंका ले जाऊंगा—इसमें मुझे

तु हारी सहायता चाहिए।'

'यह ठीक नहीं, राक्षसराज!' मारीच कुछ सोचता हुआ बोला— 'इसमें नाश के अलावा और कुछ हासिल न होगा। सीता को हरने का एक ही अर्थ है—मौत को दावत देता। राम के धनुष में जो शक्ति है, उसे कोई नहीं सह सकता। बेहतर यही है कि तुम चुपचाप लंका लौट जाओ।'

रावण ने जब देखा कि यहां दाल गलनी मुश्किल है, तो लंका की राह पकड़ी।

❑❑

एक दिन रावण अपने दरबार में विराजमान थे।

तभी वहां आ पहुंची सूर्पणखा। इतने बड़े कांड के बावजूद रावण को चुपचाप सिंहासन पर बैठे देखकर चौंक पड़ी। ऐसा विशाल डील-डौल वाला रावण, जिसके शौर्य से पृथ्वी कांप उठी—जिसने तीनों लोकों में अपनी विजय पताका फहरा दी थी—जो वासुकि नागराज को जीतकर तक्षक की पत्नी हर लाया—जिसने कुबेर को पराजित करके पुष्पक विमान छीन लिया—जिससे इंद्र भी भयभीत है—वह पराक्रमी भाई मंत्रियों के बीच चमकते वस्त्रों व भूषणों से सजा-धजा आलीशान उच्चासन पर बातों में मस्त है! क्या भाइयों की मौत ने जरा भी विचलित नहीं किया? सूर्पणखा निकट आकर क्षुब्ध होकर बोली— 'कमाल है, भैया! तुम यहां कैसे अनजान बने बैठे हो, जबकि मेरी नाक और कान काट लिए गए—खर और दूषण जैसे दो-दो भाई मारे गए। त्रिसिरा भी भारी सेना सहित मारा गया, जन-स्थान तहस-नहस है। इतना सब कुछ हो गया और तु हें कुछ भी मालूम नहीं। मुझे तो महसूस हो रहा है, तु हारा काल आ गया है—जो राजा समय पर न चेते, उसका अंत निश्चित है। तुम बेखबर होकर भोग-विलास में लीन हो तो देश की रक्षा कैसे होगी? न तु हारे मंत्री योग्य हैं, न गुप्तचर सतर्क। कल तक वन के तपस्वी व ऋषि-मुनि राक्षस के नाम से डरते थे, आज वे निडर हो गए हैं। काश! तुम जानते, राम ने कैसा अनर्थ किया है, तब तुम यों बेखबर न रहते।'

रावण झेंप गया। बोला— 'ऐसा मत कहो, बहन! मुझे सब कुछ मालूम है। मैं तो बस तु हारा इंतजार कर रहा था। मेरी बहन के नाक-कान काटने वाला और मेरे भाइयों को मारने वाला अब जिंदा नहीं रहेगा—उसे कोई देवता भी बचा नहीं सकता। मैंने पूरी योजना बना ली है। तु हारा जो अपमान हुआ है, उसके बदले मैं राम की सीता को हर लाऊंगा—फिर राम का मरना निश्चित है...सीता हमेशा के लिए महल में आकर तु हारी दासी होगी।'

इतना कहकर रावण ने दरबार खत्म किया। वह मारीच के पास दुबारा जा

पहुंचा। उसने मारीच को मित्रता का वास्ता दिया। राक्षस-जाति की रक्षा की याद दिलाई और सीता के अपहरण में सहायता की याजना की, पर मारीच ने अपना वही पहले वाला विचार दुहरा दिया और यह भी कहा कि— 'इतने विद्वान होते हुए भी तुम पर-स्त्री को हरने की बात करते हो। कहं ऐसा न हो कि राम का कहर तु हें नश्ट कर दे।'

इनकार सुनना रावण की फितरत में नहीं था। वह क्रोधित होकर बोला— 'बहुत सुन ली तु हारी बकवास। मैं नहीं जानता था कि राक्षस होकर तू ऐसा कायर निकलेगा। सुनो, तु हें मेरी बात अवश्य माननी होगी, वरना राम-लक्ष्मण से पहले तु हीं मेरे हाथों मारे जाओगे। मैं सीता का अवश्य अपहरण करूंगा—मैं जैसा कहूं, तु हें वैसा करना होगा।'

मारीच को अपनी जान प्यारी थी, सो उसने रावण की बात चुपचाप मान ली।

चार

रावण मारीच को दंडकारण्य ले गया और बोला— 'तुम स्वर्ण-मृग बनकर वन में विचरण करो।'

मारीच ने स्वर्ण-मर्ग का रूप धरा और कूदता-फांदता राम के आश्रम के पास पहुंचा।

तभी सीता की नजर उस मृग पर पड़ी—इतना प्यारा, सुडौल और सुंदर मृग देखकर सीता उस पर मोहित हो गई। इस वन में जहां हिंसक पशुओं का बोलबाला था, एक हिरण की मनमोहिनी क्रीड़ाओं ने सीता को बरबस मोह लिया।

सीता ने राम को पुकारकर कहा— 'स्वामी, देखो कितना प्यारा मृग है। लक्ष्मण, तुम भी आओ।'

दोनों भाई सीता के पास गए और मृग को देखा। लक्ष्मण को ऐसा अनोखा मृग देखकर शंका हुई। बोले— 'लगता है, हमें जाल में फांसने को राक्षसों ने माची रची है।'

सीता लक्ष्मण की बातों की ओर ध्यान दिए बिना बोली— 'स्वामी इस मृग ने तो मुझे मोह लिया है। मैं इसे पालूंगी। आप इसे पकड़कर लाइए—इसे हम महलों में ले चलेंगे। ऐसा मृक देखकर तो वहां सभी चकित रह जाएंगे। अगर यह जीवित न पकड़ा जाए, तो इसे मारकर इसकी छाला ही ले आइएका—कितनी सुनहरी और चमकती छाला है।'

पहले तो राम ने सीता को समझाया, पर सीता स्वर्ण-मृग पाने को कटिबद्ध

थी। राम इनकार न कर सके। लक्ष्मण से बोले— 'सुनो लक्ष्मण, सीता यह मृग पाने के लिए बहुत लालायित हो उठी है। मैं उसे पकड़ने जा रहा हूं—पकड़ा नहीं गया तो मेरे हाथों मारा जाएगा। अगर यह राक्षस माया हुई, तो उसे नष्ट करना हमारा कर्तव्य है। तुम यहां रहकर सीता की रक्षा करना।'

राम ने अपना धनुष संभाला और मृग की ओर चल पड़े।

मायावी मृग ने उन्हें अपनी ओर आते देखा तो कुलाचें मारता हुआ दूर जा भागा। राम ने उसका पीछा न छोड़ा। मृग डरकर घने वृक्षों की ओट में जा छिपा। राम ने धनुष-बाण तान लिया और मृग का निशाना बांधकर आगे बढ़ते रहे। मायावी मृग पल-भर उन्हें नजर आता और फिर लुप्त हो जाता। मायावी मृग इस प्रकार राम का आश्रम से काफी दूर ले गया। अंत में राम ने गुस्से से उस पर तीर छोड़ दिया, जो मृग की छाती में जाकर बिंध गया। बाण लगते ही मृग अपने असली रूप में आ गया। धरती पर छटपटाता हुआ मारीच राम के स्वर में जोर-जोर से 'हे सीते, हे लक्ष्मण' पुकारकर मर गया।

राम ने यह हाल देखा तो समझ गए कि लक्ष्मण का विचार सही था—यह तो राक्षसों का कोई कुचक्र है। वे मृत मारीच को वहीं छोड़कर घबराए—से कुटिया की ओर दौड़े।

❑❑

उधर राम की प्रतीक्षा मैं बैठी सीता ने जो 'हे सीते, हे लक्ष्मण' सुना तो समझा, राम किसी संकट में फंस गए हैं। उन्होंने लक्ष्मण से कहा कि वह शीघ्र जाकर भाई की सहायता करें।

'कैसी सहायता, भाभी!' लक्ष्मण बोले— 'उनका कोई कुछ नहीं बिगाड़ सकता। फिर राम मुझे तु हारी रक्षा के लिए छोड़ गए हैं, सो मैं उनका आदेश केसे नकार दूं। घबराओ मत, राम आते ही होंगे।'

सीता को यह उत्तर पसंद नहीं आया। क्षुब्ध होकर बोली— 'तुम कैसे भाई हो! तु हारे भाई संकट में फंसे तु हें पुकार रहे हैं और तुम हो कि यहीं खड़े हो। अगर राम ही नहीं रहे, तो मेरी रक्षा का क्या अर्थ?'

'राम रहेंगे, भाभी। उन्हें देव, यक्ष अथवा राक्षस पराजित नहीं कर सकते। उन्होंने बड़े-बड़े राक्षसों को मारा है। यह सब राक्षसी माया है—आप निश्चिंत रहें।'

सीता का क्रोध से बुरा हाल हो गया। वह होंठ भींचकर बोली— 'लक्ष्मण, तुमहें शायद राम को संकट में फंसा देखकर खुशी हो रही है। मैं तु हारा मतलब खूब समझती हूं, किंतु याद रखना, तु हारी यह इच्छा कभी पूर्ण नहीं होगी। अगर राम को कुछ हो गया, तो मैं भी जिंदा नहीं बचूंगी। मुझे अब पता चला कि तुम

हमारे हितैषी नहीं हो।'

लक्ष्मण आसमान से गिरे। सीता उनके बारे में ऐसा भी सोच सकती हैं, ऐसी तो उन्होंने कल्पना भी नहीं की थी। उनका सिर चकराने लगा, उन्होंने बड़ी मुश्किल से स्वयं को गिरने से बचाया और बोले— 'उफ! यह क्या कह डाला, जनक-नंदिनी! तु हें मैंने हमेशा माता के रूप में ही माना है। मैं तो भाई के आदेश पर यहां खड़ा हूं। तु हें ऐसे कटु वचन नहीं कहने चाहिए थे। पर लगता है, होनी को तो कुछ और ही मंजूर है। ठीक है, मैं जाता हूं। हे देवताओ, तुम साक्षी रहना, मैं सीता के कहने पर ही राजा हूं।'

यह कहकर लक्ष्मण ने अपना धनुष-बाण संभाला और कुटिया से चल दिए। चलते समय उन्होंने कुटिया के चारों ओर तीर से सीमा-रेखा अंकित कर दी और सीता से बोले— 'इस रेखा से बाहर न निकलें, अन्यथा अनर्थ हो जाएगा।'

❑❑

रावण पास ही छिपा यह सब देख रहा था।

लक्ष्मण के आश्रम से दूर होते ही रावण ने साधु का वेष धारण किया और आश्रम में घुसने के लिए आगे बढ़ा, किंतु लक्ष्मण की सीमा-रेखा पार न कर सका, सो आश्रम के पास पहुंचकर गुहार लगाई— 'कोई है, भिक्षा दो।'

सीता ने भिक्षुक की पुकार सुनी, तो दो मुट्ठी भिक्षा लेकर बाहर निकलीं। उन्होंने सीमा-रेखा के अंदर से ही भिक्षा देनी चाही, किंतु रावण बोला— 'हम बंधी शिक्षा नहीं लेते। साधु से डर कैसा? अगर भिक्षा देनी ही है, तो बाहर आकर दो।'

सीता ने भी सोचा, सचमुच साधु से कैसा डर, सो वह सीमा-रेखा से बाहर निकल पड़ीं। उनके बाहर निकलते ही रावण वास्तविक रूप में प्रगट हो गया। सीता बुरी तरह घबराइह्र, और बोलीं— 'अरे नराधम, तू कौन है?'

'मैं हूं लंकापति रावण। तु हारे सौंदर्य का दीवाना।'

यह कहकर रावण ने सीता को उठा लिया। सीता बहुत छट पटाई, चीखी चिल्लाई, किंतु उस बियाबान में उनकी रक्षा करने वाला कोई नहीं था। रावण ने उन्हें रथ पर डाला और आकाश-मार्ग से लंका की ओर उड़ चला। रावण अट्टाहस करता हुआ बोल रहा था— 'वहां तुम राज्य करोगी, सीते। मैं त्रिलोक-जयी हूं, किंतु तु हारे रूप के सामने मैं सब कुछ हार चुका हूं—तुम मेरी समस्त रानियों में सर्वोत्तम हो—तु हें मैं महारानी बनाऊंगा—वहां तु हारी सेवा करने को असं य दासियां होंगी—तु हें कोई कष्ट नहीं होगा।'

'कपटी, राम तु हें कभी नहीं छोड़ेंगे! नीच तुमने जो हरकत की है, राम उसका बदला अवश्य लेंगे—तू उनके हाथों अवश्य मरेगा।'

रावण जोरों से 'हा हा हा' कर उठा। उसके अट्टहास से दशों दिशाएं कांप उठीं। सीता 'हा राम! हा राम!' करके विलाप करने लगीं। अब उन्हें महसूस हुआ कि लक्ष्मण को बलात् अपने से दूर भेजकर उन्होंने ठीक नहीं किया। वह जोर-जोर से रोने लगीं, उनके रुदन से सारा वातावरण गूंज उठा। तभी उनकी नजर जटायु पर जा पड़ी। वे बोलीं— 'हे जटायु, मेरी रक्षा करो, रावण मेरा हरण करके ले जा रहा है। राम को यह खबर अवश्य दे देना।'

जटायु के कानों में सीता के ये मर्मभेदी वचन पड़ गए तो वह क्रोधित हो उठा। उसने चेहरा उठाकर रावण से कहा— 'तुम इतने विद्वान हो, फिर ऐसा नीच कर्म करते शर्म नहीं आ रही है। यह राम की पत्नी हैं, पर-नारी पर ऐसा अत्याचार करना तु हें शोभता नहीं। राजा होकर यह नीच कर्म! छी! छोड़ दो सीता को। मैं बूढ़ा और अशक्त जरूर हूं, किंतु जब तक मेरे शरीर में जान है, मैं सीता की रक्षा अवश्य करूंगा—चाहे भले ही मारा जाऊं।'

जटायु का बीच में यों कूद पड़ना रावण को भाया नहीं। जटायु सीता को बचाने उड़ता हुआ विमान के पास आया—उसने रावण पर प्रहार किया—आकाश में उन दोनों में घमासान युद्ध छिड़ गया, पर रावण से उसका क्या मुकाबला—तलवार के तीव्र प्रहारों से उसके पंख कट गए और वह तड़पता हुआ जमीन पर आ पड़ा। उसका सारा शरीर क्षत-विक्षत हो गया था। बस सांस बची हुई थी।

ऊपर रावण के भव्य अट्टाहास गूंज रहे थे, जिनमें सीता का करुण विलाप खोता जा रहा था।

सीता रोती जा रही थी और शरीर के आभूषणों को उतारती हुई एक-एक करके नीचे फेंकती जा रही थी।

रावण का विमान लंका की ओर उड़ा जा रहा था।

❑❑

सीता के कुछ आभूषण किष्किंधा पर्वत पर जा गिरे।

किष्किंधा पर्वत पर वानरों का निवास था। आकाश से गिरते आभूषणों को देखकर वानरों की निगाहें ऊपर उठ गइह—एक नारी को बिलखते देखकर वे हैरान रह गए।

पांच

रावण का विमान वन-प्रांतरों, नदी-नालों, पर्वतों और सागर को पार करता लंका जा पहुंचा।

रावण सीता को सीधे अपने महल में ले गया। उसने भयानक चेहरे वाली क्रूर

राक्षसियों को बुलाया और आदेश दिया— 'सीता आज से यहीं रहेंगी। इनके महल में मेरी आज्ञा के बगैर कोई औरत या मर्द प्रवेश नहीं कर सकता। यह जो भी वस्त्र-आभूषण चाहे—हीरे, जवाहरात—तुरंत दिए जाएं, जो भी खाने को मांगे, तत्काल प्रस्तुत कर दिया जाए। याद रहे, अगर किसी ने इसके साथ अभद्र व्यवहार किया या कटु वचन बोले, वह मारी जाएगी।'

सीता वहीं कैद हो गइह।

रावण महल से बाहर निकला और विश्वस्त सेनापतियों से बोला— 'दंडकारण्य में जन-स्थान पर राम ने डेरा डाल रखा है। उन्होंने वहां बहुत उत्पात मचा रखा है, उस पर नजर रखो। देखो, वह क्या करता है। उसकी प्रत्येक गतिविधि की मुणे खबर देते रहो। बेहतर यही है कि राम व लक्ष्मण को मार डालो।'

इतना कहकर रावण फिर सीता के पास चला गया।

सीता भयावह राक्षसियों से घिरी शोक-संतप्त बैठी थीं। वे रो रही थीं।

रावण पास जाकर बोला— 'रोती क्यों हो सीता, मेरा सब कुछ तु हारा है, यह राज-पाट, धन-दौलत, दास-दासियां सब तुम पर न्यौछावर हैं। पटरानी बनकर लंका पर शासन करो—मैं तु हारे संकेतों पर ही काम करूंगा। यहां तु हें कोई कष्ट नहीं होगा। मेरे साथ घूमो-फिरो। वहां वन में क्या रखा था! वनवास का काल खत्म हुआ, अब त्रिलोकों पर राज्य करो।'

सीता ने आंखें तरेर कर रावण को देखा, वह तेज स्वर में बोली— 'नीच रावण! सत्यवादी और पराक्रमी राम ही मेरे आराध्य हैं, मैं किसी पर-पुरुष की छाया भी अपने ऊपर नहीं पड़ने दूंगी। तू मेरा हरण कर लाया है, इसकी सजा तुझे जरूर मिलेगी। तेरी भी वही दशा होगी, जो खर व दूषण की हुई थी। राम के बाण तेरे शरीर के टुकड़े-टुकड़े कर देंगे। तू मुझे पाने की कल्पना त्याग दे, अगर मुझे छूने की कोशिश की या राम की निंदा की तो मैं जान दे दूंगी।'

रावण को क्रोध तो बहुत आया, पर धीरे से बोला— 'सुनो, मैं चाहूं, तो जोर-जबरदस्ती से सब कुछ हासिल कर सकता हूं। किंतु नहीं, मैं तु हें एक वर्ष का समय देता हूं, अगर तुमने मुझे स्वीकार कर लिया, तो ठीक, वरना तु हें जिंदा नहीं छोड़ूंगा।'

'मुझे तु हारी धमकियों की परवाह नहीं, कायर।'

अपमान और क्रोध से रावण का चेहरा लाल हो गया। उसने विकराल राक्षसियों को आदेश दिया— 'इसे अशोक-वाटिका में जाकर रखो, इसे दुःख देकर इसका अभिमान खत्म कर दो।'

इतना कहकर रावण तेज-तेज कदमों से चला गया।

राक्षसियों सीता को अशोक-वाटिका में ले गइह। अशोक-वाटिका बहुत ही

रमणीक उद्यान थी—चारों ओर रंग-बिरंगे पुष्प खिले हुए थे, फलों से लदे वृक्ष थे, पक्षियों की मधुर स्वर-रागिनी गूंज रही थी। किंतु सीता का शोक अशोक-वाटिका में पहुंचकर भी दूर नहीं हुआ।

छह

दंडकारय में राम मृकरूपी मारीच का वध करके तेज-तेज कदमों से आश्रम की ओर चले जा रहे थे।

रास्ते में लक्ष्मण से उनकी भेंट हो गई। उन्हें आश्चर्य हुआ कि लक्ष्मण सीता को अकेले छोड़कर कैसे चले आए। बोले— 'यह क्या! तुम यहां? मेरी आज्ञा का उल्लंघन क्यों किया? सीता को अकेले छोड़कर चले आए। लक्ष्मण, अगर प्राणों से प्यारी मेरी सीता को कुछ हो गया, तो जिंदा नहीं रहूंगा। सीता कुटिया में ठीक तो है? लगता है—मायावी राक्षस की आर्तनाद सुनकर सीता ने तु हें मेरी खोज में भेजा है। उफ् राक्षसों ने धोखा देकर हमसे बदला लेना चाहा है। कहीं ऐसा न हो कि खर-दूषण की मौत का बदला वे सीता को मारकर लें। हाय, मेरे दुर्भाग्य की आज कोई सीमा नहीं। चला लक्ष्मण, जल्दी आश्रम की ओर चलो...।'

चिंतातुर राम लक्ष्मण को साथ लिए कुटिया की ओर भागे।

कुटिया में पहुंचे तो, कुटिया खाली थी, सीता का दूर-दूर तक कहीं पता नहीं, पर्णकुटी सीता के बिना शोभाविहीन थी।

राम का सिर चकराने लगा, आंखों के आगे अंधेरा छा गया। उन्हें कुछ समझ में नहीं आया कि सीता पल-भर में कहां लापता हो गई—राक्षसों ने उन्हें मार डाला या हरकर ले गयो या वे कहीं फूल तोड़ने या नदी किनारे चली गइह्र। वे बार-बार कुटिया में जाते और बाहर निकलते। सीता की खोज में उन्होंने चारों ओर निगाहें दौड़ाइह्र, किंतु सीता का कहीं नामोनिशान नहीं था। लगता था, सारा वातावरण सीता के वियोग में शोकाकुल हो गया है।

राम की आंखें नम हो गइह्र। अपनी प्राणप्यारी सीता के वियोग में वे अनमने से हो गए। विरह-व्यथा ऐसी घनीभूत थी कि उन्हें अपना भी होश नहीं रहा। वे पेड़-पौधें, पत्तों आदि से सीता का पता पूछने लगे, फल-फूलों से कहने लगे कि उन्होंने यहां से परम-सुंदरी जानकी को तो जाते हुए नहीं देखा है।

लक्ष्मण उनकी दशा देखकर बहुत घबराए। उन्होंने सांत्वना दी और आगे चलकर खोजने का सुझाव दिया। राम ने अपने दिल पर पत्थर रख लिया। वे लक्ष्मण के साथ सीता की खोज में निकल पड़े, उन्होंने सारा पर्वत रौंद डाला, पर्वत की एक-एक शिला, गुफा व चोटी खोज डाली, रास्ते का एक-एक चप्पा देख लिया, किंतु जानकी कहीं नहीं मिली। वे लक्ष्मण से बोले— 'लक्ष्मण, मैं तो

निराश हो चला। यहां तो चारों ओर खोजा, लेकिन मेरी प्राणेश्वरी नजर नहीं आई। अब मैं क्या करूं?'

उनका धैर्य जाता रहा और ऊंचे स्वर में सीते! सीते, पुकारने लगे। उनके विलाप से सारा वातावरण गूंज उठा।

लक्ष्मण चिंतित हो उठे। भाई को कैसे धीरज बंधाएं, यह उन्हें समझ में नहीं आ रहा था। राम को शक यह था कि कहीं सीता को राक्षसों ने खा न लिया हो। अगर अयोध्या तक यह खबर पहुंच गई, तो लोग उनकी हंसी उड़ाएंगे—कायर बताएंगे। वे लक्ष्मण से बोले— 'अब मैं कैसे लोगों को मुंह दिखाऊंगा—बेहतर यही है कि तुम भी अयोध्या लौट जाओ। वहां सबको सीता के लुप्त होने और मेरे मरने की सूचना दे देना—अब मैं जिंदा नहीं रहूंगा। मैं पापी हूं, तभी तो एक के बाद दूसरा कष्ट मुझे घेरता जा रहा है। पहले राज्य हाथ से जाता रहा, फिर वनवास मिला, घर-बार, सगे-संबंधी सब छूट गए, पिता भी स्वर्ग सिधार गए। बस, एक प्यारी सीता रह गई थी, जिसके प्यार की छांव में कष्टों का पता तक न चलता था, वह भी मुझे बेसहारा करके न जाने कहां लुप्त हो गई। न जाने बेचारी सीता की क्या दशा होगी—जरूर राक्षसों से घिरकर जोर-जोर से रो रही होंगी। हाय! कोई तो बताए मेरी सीता कहां है?'

लक्ष्मण से रहा नहीं गया। वे राम के चरणों पर गिरकर बोले— 'यह आपको क्या हो गया है, भैया! अगर आपको कुछ हो गया, तो सोचो, माताओं, भाइयों और मेरा क्या होगा? दु:ख तो आते-जाते रहते हैं, कौन है ऐसा, जो दु:खों से दो-चार न हुआ हो। आप मुझसे बड़े हैं, बुद्धिमान हैं, भला आपको मैं क्या समझा सकता हूं, फिर भी अच्छा तो यही है कि मन को संयत करें और यत्नपूर्वक सीता की खोज करें।'

'तुम ठीक कहते हो, लक्ष्मण। चलो...।'

राम ने अपनी नम आंखें पोंछीं, पीड़ित हृदय को संयत किया और धैर्य धारण करके जन-स्थान की ओर सीता की खोज में चल पड़े।

वन में अच्छी तरह खोजबीन करते हुए वे आगे बढ़ते चले जा रहे थे कि मार्ग में घायल जटायु मिला। वह राम को देखकर बेचैन होते हुए बोला— 'राम, तुम आ गए, मैं तु हारी ही प्रतीक्षा में यहां पड़ा था। हे राम, लंकापति रावण जानकी को हरकर ले गया। मैंने सीता को छुड़ाने का बड़ा प्रयास किया, किंतु रावण से मैं मुकाबला न कर सका, उसने मुझे घायल कर दिया। मैं कुछ ही पलों का मेहमान हूं, मर जाऊं, तो मेरा अंतिम संस्कार कर देना।'

इतना कहकर जटायु ने दम तोड़ दिया।

राम ने वीर जटायु का अभिवादन किया और यथाविधि अंतिम संस्कार कर

दिया।

सात

राम-लक्ष्मण दक्षिण दिशा की ओर चल पड़े।

चलते-चलते वे एक ऐसी जगह जा फंसे, जहां से आगे जाने का कोई मार्ग नहीं था—सामने घनी झाड़ियों का समूह था। पर सीता की खोज आवश्यक थी, सो दोनों भाई उस दुर्गम वन में प्रवेश कर गए। इस प्रकार घने जंगलों—क्रौंच वन, मतंगाश्रम वन आदि में विचरते हुए वे एक गुफा के पास जा पहुंचे—गुफा के स मुख ही एक विकराल राक्षसी दिखाई दी, जिसके लंबे-लंबे दांत थे, पेट लटक रहा था, वह हड्डियां चबा रही थी। उसने जो राम-लक्ष्मण को देखा, तो खुशी से अट्टहास कर उठी। उसने लक्ष्मण को आलिंगन में ले लिया और बोली— 'सुनो मानव, मैं हूं अधोमुखी, तु हें पाकर मेरी खुशी का ठिकाना नहीं। अब तुम इसी वन में मेरे साथ रहकर मौज से जीवन बिताओ।'

लक्ष्मण पहले ही परेशान थे, राक्षसी की बकवास ने उनके होश उड़ा दिए। उन्होंने एक झटके से तलवार निकाली और राक्षसी के सारे शरीर को लहूलुहान कर दिया। राक्षसी कान-नाक और स्तन-विहीन खून से लथपथ गुस्से से चीखती हुई, वहां से भाग निकली।

❑❑

राह का विघ्न-बाधाओं को दूर करते हुए उन दोनों ने आगे बढ़ना जारी रखा। वन में काफी दूर निकल आए थे। चारों ओर घना अंधकर फैला हुआ था। तभी एक भव्य आवाज आई, जिसकी गूंज से वातावरण कांप उठा। दोनों भाई ठिठककर खड़े हो गए, अंधेरे में उन्हें कोई आकृति नजर नहीं आई। उन्होंने हाथ में तलवार ले ली और सतर्कता से आगे उस ओर कदम बढ़ाए, जहां से भयावह आवाज आई थी। थोड़ी दूर उन्होंने विचित्र आकृति वाला राक्षस देखा, जिसके न सिर था, न पैर—छाती पर ही चेहरा बना था और आंखें आग उगल रही थीं। कंधों से दो बड़े-बड़े हाथ लटक रहे थे। बड़ा ही घिनौना व क्रूर राक्षस था वह। सामने जो जीव-जंतु पड़ जाता, उसे पकड़कर गटक जाता था।

उस राक्षस ने अपने हाथ बढ़ाकर दोनों भाइयों को पंजे में जकड़ लिया। लक्ष्मण इस अचानक हमले से घबरा गया, पर राम ने अपना साहस व धैर्य न छोड़ा, तलवार के एक ही वार से उसके दोनों हाथ काट डाले। राक्षस के गले से भयानक चीख निकली और वह तड़पता हुआ जमीन पर आ पड़ा। सारी धरती खून से नहा उठी।

मरते-मरते राक्षस बोला— 'हे राम! मैं कबंध हूं। बहुत पाप किए थे, सो

मुझे इस जन्म में यह घिनौना रूप मिला था। आज तु हारे हाथों शाप-मुक्त होने का अवसर मिला है। बस, जैसा कि इंद्र ने कहा था, तुम मेरी भुजाएं अग्नि की समर्पित कर दो। मेरा अंतिम संस्कार करके मुझे सद्‌गति प्रदान करें।'

राम ने राक्षस की अंतिम इच्छा पूर्ण कर दी। अंतिम समय में कबंध ने राम को बताया— 'हे राम! सुनो, तु हें सीता के उद्धार का उपाय बताता हूं। तुम निश्चिंत रहो, एक दिन तु हें सीता अवश्य मिलेगी। तुम यहां से सीधे ऋष्यमूक पर्वत चले जाओ, वहां पंपापुर नामक नगर है, वहीं वानर-राज सुग्रीव अपने बहादुर वानरों के साथ रहता है। सुग्रीव बहुत ही योग्य, वीर और नीतिवान है— उसकी सेना रावण की सेना से भिड़ने में पूरी तरह समर्थ है। तुम उसे मित्र बनाकर उसकी मदद प्राप्त करो। उसकी पत्नी व उसके राज्य को बड़े भाई बालि ने हड़प लिया है और सुग्रीव को घर से भगा दिया है। सुग्रीव इस समय स्वयं तु हारे जैसे मित्र की खोज में है। तुम उसकी सहायता करो, वह तु हारी सहायता करेगा। उसे राक्षसों के सब ठिकानों और उनकी सारी चालों का पूरा-पूरा ज्ञान है।'

इस प्रकार कबंध राम के हाथों सद्‌गति पाकर दिव्य लोक जा पहुंचा— उसकी सारी कुरूपता जाती रही और वह सुंदर हो गया।

राम ने लक्ष्मण के साथ पंपापुर की राह पकड़ी।

आठ

रास्ते में उन्हें बूढ़ी भीलनी शबरी का आश्रम मिला, जो बड़ी ही रमणीक जगह पर बना हुआ था।

शबरी ने राम का स्वागत किया और सादर अपनी कुटिया में ले आई। राम को आसन पर बिठाकर वह उनकी पूजा में लीन हो गई। रात शबरी की भक्ति से प्रसन्न होकर बोले— 'शबरी, तुम महान हो, तु हारा जीवन पुण्यमय है, तुममें न क्रोध है, न लालच।'

शबरी राम-अवतार से भली-भांति परिचित थी। वह तो राम के आने की प्रतीक्षा में ही दिन काट रही थी। उसके पास खाने को तो कुछ था नहीं, सो बड़े प्यारे से उसने राम को बेर खिलाए, कोई बेर खट्टा न हो इसलिए चख-चखकर सिर्फ मीठे ही बेर खाने को दिए। राम तो प्यार के भूखे थे, सो उन्होंने वह झूठन भी सस्नेह स्वीकार कर ली।

शबरी की तपस्या सफल हुई। वह बोली— 'मेरा जीवन सफल हुआ, प्रभो! आपके दर्शन पाकर मैं धन्य हुई। अब मुझे शरीर त्यागरने में कोई कष्ट नहीं।'

यह कहकर शबरी ने आग में प्रवेश करके शरीर त्याग दिया।

❑❑

राम की व्यथा कुछ कम हो गई थी। वे पंपा सरोवर के निकट पहुंचे, तो वहां की सुंदरता ने उनका मन मोह लिया। वे नए उत्साह का अनुभव करने लगे।

राम लक्ष्मण सहित पंपा सरोवर के किनारे से चलते हुए सुग्रीव से मिलने आगे बढ़े।

तब वसंत ऋतु थी और चारों ओर रंग-बिरंगे फूल खिले हुए थे, मंद-मंद बयार से वातावरण झूम रहा था।

किष्किन्धा कांड

एक

पंपापुर पहुंचकर राम ने जो ऐसी सुखद प्राकृतिक सुषमा देखी, तो सीता की यादों ने उन्हें व्याकुल कर दिया। वे व्यथित होकर बोले— 'लक्ष्मण! देखो, पंपा की शोभा कैसी निराली है, इसका पानी कितना साफ और चमकीला है, कमल के फूल कैसे रंगे-बिरंगे हैं, चारों ओर हरा-भरा वन और बीच में पंपा सरोवर—मेरी तो आंखें ही जुड़ा गइह। हवा कैसे पेड़ों से अठखेलियां कर रही है। पहाड़ों पर मोर-मोरनियों का मन-भावना नृत्य कितना उत्तेजक है। काश! आज प्राणप्यारी सीता साथ होती तो कितनी प्रसन्न होती। मुझे डर है कि कहीं वह मेरे विरह में अपनी जान न दे दे। जी चाहता है कि वह यहां होती, तो हम दोनों भी आज खूब विहार करते। मैं कैसे अपने मन को सांत्वना दूं— ।'

लक्ष्मण राम का शोक समझते थे। सीता समस्त सुख-वैभव त्यागकर राम की अनुगामिनी होकर घनघोर वनों में आ गई थी, उन्हीं को खोकर राम का दुखी होना स्वाभाविक था। वे बोले— 'भैया, इतना शोक करने से कैसे काम चलेगा। आप ही अगर धैर्य खो देंगे, तो सीता की तलाश कैसे पूरी होगी—नराधम रावण का वैध कैसे होगा? आप निश्चिंत रहिए, सीता को हम अवश्य खोज लेंगे। बस, उत्साह मत खोइए... ।'

छोटे भाई के ऐसे वचन सुनकर राम का उत्साह फिर जाग्रत हो गया। वे नए उत्साह के साथ पंपा को पार कर ऋष्यमूक पर्वत की ओर चल पड़े।

दो

ऋष्यमूक पर्वत पर रहते थे—सुग्रीव, अपने बचे-खुचे वीर मंत्री, वानरों व परम वीर मंत्री प्रमुख हनुमान के साथ।

सुग्रीव को हमेशा अपने बड़े भाई बालि से डर लगा रहता था, बालि ने उसकी बीवी और राज्य छीनकर घर से निकाल दिया था—अब सुग्रीव को डर था—कहीं वह मौका पाकर उसकी जान भी न ले-ले। ऋष्यमूक पर्वत पर बालि नहीं आ सकता था—फिर भी सुग्रीव उससे हमेशा शंकित रहता था।

उस दिन सुग्रीव ने देखा कि दो परम तेजस्वी और बलिष्ठ धनुर्धारी इधर ही चले आ रहे हैं। सुग्रीव डर गया कि ये दो अपरिचित कौन हैं? कहीं बालि ने ही तो उन्हें इधर नहीं भेजा—मुझे मारने। वह हनुमान से बोला— 'देखो तो ये कौन आ रहे हैं—कहीं सुग्रीव के गुप्तचर तो नहीं? तुम उनके पास जाकर चतुराई से यह जानने की कोशिश करो कि ये कोन हैं और यहां क्यों आ रहे हैं?'

सुग्रीव के आदेश से हनुमान ने ब्राह्मण भिक्षुक का रूप धरा और पर्वत से नीचे उतर आए। राम के पास पहुंचकर वे विनीत भाव से बोले— 'राजर्षियो, आप लोग कौन हैं—मानव या देव? कहां से आपका आगमन हुआ—हमारी पृथ्वी आपके चरणों से पवित्र हुई। मैं सुग्रीव का दूत हूं, जो इस इलाके के स्वामी हैं। उन्होंने आपका परिचय जानना चाहा है। मैं नाम हनुमान है। सुग्रीव अपने भाई से सताया हुआ है और भागकर यहां आश्रय लिया है। वह आपकी मित्रता चाहता है।'

राम ने लक्ष्मण से कहा— 'हनुमान की बात सत्य ही प्रतीत होती है। तु हीं इनसे बात करो। ये समझदार और चतुर हैं—बात करने का सलीका जानते हैं—वेदों के जानकार और व्याकरण के ज्ञाता हैं, तभी शुद्ध और साफ भाषा बोलते हैं। इनके बोलने में कोई पेच नहीं। इनकी विनयशीलता से मैं बेहद प्रभावित हुआ हूं। जिस राजा का दूत इस कदर बुद्धिमान हो, वह अपने कार्य में अवश्य सिद्ध होगा।'

लक्ष्मण ने हनुमान से कहा— 'हे पवनपुत्र! सुग्रीव के गुणों से ज्ञला कौन अपरिचित है? हम तो उसी से मिलने इधर आए हैं। हम चक्रवर्ती नरेश राजा दशरथ के पुत्र हैं—ये हैं—श्रीराम और मैं इनका अनुज लक्ष्मण। हम चौदह वर्ष का वनवास भोगते हुए भटक रहे हैं। हमारे साथ राम-प्रिया सीता भी थीं, किंतु उन्हें पातकी रावण हरकर ले गया है। हम सुग्रीव की मदद से रावण की कैद से सीता को छुड़ाना चाहते हैं। हमें सुग्रीव की मित्रता स्वीकार है।' बोलते-बोलते लक्ष्मण का स्वर अवरुद्ध हो गया।

हनुमान दंग रह गए। बोले— 'आप लोगों के दर्शन पाकर हम कृतकृत्य हुए। सच तो यह है कि महात्मा सुग्रीव भी संकट में फंसे हुए हैं, उन्हें भी आपकी मदद चाहिए। सो आपका सहयोग अवश्य करेंगे।'

इतना कहकर हनुमान राम व लक्ष्मण को साथ लेकर ऋष्यमूक पर्वत की ओर चल पड़े।

❑❑

हनुमान ने राम व लक्ष्मण को सुग्रीव के सामने खड़ा कर दिया। बोले— 'वानरराज! ये राजा दशरथ नंदन श्रीराम व लक्ष्मण हैं, जो आपसे ही मिलने इधर

आ रहे थे। राम की पत्नी सीता को राक्षस रावण उड़ा ले गया है। ये आपकी सहायता चाहते हैं।'

'आपको अपने पास पाकर मैं धन्य हुआ।' सुग्रीव बोला— 'हमारा आपका दु:ख एक ही है, सो हमें एक-दूसरे का अवश्य सहयोग करना चाहिए। आइए, हम एक-दूसरे से हाथ मिलाकर प्रा करें कि हम कभी अलग न होंगे।'

राम ने हाथ मिलाकर सस्नेह सुग्रीव को गले से लगा लिया। सुग्रीव ने राम व लक्ष्मण को आसन पर बिठा दिया। कुछ देर तक प्रेमालाप हुआ, फिर सुग्रीव बोला— 'हे राघवेंद्र! बालि ने मेरे साथ घोर अन्याय किया है। मेरी पत्नी व राज्य छीनकर मुझे अपमानजनक जीवन जीने को बाध्य कर दिया है। अब आप ही मेरी बालि से रक्षा कर सकते हैं।'

'सुग्रीव, निश्चिंत रहो, मैंने दोस्ती का हाथ बढ़ाया है, सो तु हारी मदद जरूर करूंगा। बालि ने छोटे भाई की पत्नी, जो कन्यावत होती है, अपने पास रखकर पाप किया है। मैं उसे कभी माफ नहीं करूंगा। मेरे तीखे बाणों से वह अवश्य मारा जाएगा—फिर तु हारी पत्नी व राज्य तु हारे पास होगा।'

'धन्यवाद राघवेंद्र!' सुग्रीव बोला— 'हनुमान से मैं आपकी मनोव्यथा जान चुका हूं। आपभी निश्चिंत रहें, हम अवश्य सीता की खोज में सफल होंगे। रावण अपने कुकर्म में फलीभूत नहीं होगा...।' फिर कुछ सोचकर बोला— 'हे राम! कुछ दिन पहले आकाशमार्ग से एक राक्षस किसी नारी का अपहरण कर लिए जा रहाथा। वह बार-बार 'हे राम' 'हे लक्ष्मण' की गुहार लगा रही थी। नि:संदेह वे ही सीता होंगी। उन्होंने उऊपर से कुछ वस्त्राभूषण भी गिराए, जो मैंने संभालकर रखे हैं। जरा आप पहचानिए, ये सीता के तो नहीं?'

इतना कहकर सुग्रीव ने वस्त्राभूषण राम के आगे रख दिए।

राम ने जो इन वस्त्राभूषणों को देखा, तो तत्काल पहचान गए कि ये तो सीता के ही हैं। मारे शोक के उनकी आंखें नम हो गइह और हृदय बैठ गया। सांस की गति तेज हो गई। वे रोते हुए बोले— 'लक्ष्मण, जरा तु हीं देखो, ये वस्त्राभूषण सीता के ही हैं ना, क्योंकि इस समय तो मेरा दिमाग जरा भी काम नहीं कर रहा है।'

'भैया।' लक्ष्मण ने जवाब दिया— 'भला मैं कैसे पहचानूं? मैंने तो कभी आंखें उठाकर न उनका चेहरा देखा और न बाजू—सो मैं क्या जानूं कि वे कैसे वस्त्राभूषण धारण करती थीं। हां, ये नूपुर जरूर पहचाने हुए हैं, क्योंकि रोज उनके चरण स्पर्श करते समय इन पर मेरी नजर जरूर जाती थी।'

'तो बस ये वस्त्राभूषण सीता के ही हैं।' राम कातर स्वर में बोले— 'सुग्रीव, मुझे बताओ, रावण उसे किस दिशा से ले गया? मैं सीता के अपमान का अवश्य

बदला लूंगा, पृथ्वी से राक्षसों को समूल नष्ट कर दूंगा।'

राम का विक्षोभ देखकर सुग्रीव मर्माहत हो गया। कांपते स्वर में बोला— 'हे राम! धैर्य धारण कीजिए। संकट तो मनुष्य पर आया ही करते हैं, उनका मुकाबला धैर्य और बुद्धि से करना चाहिए। मैं प्रण करता हूं कि रावण का नाश करके मैं सीता को उसकी कैद से अवश्य मुक्त कराऊंगा।'

सुग्रीव के वचनों से राम को ढांढ़स मिला। वे बोले— 'तु हारे जैसा मित्र पाकर मैं धन्य हुआ, सुग्रीव। तु हारी मदद से एक दिन अवश्य रावण मारा जाएगा और सीता मिल जाएगी। बदले में मैं बालि का वध करके तु हारा प्राप्य तु हें दिलाऊंगा।'

सुग्रीव यही तो चाहता था, किंतु बालि महा-पराक्रमी था। सो उसे संदेह हुआ कि राम बालि का वध भी कर सकेंगे या नहीं। बोला— 'हे राम! बालि अत्यंत क्रूर व बलवान है। उसके कारनामों की मैं क्या चर्चा करूं! एक बार तो उसने शाल के सात वृक्षों को एक ही तीर से बींधकर झकझोर डाला था। आप केसे उसका मुकाबला कर पाएंगे?'

लक्ष्मण को हंसी आ गई, बोले— 'तो राम को अपनी वीरता का प्रमाण देने के लिए क्या करना होगा?'

'अगर राम भी एक पंक्ति में शाल के सात वृक्षों को तीर से बींधें तो जानूं।'

'अभी लो, बंधु।'

ऐसा कहकर राम ने धनुष उठाया और प्रत्यंचा खींचकर एक ही तीर से सात वृक्षों को पर्वत के शिखर सहित जमीन पर गिरा दिया। धनुष की टंकार इतनी तेज थी कि सारा पर्वत गूंज उठा।

सुग्रीव ने हाथ जोड़ लिए। गद्गद् स्वर में बोला— 'बस, भगवान! मुझे विश्वास हो गया। ऐसा परम वीर तो इंद्र को भी पराजित कर सकता है। अब बालि का वध निश्चित है।'

'सुनो सुग्रीव।' राम ने योजना बताई— 'बालि का वध करने हम आज किष्किंधा चलेंगे—साथ में तुम ी चलना। वहां तुम बालि को युद्ध के लिए ललकारना। मौका मिलते ही मैं तु हारी मदद को आ पहुंचूंगा।'

सुग्रीव ने मान लिया।

राम के साथ सभी किष्किंधा की ओर चल पड़े।

❑❑

किष्किंधा के पास ही वे एक ऐसे स्थल पर पहुंचे, जहां वृक्षों का घना झुंड था। राम साथ आए लोगों के साथ वृक्षों की ओट में छिप गए और सुग्रीव से बोले— 'तुम बालि को युद्ध के लिए आमंत्रित करो—डरने की आवश्यकता

नहीं। वृक्षों की ओट में मैं तु हारी मदद को उपस्थित रहूंगा।'

राम के साथ होते ला सुग्रीव को क्या भय! वह उत्साह से जोर-जोर से चीखकर बालि को युद्ध के लिए ललकारने लगा। लगा, जैसे गर्जना करता हुआ प्रलय ही आ धमका हो।

बालि ने सुग्रीव को यों चीखते सुना, तो उसके क्रोध का ठिकाना न रहा। वह धड़धड़ाता हुआ अपनी विशाल गुफा (महल) से बाहर निकला और अगले पल ही सुग्रीव के सामने आ खड़ा हुआ। फिर क्या था, दोनों भाई दो उन्मुक्त सांडों की तरह एक-दूसरे से भिड़ गए—दोनों ने एक-दूसरे पर लात-घूंसों की अविराम वर्षा चालू कर दी।

राम ने वृक्ष की ओट से धनुष तान लिया, ताकि चुपके से बालि का वध कर दें, किंतु युद्धरत दोनों भाइयों को अलग-अलग पहचानना मुश्किल हो गया, सो वे तीर न चला सके।

इसका परिणाम यह हुआ कि सुग्रीव कुछ ही देर में परास्त हो गया और बालि के वज्र प्रहारों से उसका हाल खस्ता हो गया। वह मैदान छोड़कर ऋष्यमूक पर्वत की ओर भाग निकला।

उसके पीछे राम भी चल पड़े—साथ आए लक्ष्मण, हनुमान, नील, नल आदि ने ऋष्यमूक पर्वत की राह पकड़ी।

सुग्रीव शर्म व अपमान से सिर झुकाए एक जगह बैठा था। राम पास पहुंचे, तो वह जोर-जोर से रोते हुए बोला— 'वाह, आपने मुझे अच्छा फंसा दिया। क्या यही था आपकी मदद का तरीका? मैं तो आपके भरोसे युद्ध में भिड़ गया—पर आप मुझे पिटता हुआ देखते रहे। कहां गई आपकी प्रतिज्ञा?'

'बंधु, रोष मत करो।' राम बोले— 'दरअसल, तुम दोनों भाइयों का डील-डौल व रूप-रंग कुछ ऐसा एक समान था कि मैं धोखा खा गया। ऐसी हालत में मैं ला अपना प्राणघातक तीर कैसे छोड़ता—वह कहीं तु हें लग जाता तो! सो एक बार पुनः बालि से युद्ध करो। हां, इस बार कोई निशान अवश्य लगा लेना, ताकि मैं तु हें पहचान सकूं। लक्ष्मण, तुम फूलों की माला सुग्रीव के गले में डाल दो, फिर मुझे पहचानने में कोई धोखा नहीं होगा।'

लक्ष्मण ने ऐसा ही किया।

वे सब पुनः किष्किंधा की ओर चल पड़े।

❑❑

सुग्रीव वहां पहुंचा, तो दुगने उत्साह से बालि को ललकारा।

बालि ने सुग्रीव को फिर चीखते-चिल्लाते सुना तो महल से निकलने को उद्यत हुआ, पर अब की बार पटरानी तारा ने उसे रोक लिया। बोली— 'यह

दुबारा आया है, अवश्य अपने साथियों को लाया होगा। मैंने अंगद से सुना है कि राम व लक्ष्मण भी उसके साथ हैं, जिनकी शौर्य-गाथाएं चारों ओर फैली हुई हैं। मेरी मानो तो मत जाओ, सुग्रीव को क्षमा कर दो। उसका प्राप्य उसे दे दो।'

बालि ने तारा की एक न सुनी। बोला— 'वाह, मैं सुग्रीव की धमकियों के आगे मुंह छिपाकर महल में बैठा रहूं? ऐसा मुझसे नहीं होगा। जानता हूं, राम उसके साथी हैं, पर उन्हें मुझसे क्या वैर! वे अकारण मुझ पर आक्रमण नहीं करेंगे, वे न्यायप्रिय हैं। तुम निश्चिंत रहो, मैं सुग्रीव को जान से नहीं मारूंगा, बस उसका घमंड चूर-चूर करना है।'

यह कहकर बालि बाहर निकला और सीधा जा पहुंचा सुग्रीव के सामने। सुग्रीव संभला। बालि ने मुष्टि तान ली तो सुग्रीव भी घूंसे उठाकर भिड़ गया। पल-भर में दोनों पहाड़ों की तरह टकरा गए। बालि निःसंदेह भारी पड़ रहा था। सुग्रीव भाई के नीचे दबा हांफ रहा था।

राम ने देर करना उचित नहीं समझा। उन्होंने धनुष उठाया और तीर छोड़ दिया, जो बालि के वक्ष-स्थल में जाकर बिंध गया। बालि यह आघात सह न सका और धरती पर गिरकर अचेत हो गया।

राम व लक्ष्मण मरणोन्मुखी बालि के पास पहुंचे।

बालि ने उन तेजस्वी राजकुमारों को देखा, तो बोला— 'हे राम! मैंने तो सुना था कि आप बड़े ही न्यायप्रिय, पराक्रमी, धर्मात्मा, नीतिवान, ज्ञानवान, धीर, मेधावी व पितृभक्त हो, लेकिन छिपकर मुझ पर वार करने का क्या औचित्य। आखिर आपने किस वैर से मुझ पर पीठ पीछे वार किया? मैंने तो कभी आपके विरुद्ध कोई आचरण नहीं किया। मुझे इस बात का दुःख नहीं कि मैं मारा गया और मेरा भाई सुग्रीव सिंहासन पर बैठेगा—हां, यह दुःख अवश्य रहेगा कि आपने मेरे साथ छल-कपट लिया—एक असावधान व्यक्ति का छिपकर वध किया। क्या मैं यह मान लूं कि आपने तपस्वियों का वेष धारण कर पाप-कर्म अपना लिया है।'

राम बालि के कठोर वचन सुनकर पल-भर चुप रहे। फिर धीरे से बोले— 'सुनो बालि, व्यर्थ ही रुष्ट मत हो, ऐसा कहना निरर्थक है कि मैं तपस्वी के वेष में पाप-कर्म में लिप्त हूं, बल्कि इक्ष्वाकु कुल का राजकुमार मैं पाप को धरती से मिटाने आया हूं। मैं चक्रवती राजा दशरथ के आदेश से वन में विचरण करता हुआ अत्याचारियों व विधर्मियों को दंड देने का कर्तव्य निभा रहा हूं। तुमने अपने छोटे भाई के साथ जो किया है, वह घोर अन्याय है। मैंने इसी अन्याय का तु हें दंड दिया है। अब पश्चाताप करने से कोई लाभ नहीं।'

'मुझे मरने का कोई पश्चाताप नहीं प्रभो!' बालि कराहकर बोला— 'आपकी

बात सही है, मैं अपना दोष स्वीकारता हूं। मुझे कोई गम नहीं, न तारा का, न राज्य का और न ही रिश्तेदारों का। हां, अंगद से बिछड़ने का जरूर गम है। उसे मैंने बड़े स्नेह से पाला है। बेचारा, मुझे न पाएगा, तो बहुत दुखी होगा। मैं अपना इकलौता पुत्र आपको सौंपता हूं, सुग्रीव की तरह इसकी भी रक्षा करें।'

इतना कहकर बालि ने अंतिम हिचकी ली और दम तोड़ दिया।

तीन

किष्किंधापुरी में यह समाचार आग की तरह फैल गया कि वानर-राज बालि मारे गए।

अंत:पुर में यह सूचना तारा को मिली, तो दु:ख के मारे उसका बुरा हाल हो गया। वह रोती-कलपती वहां पहुंची, जहां बालि का शव पड़ा हुआ था। अंगद कुमार भी पिता को खोकर रो रहा था। सुग्रीव ने यह हाल देखा, तो उसकी आंखें भी आंसुओं से भर गइह।

तारा के विलाप से सारा वातावरण गूंज उठा और वहां खड़े लोगों का हृदय भर आया। उसने राम से कहा— 'हे राम! जिस बाण से मेरे पति को मार डाला है, उसी बाण से मेरी भी जान ले लीजिए। अब जीकर मैं क्या करूंगी...!'

'देवी! विलाप करना व्यर्थ है। होनी को भला कौन टाल सकता है—विधि ने जो रचा था, वही हुआ। तु हारे पति ने वीरगति प्राप्त की है, सो संताप न करो। अंगद कुमार ही युवराज बनेंगे।'

तारा कुछ न बोली। उसकी सिसकियों से वातावरण गूंज रहा था।

सुग्रीव पछता रहा था कि उसने व्यर्थ ही भाई की हत्या करवा दी—उसके दु:ख का अंत नहीं था। राम उसकी व्यथा समझ रहे थे। बोले— 'सुग्रीव! अंतिम संस्कार की तैयारी करो। तु हीं धैर्य गंवा दोगे तो तारा व अंगद को कौन संभालेगा?'

बालि की अंत्येष्टि के पश्चात सुग्रीव को किष्किंधापुरी का सस मान राजा बनाया गया और अंगद को युवराज।

❑❑

सुग्रीव राज्य-कार्य हेतु महल में ही रहने लगा। उसका अच्छा समय लौट आया।

धीरे-धीरे सभी बालि का वियोग भूलने लगे—तारा भी। समय ने सबके घाव भर दिए।

राम व लक्ष्मण पर्वत की गुफा में समय काट रहे थे। वर्षा की ऋतु थी, नदी-नालों में पानी उफन आया। आगे बढ़ने के मार्ग अवरुद्ध हो चुके थे, सो सीता को

खोजने का काम फिलहाल रोक देना पड़ा था। प्रस्रवण पर्वत की गुफा में असहाय पड़े-पड़े राम का संताप पहले से अधिक बढ़ गया था। सीता की याद बार-बार उन्हें घेरकर व्याकुल कर देती। लक्ष्मण ने ऐसे मौके पर राम को सांत्वना देकर उनका धीरज बनाए रखा।

हनुमान राम के वियोग से पीड़ित थे—राम को कष्ट उनसे देखा नहीं जा था। राम के प्रति उनके हृदय में असीम श्रद्धा व अपनत्व था। सुग्री राज्य पाकर निश्चित हो गया था। हनुमान को उचित मौके की तलाश थी। सुग्रीव को अपना वचन याद दिलाकर राम की सहायता के लिए प्रेरित करना चाहता था। सुग्रीव सब कुछ भूलकर भोग-विलास में लिप्त हो गया था। राज्य का काम करते थे मंत्रीगण।

वषा ऋतु खत्म हो गई तो वातावरण खिल उठा। हनुमान ने अब सुग्रीव को जा पकड़ने की ठानी। हनुमान ने सुग्रीव को कर्तव्य की विनयपूर्वक याद दिलाई। सुग्रीव को अपनी गलती का अहसास हुआ। उसने उसी समय मंत्रियों व वीरों को सीता की खोज का आदेश दिया और अंत:पुर में जाकर राग-रंग में डूब गया।

उधर राम सोच रहे थे कि वर्षा ऋतु के पश्चात सुग्रीव वादे के अनुसार सीता की खोज में मदद करेगा, किंतु वह था कि उसने इधर को मुख भी नहीं किया था। राम को बुरा लगना स्वाभाविक था। उन्होंने लक्ष्मण से कहा— 'लक्ष्मण, लगता है—अपना काम निकालकर सुग्रीव भूल चुका है कि उसने हमसे क्या वादा किया था। वर्षा ऋतु बीत गई, शरद ऋतु का आगमन हो गया। मेरा शोक बढ़ता ही जा रहा है, पर वानर सुग्रीव को जरा भी दया नहीं आती। मैं भी कैसा अभागा हूं। तु हीं जरा दुष्ट सुग्रीव के पास जाकर उसे अपना वचन याद दिलाओ। उससे कह देना कि अगर उसने वचन भंग किया तो वाण के एक ही वार से उसे भी वहां पहुंचा दूंगा, जहां बालि गया है।'

लक्ष्मण तो राम को आज्ञा की प्रतीक्षा में ही थे। वे क्रोध से तमतमाए पर्वतीय गुफा से निकले और किष्किंधापुरी की तरफ चल पड़े। रास्ते की सारी बाधाओं और झाड़-झंखाड़ों को पारकर वे सुग्रीव के अंत:पुर में पहुंचे, जो अत्यंत ही भव्य गुफा में था। सुग्रीव के विशाल प्रासाद में वाद्यों और संगीत की स्वर-लहरियां गूंज रही थीं। लक्ष्मण को गुस्से में देखकर वानरों ने उन्हें टोका नहीं। वे सीधे सुग्रीव के पास जा पहुंचे। अंगद और हनुमान ने लक्ष्मण को इस हाल में देखा, तो उनका माथा ठनका। सुग्रीव मद्य पीकर अचेतावस्था में आसन पर बैठा था और सामने सुंदर नर्तकियां नृत्य में मग्न थीं।

लक्ष्मण ने धनुष की प्रत्यंचा चढ़ाई, जिसकी टंकार से अंत:पुर में बिजली-सी कड़क गई। सभी होश में आ गए-नतर्कियों का नृत्य रुक गया। सुग्रीव ने अपने सामने क्रोध से कांपते हुए लक्ष्मण को देखा, तो सारा नशा हिरन हो गया,

वह घबराकर तारा से बोला— 'लक्ष्मण तो बहुत गुस्से में हैं। जरा तु हीं प्यार से उनसे पूछो कि इतने गुस्से में यहां आने का क्या तात्पर्य ?'

तारा ने पास जाकर कहा— 'क्या बात है लक्ष्मण, इतने क्रोधित क्यों हो ? किसी ने आपकी आज्ञा का उल्लंघन किया है या हमसे कोई अनुचित कार्य हुआ है ? आप यह न सोचें कि सुग्रीव अपना वचन भूल गया है ! वह कृतघ्न नहीं है, बस, दुबारा सुख पाकर कुछ देर के लिए सब कुछ भूल गया था। विश्वास कीजिए, सुग्रीव राम का कार्य अवश्य सिद्ध करेगा। उसने पहले ही अपने मंत्रियों और वीरों को मिलने के लिए बुलाया है, ताकि सीता की खोज का कार्यक्रम निर्धारित किया जा सके।'

लक्ष्मण का क्रोध जाता रहा। वह सुग्रीव के पास गए और क्षुब्ध स्वर में कहा— 'सुग्रीव, राम ने तुम पर इतना उपकार किया और तुम उनका शोक भूलकर यहां भोग-विलास में व्यस्त हो। यह तो सरासर कृतघ्नता है। संसार उसी का स मान करता है, जो कृतज्ञ होता है, कृतघ्न के प्रायश्चित का भी कोई विधान नहीं। वह नरम ही जाता है।'

'हे राजा दशरथ नंदन ! इतना क्रोधित न हों। भला मैं राम का उपकार कैसे भूल सकता हूं। यह राज्य, भोग-विलास, तारा, अपनी पत्नी रूमा !सब कुछ राम की दया से ही तो प्राप्त हुआ है। मैं शीघ्र ही अपनी वानर सेना के साथ राम के पीछे-पीछे चलूंगा और रावण को मारने में उनकी सहायता करूंगा। मुझे अपनी गलती का अहसास है, क्षमा प्रार्थी हूं।'

लक्ष्मण का मन निर्मल हो गया। मुस्कराकर बोले— 'तुम महान, हो सुग्रीव। तु हारी मित्रता पाकर राम धन्य हुए, अब विलंब मत करो, शीघ्र राम के पास जाकर उन्हें सांत्वना दो।'

सुग्रीव तत्काल मान गया। उसने राग-रंग की सभा भंग कर दी और समस्त वीरों-योद्धाओं को बुलवा लिया। फिर वह अंत:पुर वासियों से विदा लेकर लक्ष्मण व वानर वीरों सहित किष्किंधापुरी से निकल पड़ा।

लक्ष्मण व सुग्रीव एक पालकी में बैठे। विशाल काफिला शंख नगाड़े व शास्त्रों की झंकार करता हुआ आगे बढ़ चला।

❑❑

राम के पास पहुंचकर सुग्रीव ने हाथ जोड़ विनीत की— 'प्रभो, मैं सारी तैयारियां करके आया हूं—अब सीता की खोज का काम शुरू होने में विलंब नहीं।'

राम सारा संताप भूलकर आगे बढ़े और सुग्रीव को आलिंगन में ले लिया। बोले— 'तुम समय पर चेत गए, यह शुभ है। जो राजा समय पर सावधान हो

जाता है, वही राज्य करने योग्य है। तु हारे जैसा मित्र पाकर मैं कृतार्थ हुआ। तु हारे सहयोग से हम रावण को अवश्य पराभूत करेंगे। अवसर आ गया है कि तुम कुछ करके दिखलाओ।'

सुग्रीव ने अपने बहादुर योद्धाओं से कहा— 'हे वीरो, समय आ गया है कि अब तुम लोग अपना कौशल दिखलाओ। मेरी लाज तुम लोगों के हाथ में है—राम के उपकार का बदला तु हीं लोग चुका सकते हो। जाओ, चारों ओर सीता का अनुसंधान करो—पृथ्वी के किसी कोने को ी मत छोड़ो—आकाश, पाताल, समुद्र, स्थल, वनों-जंगलों, नदियों-नालों और विभिन्न देशों व द्वीपों में सीता को खोजो। मैं एक मास का तु हें समय देता हूं, अगर इसी बीच तुम लोग सीता का पता करके नहीं आए, तो तु हारी खैर नहीं।'

फिर सुग्रीव ने हनुमान की ओर देखते हुए कहा— 'हे वीर शिरोमणि! तु हारी तो हर जगह पहुंच है—तु हारे जैसा पराक्रमी दूसरा कोई नहीं—तुम चतुर हो, बुद्धिमान व नीतिवान हो—मुझे तुम पर पूरा भरोसा है—सो तुम सीता की खबर अवश्य लाना।'

राम को हनुमान की योग्यता पर पूरा भरोसा था। राम ने एक अंगूठी हनुमान को देते हुए कहा— 'सुनो कपीश! इस अंगूठी में मेरा नाम अंकित है। अगर तु हें कहीं सीता मिल जाए, तो उसे पहचान के लिए यह अंगूठी दे देना, ताकि उसे तुम पर कोई शक नहीं रहे। तु हें मेरा दूत जानकर वह अपनी व्यथा खुलकर कह सकेगी।'

हनुमान ने अगूंठी ले ली, फिर राम के चरण छूकर व सुग्रीव से विदा लेकर अन्य वानर वीरों के साथ सीता की खोज में वहां से प्रस्थान कर गए।

❑❑

सुग्रीव ने बड़ी कड़ाई से वानरों को एक महीने के भीतर ही सीता का पता लगाने को कहा था, सो सभी पृथ्वी के चारों ओर फैल गए। हनुमान, अंगद, शतबली, विनय, सुषैण और तारक आदि जी-जान से सीता को खोजने लगे। उन्होंने पृथ्वी का कोई कोना बाकी नहीं छोड़ा। दुर्गम-से-दुर्गम क्षेत्रों में भटके !वन, प्रांतरों, नदी, पहाड़ों, ग्रामों, शहरों, द्वीपों, गुफाओं आदि सभी स्थलों पर गए, पर जनक-दुलारी का कहीं पता न चल सका। कुछ लोग तो वापस किष्किंधा चले गए थे। सबको विश्वास था कि बली हनुमान के होते चिंता कैसी! वे सीता को कहीं-न-कहीं से खोज लेंगे।

प्रश्न सिर्फ सुग्रीव के आदेश का ही नहीं था, वे सब सच्चे हृदय से राम की मदद करना चाहते थे। विशेषकर हनुमान चाहते थे कि सीता को खोजकर राम की व्यथा दूर करें। वे निराश नहीं हुए और इस बार दक्षिण दिशा की ओर कूच

किया। हनुमान, अंगद व तारक एक साथ विंध्याचल की एक-एक कंदरा को खोजते हुए पर्वत पार कर दक्षिणवर्ती समुद्रतट पर आ पहुंचे। अब वे क्या करें? सामने विशाल समुद्र था, जिसकी उत्ताल तरंगें गरज रही थीं? कैसे समुद्र को पारकर आगे जाएं? अब तक सारा प्रयास व्यर्थ गया था—सीता कहीं नहीं मिली। शर्म व निराशा से वे मासूम हो गए। सुग्रीव के पास लौटकर कैसे जाएं? कैसे राम को अपना चेहरा दिखाएं। कोई बोला— 'हमसे अच्छा तो जटायु था, जिसने राम के लिए अपनी जान दे दी।'

वे सब थके, उदास और निराश वहीं बैठकर विचार-विमर्श करने लगे। तभी उनकी नजर एक बूढ़े गिद्ध की ओर चली गई, जो वहीं रहताथा। वह उन लोगों की बातचीत सुनकर आ गया। बोला— 'हे वानरो! तुम लोगों के मुंह से मैंने अपने प्रिय भाई जटायु का नाम सुना, तो यहां चला आया। सुनो, जटायु को रावण ने बड़ी निर्ममता से मार डाला था। मैं अपनेभाई की मौत का बदला लेना चाहता था, किंतु बहुत बूढ़ा हो जाने के कारण मैं रावण से लड़ने में सर्वथा असमर्थ हूं। तुम लोग रात के काम से यहां आए हो, मैं तो बलहीनता व बुढ़ापे के कारण उन्हें सहयोग नहीं दे सकूंगा, किंतु वाणी से तुम लोगों की अवश्य मदद करूंगा। सुनो, रावण इसी माग्र से एक रूपवती नारी को हर ले गया था, जो बार-बारी बड़ी करुणा से 'हे राम' 'हे लक्ष्मण' पुकार रही थी, निःसंदेह राम की पत्नी सीता होंगी। वह और कहीं नहीं, लंका में ही है, जो यहां से चार सौ कोस दूर समुद्र के पार स्थित है—वहीं राक्षस-राज रावण का राज्य है। लंका बड़ा ही भव्य नगर है, जिसे विश्वकर्मा ने अपने हाथों से बनाया है—वहां चारों ओर सोने के महल हैं—जो सूर्य की रोशनी से चमकते हैं। वहीं मनभावन अशोक वाटिका है, जहां राम की शोक-संतप्त पतिव्रता भार्या अपने दिन व्यतीत कर रही है। बस, किसी तरह यह समुद्र पार करो, सीता का पता लग जाएगा। फिर राम उसका उद्धार करेंगे। वीर वानरो! अब देर मत करो, कहीं ऐसा न हो कि राम के वियोग में सीता अपने प्राणों की आहुति ही दे डाले।'

❑❑

सीता का पता चल चुका था—हनुमाने व अंगद की प्रसन्नता की सीमा नहीं रही। किंतु सामने दूर-दूर तक फैला हुआ विशाल व असीम सागर था। सवाल यह था कि उसे पार कैसे किया जाए? इतने बड़े सागर को लांघना मामूली बात नहीं थी—किसी को भी हि मत नहीं हुई कि वह सागर में कूद पड़े। हनुमान चिंता में पड़ गए कि लंका कैसे पहुंचे? इतनी दूर तक आकर बिना सीता से मिले वापस राम के पास जाने का अर्थ है—सारे परिश्रम पर पानी फिर जाना।

सारे वानर वीर गहन सोच-विचार में डूब गए।

वानरों के बीच था, एक वृद्ध बुजुर्ग रीछ—जामवंत। वह हनुमान से बोला—'हनुमान, तुम तो परम साहसी हो फिर यों चुपचाप मुंह क्यों लटकाकर बैठे हो? तु हारे अंदर जो बल है, वह सुग्रीव से कम नहीं—राम का आशीर्वाद तु हें मिला हुआ है। पवन-पुत्र होकर ऐसे निस्तेज क्यों? तु हारी गति का भला कौन मुकाबला करसकता है। जरा अपने पराक्रम को याद करो और एक ही छलांग में पारकर जाओ समुद्र को। तुम और अंगद ही हम वानरों की लाज बचा सकते हो। मैं तो बूढ़ा हो गया, वरना पार जाने का प्रयास जरूर करता। देर न करो वीर हनुमान जल्दी सागर पार कर लंका जाओ—हम तु हारी प्रतीक्षा में यहीं रहेंगे।'

निःसंदेह हनुमान परम बलशाली थे, पर उसके साथ दिक्कत यह थी कि मौके पर अपना बल भूल जाते थे—ऐसा एक शाप के कारण था। जो उन्हें अपनी बचपन की उदंडता के कारण मिला था। जामवंत के द्वारा पराक्रम की याद दिलाने जाने से निराश हनुमान तनकर खड़े हो गए। उनकी सारी सुस्ती व चिंता दूर हो गई। उन्होंने ताल ठोंकी और सांस खींचकर वक्षस्थल उभार लिया। आंखों के सामने लंका का तट उभर आया।

देखते-ही-देखते हनुमान का आकार वृहद हो गया और उनमें असीम बल व तेज का समावेश हो गया।

सुन्दर कांड

एक

हनुमान सागर के किनारे जा पहुंचे और महेंद्र पर्वत के एक शिलाखंड पर खड़े हो गए। उन्होंने साथ आए वानर वीरों से कहा— 'बंधुओ, मैं यह एक समुद्र तो क्या, ऐसे अनंत समुद्रों को लांघ सकता हूं। तुम लोग चिंता मत करो, मैं श्रीराम के बाण की तरह तीव्र गति से उड़ता हुआ लंका पहुंचूंगा और सीता को खोज कर ही दम लूंगा। रावण को ऐसा मजा चखाऊंगा कि वह जिंदगी भरयाद रखेगा।'

सारे वानर खुशी से उछल पड़े।

हनुमान ने सबसे विदा ली और एक भव्य उछाल भरकर समुद्र की ओर कूद पड़े। उछलने से पैरों का दबाव शिलाखंड पर इतना जोरों से पड़ा कि वह नीचे खिसक पड़ा—महेंद्र पर्वत पर जो पेड़-पौधे थे, उनके फूल-पत्ते झड़कर नीचे गिर पड़े—शिलाओं से पानी फूट पड़ा। यत्र-तत्र पशु-पक्षी व जंतु निकलकर भय से भागने-दौड़ने लगे।

हनुमान गरुड़ की तेजी से आकाश में उड़ चले। लगता था, जैसे वह आकाश को निगलते चले जा रहे थे औरनीचे समुद्र का नीला पानी एक ही सांस में पी डालेंगे। कभी बादलों के ऊपर उड़ते हुए लुप्त हो जाते तो कभी बादल चीरकर प्रकट हो जाते—जैसे चमकता हुआ सूर्य बादलों से आंख-मिचौली खेल रहा हो। आंखें यों चमक रही थीं, जैसे प्रज्ज्वलित दावानल। वायु को भेदकर जाते हुए हनुमान का शरीर भारी आवाज प्रस्फुटित कर रहा था—लगता जैसा वर्षा ऋतु में बादल गरज रहे हों। नीचे नील जल पर उड़ते हुए हनुमान की विशाल छाया पड़ रही थी, मानो सागर पर कोई पोत तैरता हुआ चला जा रहा है।

उड़ते-उड़ते वे काफी दूर निकल गए। एकाएक दूर तट की क्षीण रेखा-सी नजर आई, जिस पर घने वृक्षों की कतारें फैली हुई थीं। अनेक नदियां तट से गिरती हुई समुद्र में मल रही थीं। हनुमान समझ गए कि यह लंका है—जहां सोने के महल हैं, सोने की अटारियां हैं, सोने का सब कुछ है।

❑❑

तट निकट आया तो हनुमान नीचे उतरे। एक पर्वत के शिखर पर चढ़कर

उन्होंने सोने की लंका को देखा, जो सचमुच इंद्रपुरी के समान सुशोभित थी। उनकी सारी थकान दूर हो गई और वे तेज-तेज कदमों से आगे बढ़े। उनका लक्ष्य था रावण का महल और महल स्थित अशोक वाटिका, जहां कैद थीं, राम प्रिया सीता।

वे तटवर्ती पर्वतों और वनों को पार करते हुए, लंकापुरी के निकट पहुंचे। त्रिकूट पर्वत पर बसी लंकापुरी के चारों ओर पानी से भरी हुई गहरी खाई थी। नगर की शोभा अनुपम थी, ऊंची-ऊंची इमारतें आकाश को छू रही थीं, चारों ओर स्वर्णाभा फैली हुई थी। बड़े-बड़े विकराल राक्षस यत्र-तत्र पहरे पर खड़े थे।

पर्वत-शिला पर चिंतामग्न खड़े हनुमान एक पल निराश होकर नीचे बैठ गए। नगरी में कैसे प्रवेश करें, यही प्रमुख समस्या थी। कहीं भी ऐसा कोना नहीं था, जहां विकराल राक्षसों का पहरा न हो। लंका क्या थी—चारों ओर से सुरक्षित अभेदय किला था। रावण जब से सीता को हर लाया था, उसने नगर की सुरक्षा के प्रबंध और मजबूत कर दिए थे—अंदर किसी अजनबी का प्रवेश कर पाना असं ाव था।

हनुमान जानते थे कि सहज मार्ग से नगर में प्रवेश करना मुश्किल है, सो राक्षस पहरेदारों को धोखा देकर चालाकी से ही सीता के पास पहुंचा जा सकता है। पर कैसे ? किस उपाय से राक्षसों की आंखों में धूल झोंकूं ? जरा-सी गफलत हुई तो राक्षस जिंदा नहीं छोड़ेंगे, अगर मारा गया, तो सारी मेहनत व्यर्थ चली जाएगी, न सीता से मिल पाऊंगा और न राम को कोई संदेश दे सकूंगा। राक्षसों की नजरों से छिपना, इसलिए भी मुश्किल था कि हनुमान की आकृति उनसे नितांत भिन्न थी—वह लंका में अजनबी लगते थे।

'बेहतर यही है कि मैं यहां छिप जाऊं और रात होने की प्रतीक्षा करूं।' हनुमान ने सोचा— 'रात को जब चारों ओर अंधकार फैल जाएगा, तब लंकापुरी में घुसने का प्रयास करूंगा।'

ऐसा निश्चय कर हनुमान घने पेड़ों की ओट में छिप गए। रात होने तक उन्होंने वहीं विश्राम कर लेना उचित समझा।

❑❑

शाम को सूर्य अस्त होने लगा तो हनुमान उठ खड़े हुए। उन्होंने अपना आकार छोटा कर लिया—मच्छर की तरह!

अंधकार छाते ही हनुमान ने लंकापुरी की अभेद्य दीवार फांदी और नगर में प्रवेश किया। सारा नगर प्रकाश में जगमगा रहा था—सड़कों पर खूब रौनक और गहमागमी थी—कहीं राक्षस शराब पीकर मस्त हो रहे थे, तो कहीं नाच-गान हो

रहा था। कई जगह वेदाध्ययन भी हो रहा था।

हनुमान सीता की खोज में इधर-उधर भटकने लगे। अनेक बाग-बगीचों में सीता को ढूंढ़ा, किंतु सीता कहीं नजर नहीं आई। नगर के एक-एक घर में सीता को खोजने के बावजूद सीता का कहीं पता न चला। अंतत: उन्होंने रावण के महल में जाने की ठानी।

महल में हनुमान उस प्रकोष्ठ में पहुंचे, जो अत्यंत भव्य एवं अनुपम था। वह स्वर्ण निर्मित तो था ही, खंभे व सीढ़ियां भी रत्न-जड़ित थीं, संगमरमरी फर्श पर हाथी दांत की पच्चीकारी थी, सारा प्रकोष्ठ दिव्य-प्रकाश से जगमगा रहा था। ऐसा प्रशस्त प्रकोष्ठ देखकर हनुमान तो विस्मय से खड़े ही रह गए। बीच प्रकोष्ठ में विस्तृत पलंग पर राक्षस-राज रावण मद्य के नशे में आंखें मूंदे लेटा हुआ था। परम सुंदर रानियां सोलह श्रृंगार किए नशे से चूर अपना होशोहवास खोकर जहां-तहां पड़ी थीं— 'बेहोशी में उनके वस्त्र बिखर गए थे, गले की मालाएं उरोजों पर जहां-तहां खिसकी गई थीं—कई तो बेहोशी की हालत में एक-दूसरे के आलिंगन में बंधी पड़ी थीं।

हनुमान ने सारा प्रकोष्ठ भली-भांति देख डाला, पर सीता का वहां नामोनिशान भी न था, सो वे बाहर निकल आए। हनुमान ने महल का एक-एक प्रकोष्ठ छान मारा—रावण के अनेक सगे-संबंधियों के भवन खोज डाले, पर सीता नहीं मिली। फिर वे महारानी मंदोदरी के प्रकोष्ठ में घुसे। वह प्रकोष्ठ भी अत्यंत भव्य एवं सुसज्जित था। मंदोदरी पलंग पर सोई हुई थी। वहीं रावण भी अपनी क्रीड़ा-शाला से आकर पड़ा हुआ था, जो विशाल पर्वत-सा प्रतीत हो रहा था।

पहले तो उन्होंने मंदोदरी को ही सीता समझ लिया, लेकिन दूसरे पल ही उन्होंने स्वयं को धिक्कारा कि पतिव्रता सीता का यहां क्या काम! वह निराश होकर मंदोदरी के शयनागार से बाहर निकले। उसे बस एक ही चिंता खाए जा रही थी कि अगर सीता से बिना मिले वे किष्किंधापुरी लौट गए, तो राम को कैसे मुंह दिखाएंगे—सुग्रीव क्या सोचेंगे? न जाने बेचारी सीता अपनों से बिछड़कर इस लंकापुरी में कहां पड़ी क्रंदन कर रही होगी। अगर राम ने यह सुना कि सीता कहीं नहीं मिली, तो नि:संदेह वे प्राण त्याग देंगे। नहीं...नहीं...मुझे हि मत नहीं हारनी चाहिए... सीता अवश्य लंका में ही कहीं हैं... मुझे फिर से उनकी खोज करनी चाहिए... वह अवश्य मिलेंगी... मैं लंका में रहकर सीता को खोजकर ही दम लूंगा, अन्यथा अपनी जान दे दूंगा, मैं असफल नहीं लौटूंगा।'

ऐसा विचार कर हनुमान दृढ़ निश्चय के साथ सीता की खोज में सन्नद्ध हो गए।

दो

रात बीत गई—नई प्रात: आशाओं के साथ आई।

अंतत: उनकी तपस्या रंग लाई—श्रम सार्थक—खोज सफल हुई।

हनुमान खोजते-खोजते अशोक वाटिका की बाहय दीवार के पास पहुंच ही गए। दीवारें काफी ऊंची थीं। उचित मौका पाकर हनुमान एक पेड़ पर चढ़े और दीवार फांदकर अशोक वाटिका में दाखिल हो गए। क्षण-भर वह वाटिका की शोभा निहारते रहे—चारों ओर वृक्षों की कतारें थीं, रजत व स्वर्ण निर्मित चबूतरे थे, नाना प्रकार के पक्षियों के स्वर से सारी वाटिका गुंजरित हो रही थी, हिरण इधर-उधर भाग रहे थे, रंग-बिरंगे फूलों से वाटिका महक रही थी। नि:संदेह अशोक वाटिका तो जैसे अपने नाम को ही सार्थक कर रही थी—इस वन में पहुंचकर तो मानव मात्र के शोक ही लुप्त हो जाते थे। किंतु यहीं पर सीता कैद थीं, जिनके शोक तो क्या दूर होंगे, बल्कि बढ़ ही गए थे—एक पतिव्रता नारी अपहृत होकर पर-पुरुष की कैद में कैसे शोक रहित होगी, जबकि उसके पति राम जैसे पुरुषोत्तम हों।

हनुमान ने चारों ओर नजर घुमाई—फिलहाल सीता अशोक वाटिका में नहीं थीं। हनुमान को विश्वास था कि शाम होते ही सीता अवश्य वाटिका में प्रविष्ट होंगी।

हनुमान सीता की प्रतीक्षा में पेड़ के ऊपर छिपकर बैठ गए। उनकी आंखें सीता की एक झलक पाने को व्याकुल थीं।

❑❑

हनुमान ने एक वृक्ष के नीचे चबूतरे पर कु हलाई, उदास, मलिन, कृशकाय रमणी देखी, उसके चारों ओर राक्षसियां मुस्तैदी से खड़ी थीं। लगता था कि उसने कई दिनों से अन्न का एक दाना भी मुंह में नहीं डाला था, चेहरे पर चिंताक ी गहरी रेखाएं अंकित हो गई थीं, नेत्र लाल थे, जैसे कई दिनों से वह सोई नहीं हो। शरीर पर फटे-पुराने-मैले कपड़े थे, आभूषणों का नामोनिशान तक नहीं था, बाल सूखकर बिखर गए थे—लगता था, उस सुंदरी को कोई भारी शोक है और वह अशोक वाटिका में जरा भी खुश नहीं है। आखिर यह कौन हो सकती है? ऐसी भव्य लंका की अशोक वाटिका में दु:ख से अभिभूत भी कोई हो सकता है?

'हां, सिर्फ एक नारी—और वह राम-प्रिया सीता।' हनुमान ने सोचा—'नि:संदेह यह सीता ही हो सकती है—और कोई नहीं। इतनी सुंदर और इतनी शोकाकुल नारी इस रमणीक स्थान में सीता के अलावा और कौन हो सकती है। इसी के लिए तो राजा दशरथ-नंदन शोक संतप्त हैं। दोनों एक-दूसरे को बहुत

चाहते हैं—इसमें कोई शक नहीं।'

प्रातः हो गई।

चारों ओर सूर्य की रश्मियां फैलने लगीं। पक्षी चहचहाने लगे।

लंका में जागरण हो गया—चारों ओर वेदादि पढ़े जाने के स्वर गूंज रहे थे—शंख और घंटे बज रहे थे।

तभी अशोक वाटिका में प्रवेश किया—रावण ने। वह अकेला नहीं था—उसके साथ थीं इंद्रलोक की अप्सराओं-सी सुंदरियां।

हनुमान सतर्क हो गए और पेड़ के पत्तों के पीछे छुपकर बैठ गए। उनकी तीखी निगाहें रावण की ओर उठी हुई थीं, जो सधे कदमों से सीता की ओर बढ़ा चला जा रहा था।

सीता ने जब रावण को देखा तो वे भय से सिहर उठीं। नफरत से उनका सारा शरीर जलने लगा। उन्होंने लज्जा और क्षोभ से सिर झुका लिया। आंखों से अनायास अश्रु बहने लगे।

रावण सीता के पास जाकर रुक गया। लालसा भरी नजरों से एक बार सीता को देखा, फिर हंसकर बोल पड़ा— 'सुंदरी! मुझे देखकर अपना चेहरा क्यों छिपा लिया? मेरे रहते इतना शोक क्यों? उफ्, यह सुंदर शरीर इतना दुःख सहने के लिए नहीं बना है। देखो तो, न तन पर उजले रेशमी वस्त्र हैं और न आभूषण। मुझे तो तु हें इस हाल में देखकर भारी अफसोस होता है। अरी पगली, यह जवानी यों बर्बाद करने के लिए नहीं है। यह तो जीवन में सिर्फ एक बार ही मिलती है, बार-बार नहीं। सच कहता हूं, तु हारे समान सुंदर नारी तीनों लोकों में कोई नहीं होगी। तू तो व्यर्थ ही राम के शोक में गली जा रही है। भूल जा राम को—मेरी बन जा। मैं तुझे पटरानी बनाकर रखूंगा। महल की सारी दासियां-दास तु हारे हुक्म के गुलाम होंगे—शेष रानियां भी तेरा पानी भरेंगी। बस, एक बार मेरी बनना स्वीकार कर ले, फिर अपने जीते हुए तीनों लोकों का समस्त वैभव तेरे ऊपर समर्पित कर दूंगा। मेरा वैभव देख और वनवासी राम की गरीबी देख। वह भला तु हें क्या दे सकता है—उसके पास है ही क्या—न राज्य, न वैभव, न संपत्ति, न दास-दासी। क्या पता है, वह जीवित भी हैया मर चुका है! अब तुम राम को कभी नहीं देख पाओगी। राम भी कभी तु हारे निकट नहीं आ सकेगा। बेहतर यही है कि मेरी बनकर जिंदगी के वैभव दिल खोलकर भोगो।'

सीता का हृदय हाहाकार कर उठा। असीम घृणा से उन्होंने मुंह मोड़ लिया। उन्होंने रावण और स्वयं के बीच एक तिनका रख लिया और धीरे से बोलीं—'ारावण, तुमने तो सारी मर्यादाओं का उल्लंघन कर दिया। बेशर्मी की भी कोई हद होती है। अच्छा यही है कि मुझसे ऐसी कलुषित बातें न किया करो, बल्कि

अपनी रानियों के प्रति यह सद्भावना बनाए रखो। अरे पापी, मैं पति-परायण नारी हूं। तुम मुझे स्पर्श भी नहीं कर सकते—प्राप्त करना तो दूर की बात! पता नहीं लंका में कोई ऐसा प्राणी है या नहीं, जो तु हें सन्मार्ग पर चलने की शिक्षा दे सके। भले ही तुमने तीनों लोकों को जीत लिया हो, वैभव में तुमसे कोई मुकाबला करने वाला न हो। पर जिस राजा को नीति और शील का ज्ञान न हो, वह सरासर नीच व पापी है। मेरे मन में राम के अलावा किसी पर-पुरुष का विचार भी नहीं आ सकता—वे ही मेरे सर्वस्व हैं। अगर तुम भला चाहते हो तो राम से मेरा मिलन करा दो, फिर मैं तु हारे सारे पापों को माफ कर दूंगी। ऐसा नहीं करोगे, तो राम के हाथों तु हारी मौत निश्चित है।'

रावण का क्रोध के मारे बुरा हाल हो गया। आंखों से आगे की ज्वालाएं निकल पड़ीं—चेहरा विकृत हो गया। उसने दांत पीसते हुए कहा— 'हूं! तो मेरी भलमनसाहत का यह सिला दिया तुमने। मैंने तो मधुरता से प्रणय-निवेदन किया और तुमने निहायत बेरुखी से उसे ठुकरा दिया। सच तो यह है कि मेरा हृदय तु हें बुरी तरह चाहता है, इसलिए तु हें माफ कर देता हूं, वरना मैं इसी समय तु हारी जान ले लेता। सुनो सीता, मैं तु हें अंतिम चेतावनी देता हूं। एक माह के अंदर अगर तुमने स्वयं को मेरे आगे समर्पित नहीं कर दिया, तो मैं तुझे राक्षसों के आगे परोसे दूंगा—वे तुझे कच्चा ही चबा जाएंगे, समझी।'

वहां रावण द्वारा हरकर लाई गई और भी कई महिलाएं थीं, उन्होंने जो रावण के ऐसे कठोर वचन सुने, तो उनकी आंखें नम हो आइह्न। सीता पर रावण के इन वचनों का कोई प्रभाव नहीं पड़ा। वे गर्व से बोलीं— 'अरे पापी, याद रख, तुमने मर्यादा पुरुषोत्तम राम जैसे तेजस्वी की पत्नी से अनर्गल बातें की हैं, तुम इस पाप से बच नहीं सकते। तुमने मेरी ओर बुरी निगाहें उठाई हैं, सो इसका फल तु हें अवश्य मिलेगा। मेरे साथ घिनौनी बात करते समय तु हारी जबान कटकर गिर क्यों नहीं गई। सुनो दुष्ट, तु हें अपनी सेना, शक्ति और वैभव पर बहुत घमंड है, पर तु हारा पराक्रम मुझे राम से अलग नहीं कर सकता। तुम कायर हो, तभी तो मुझे चोरी से उठा लाए। अब दूर हो जाओ मेरी आंखों के सामने से। मैं चाहती तो इसी समय तु हारी लंका को भस्म कर देती, किंतु अपने प्रभु राम की आज्ञा के बिना मैं ऐसा नहीं कर सकती।

'तु हारा यह घमंड!' रावण क्रोध से गरजा— 'देख लेना, मैं तु हारा यह घमंड कैसे चूर-चूर करता हूं।'

इतना कहकर रावण ने राक्षसियों से कहा— 'सुनो राक्षसियो, किसी भी तरह सीता को काबू में करो—अगर यह मेरे वश में न आना चाहे, तो इसकी ऐसी दुर्गति बनाओ कि लाचार होकर यह स्वयं ही मेरी बन जाने की विनती करने

लगे।'

यह कहकर रावण वहां से चला गया—साथ में हरकर लाई समस्त सुंदरियों को भी लेता गया।

राक्षसियों ने चारों ओर से सीता को घेर लिया और विभिन्न हथकंडों से सीता को डराने-धमकाने लगीं। वे सीता से कहने लगीं— 'अजीब मूर्ख है तू! तीनों भुवनों का स्वामी स्वयं तेरे स मुख प्रणय की प्रार्थना कर रहा है और तू है कि बिना सोचे-समझे उसे ठुकरा दिया! भला राम के पास ऐसा क्या है, जो तू उसकी दीवानी बनी है? एक बार तू रावण कीर बन जा, फिर देखना, तू अपने भाग्य की सराहेगी।'

सीता सिर झुकाए अश्रु बहाती हुई करुण स्वर में बोलीं— 'अरी राक्षसियों, क्यों ऐसे कटु वचन कहती हो, जिनके सुनने मात्र से मैं नरक में जा पहुंची! मैं राम की हूं और आजन्म उन्हीं की रहूंगी—चाहे वे राज्यविहीन ही क्यों न हों।'

राक्षसियां सीता की बात पर कान क्यों धरतीं! उन्हें तो रावण ने जो आदेश दिया, उसी का पालन करना था, सो वे सीता के इस उत्तर से और क्रोधित हो उठीं और यातना देकर सीता का मन रावण की ओर मोड़ने का निष्फल प्रयास करने लगीं।

❑❑

अशोक वाटिका में जो कुछ हो रहा था, उसे वृक्ष पर बैठे हनुमान गौर से देख रहे थे। रावण की हरकत पर उन्हें अपार क्रोध भी आ रहा था, तो सीता की असहाय स्थिति पर असीम वेदना भी। अनजाने में उनकी आंखों से आंसुओं की धारा टपटप गिरने लगी। वे सीता से जल्दी-से-जल्दी मिलकर सांत्वना देना चाहते थे—राम का संदेश देकर उनका समस्त शोक हर लेना चाहते थे। वह मन-ही-मन भगवान से विनती करने लगे। 'हे प्रभु! इस अबला का कष्ट मुझसे नहीं देखा जाता, तु हीं इसका दुःख दूर कर इसकी रक्षा करो, पापी राक्षसों को धरती से उठा लो।'

राक्षसियां सीता को समझाते-समझाते हार गइह्व, तो थककर अलग हो गइह्व। सीता ने छुटकारे की सांस ली और अपने अश्रु पोंछ डाले। वे चबूतरे से उठीं और धीरे-धीरे चलती हुई उसी वृक्ष के नीचे आ बैठीं, जिस पर हनुमान छिपे हुए थे। सीता पेड़ के तने से लगकर फूट-फूटकर रो पड़ीं और राम को याद करने लगीं। जिनसे बिछड़कर वे मुसीबतों से घिर गई थीं। ऐसी भयावह जिंदगी से तो बेहतर यह था कि वे मर जाएं। पर मौत भी समय के बिना कहां आती है। उन्हें आश्चर्य तो इस बात का था कि कहां तो राम की भार्या बनकर उन्हें महलों का सुख भोगना था—भले ही महलों का सुख न मिला, वनवास में ही न्हें पिया का साथ तो

मिलता। पर ऐसा न होकर वे पापी राक्षस द्वारा छल-कपट वे अपहृत कर ली गइह्व। उनकी हालत ऐसी थी, जैसे पानी के बिना मछली की—उनका हर पल तड़पते हुए बीत रहा था। वे बुदबुदाइह्व— 'हे भगवान! मुझे उठा ले! भला यह भी कोई जीवन है! न जाने राम कहां हैं, लक्ष्मण को क्या हो गया—कोई भी मेरी खबर क्यों नहीं लेता। क्या सभी मुझे भूल गए या वे भी नहीं रहे? उफ् मुझे तो कुछ समझ में नहीं आरहा है। मैं क्या करूं, कैसे अपनी जाद दे दूं?'

पेड़ पर बैठे हनुमान शोकातुर सीता की पीड़ा सहन नहीं कर सके। उन्हें संतोष था कि अंततः सीता को पा ही लिया—जिनकी खोज में वानर मारे-मारे फिर रहे थे। बस, अब तो किसी तरह इनका दुःख दूर करना चाहिए, इनकी पीड़ा नहीं देखी जाती। इनका शोक दूर नहीं किया गया, तो यह अपनी जान ही दे देंगी। पर राक्षसियों का स त पहरा था, सो हनुमान चाहकर भी सीता का ध्यान अपनी ओर आकर्षित नहीं कर सकते थे। समय कम था, रात खत्म होने वाली थी, प्रातः होने से पहले ही हनुमान यहां का काम निपटाकर भाग जाना चाहते थे, अन्यथा पकड़े जाने का डर था। पकड़ा गया, तो राम को सीता के मिल जाने की और उसकी व्यथा की खबर कौन सुनाएगा।

'मुझे मौका नहीं गंवाना चाहिए, अगर इस समय मैं कुछ नहीं कर सका, तो पिुर कभी सीता से बात नहीं कर सकूंगा, अगर ऐसा हुआ तो सीता ज्यादा दिन तक जिंदा नहीं रहेंगी।' हनुमान ने सोचा— 'मुझे किसी तरह राक्षसियों से छिपकर सीता से संवाद करना चाहिए। धीरे-धीरे बोलूंगा तो राक्षसियां सुन नहीं पाएंगी।'

यह सोचकर हनुमान नीचे झुके और सीता को संबोधित करके मृदु स्वर में राम और उनके वंश का गुणगान करके बोले— 'हे सीता माता, मैं राम का दूत हूं। वे लक्ष्मण के साथ आपको खोजते-खोजते वानरराज सुग्रीव के पास पहुंचे हैं। सुग्रीव उनके परम सहायक हैं। हम उन्हीं की आज्ञा से आपको खोजते फिर रहे थे। मुझे जटायु के बड़े भाई स पाति ने आपका पता दिया था और मैं अथाह समुद्र को लांघते हुए लंकापुरी पहुंचा हूं। मैंने आपको अशोक वाटिका में देखते ही पहचान लिया कि आप ही राम की भार्या हैं। श्रीराम ने आपका पूरा-पूरा वर्णन मुझसे कर दिया था।'

इस विकट स्थान में, राक्षसियों के पीड़ादायक स त पहरे में रावण के आतंक को सहते हुए सीता ने जो ये मृदु स्वर सुने, तो लगा जैसे कानों में अमृत-सा घुल गया हो। राम के वियोग में तड़पती सीता के आनंद का ठिकाना न रहा। उन्होंने बड़ी-बड़ी आंखें फेरकर ऐसे वचन बोलने वाले को खोजा, वह कहीं नजर नहीं आया। तभी उनकी नजर वृक्ष पर बैठे हनुमान पर चली गई।

हनुमान ने सीता को अपनी ओर ताकते देखा, तो हाथ जोड़कर उनका अभिवादन किया, फिर नीचे कूदकर आए। धीरे से बोले— 'सच बताइए, आप ही जनक दुलारी राम प्रिया सीता हैं ना? मेरा अनुमान सही है ना। मैंने आपको राम की याद में जोर-जोर से रोते देखा है।'

'तु हारा अनुमान सही है, वानर।' सीता बोलीं— 'मैं तेजस्वी और पराक्रमी राम की सीता हूं। मुझे रावण यहां जबरदस्ती उठा लाया है और मेरी मर्जी के खिलाफ मुझे अपनी रानी बनाना चाहता है। अगर रावण अपनी करनी में सफल हो गया तो मैं अपनी जान दे दूंगी।'

'देवी, शोक त्याग दो।' हनुमान बोले— 'राम सकुशल हैं और आपकी कुशलता की कामना करते हैं।'

सीता की सारी उदासी पल-भर में दूर हो गई। राम का संवाद सुनकर उनका चेहरा विहंस हो उठा। वे मुस्कराकर बोलीं— 'सच, मैं आज अपनी प्रसन्नता व्यक्त नहीं कर सकती। यह ठीक ही कहा गया है कि आशा का दामन कभी नहीं छोड़ना चाहिए, मनोकामना कभी भी पूर्ण हो सकती है।'

तभी सीता को संदेह हुआ कि यह वानर भी कहीं मायावी तो नहीं। पहले भी वह मायावी मृग द्वारा धोखा खा चुकी थी। रावण ने भी मायावी साधु बनकर उनके साथ कपट किया था। क्या ठिकाना यह वानर भी रावण की माया हो, शायद वही वानर बनकर मेरे मन की खबर लेने आया हो, सो वे मायूसी से बोलीं— 'अरे रावण, तू इतना विद्वान है, फिर भी कदम-कदम पर नीचता से बाज नहीं आता। पहले भी तुमने विभिन्न रूपों में मुझे छला है और आज फिर वानस का रूप धारण करके मुझे धोखा देने चला आया है। चला जा दुष्ट, क्यों मुझे कलुषित करने पर तुला है?'

हनुमान का हृदय बैठ गया। वे अत्यंत विनीत होकर बोले— 'माता, ऐसा न कहें, मुझ पर शक न लाएं। मैं नि:संदेह राम का दूत हूं। शीघ्र ही उनकी शक्ति से यह लंका एक दिन जलकर भस्म होगी। बेचारे राम आपके वियोग में तड़प रहे हैं। उन्होंने ही मुझे आपकी खोज-खबर लेने को भेजा है। आपने जो आभूषण हरकर ले जाते समय आकाश मार्ग से फेंके थे, वे मैंने ही ग्रहण किए थे। मैं सच कहता हूं, मैं रावण नहीं, बल्कि राम का अकिंचन दास हूं।'

इसके साथ उसने अपना परिचय दिया और एक बार फिर राम कथा का बखान किया।

सीता का मन कह रहाथा कि यह वानर असत्यवादी नहीं हो सकता, पर इस मायापुरी में क्या असंभव!

हनुमान सीता को सशंक देखकर कुछ आगे बढ़े। एकाएक उन्हें राम की दी

हुई अंगूठी याद आई। उन्होंने अंगूली से मुद्रिका उतारकर सीता को दिखाते हुए कहा— 'हे माता, ये देखिए मुद्रिका। इस पर श्रीराम का नाम अंकित है। चलते समय राम ने यह मुझे दी थी, ताकि आपको दिखाकर विश्वास दिला सकूं कि मैं राम का दूत हूं।'

सीता ने अंगूठी क्या देखी, साक्षात् राम के दर्शन कर लिए। हर्ष और आनंद से सीता का हृदय-मयूर नाच उठा। पल-भर में ही सीता के चेहरे से मायूसी की छाया दूर हो गई। प्रसन्नता के आवेग से गाल गुलाबी हो उठे। अब उन्हें हनुमान पर कोई संदेह नहीं रहा। हनुमान इतना श्रम करके, खतरों से जूझते हुए यहां तक पहुंचे थे और सीता ने उनकी नीयत पर शक किया—यह सर्वथा अनुचित था, सो वे हनुमान की तारीफ करते हुए बोलीं— 'हे पवन पुत्र, अब मुझे पूर्ण विश्वास हो गया है कि तु हें राम ने ही मेरे पास भेजा है। तु हारी बुद्धि व चतुराई की क्या प्रशंसा करूं—कोई साहसी और मेधावी ही ऐसा काम कर सकता है, जो तुमने कर दिखाया है। राम की कुशलता से चित्त को संतोष प्राप्त हुआ, पर यह तो बताओ, राम क्रोध से सारी दुनिया भस्म क्यों नहीं कर देते? क्या उन्होंने मुझे भुला दिया? अपने पराक्रम से सबको पराभूत करने वाले राम ने अब तक रावण का अंत क्यों नहीं किया? कहीं ऐसा तो नहीं कि मुझसे दूर होकर उन्होंने मुझे प्रेम करना छोड़ दिया है? क्या अयोध्या नरेश भरत भी अपनी सारी सेना के साथ मेरी रक्षा करने नहीं आएंगे? आखिर कब राम अपने शौर्य से पापियों का नाश करेंगे? हे वानरराज, वे बदल तो नहीं गए? उनमें वह साहस और धैर्य तो विद्यमान है ना, जो पिता के आदेश पर राज्य त्यागकर वन में जाते समय था।'

'हे माता! राम जरा ज्ञी नहीं बदले। उनका साहस, धैर्य व पराक्रम बना हुआ है। बस, मुझे उनके पास जाकर आपकी खबर देने दीजिए, फिर देखिए वे क्रोध से कैसे इस लंका को भस्म करने पहुंच जाएंगे। आप नहीं जानतीं, आपके वियोग में राम की दशा कैसी हृदय विदारक हो उठी है। वे तो सदैव आपके ध्यान में लीन रहते हैं। उन्हें यह भी होश नहीं रहता कि शरीर को मक्खी-मच्छर जैसे पतंगे काट रहे हैं। मुझे याद नहीं आता कि मैंने कभी उन्हें शोक-रहित देखा हो। उनके होंठों पर तो सिर्फ एक ही नाम रहता है—हे सीता! हे सीता! सच कहता हूं आपके अतिरिक्त वे और कुछ नहीं सोचते, आप ही उनके हृदय में बसी हैं।'

'आह! तुमने तो मेरी समस्त पीड़ा ही हर ली, कपीश!' सीता गद्‌गद् सवर में बोलीं। उनकी आंखों से खुशी के अश्रु बह निकले। कातर स्वर में आगे बोलीं— 'राम सर्वदा मेरा ही चिंतन करते हैं, यह तो खुशी की बात है, पर वे शोक संतप्त रहते हें, यह तो अत्यंत चिंतनीय बात है। हाय, मैं क्या करूं? राम से कहो, वे मुझे जल्दी आकर दर्शन दें, वरना मैं प्राण त्याग दूंगी। रावण महादुष्ट है, दस मास तक

मुझे पाने की कोशिश में असफल रहने के बाद अब अंतिम बार उसने मात्रा एक मास की मुझे अवधि दी है, इस बीच अगर मैंने उसकी रानी बनने की बात स्वीकार नहीं की तो वह मुझे मार डालेगा।'

'आपके दुःख से तो मेरा हृदय फटा जा रहा है, बस अब अश्रु पोंछ लीजिए, मुझसे आपका दुःख देखा नहीं जाता।' हनुमान बोले— 'राम आपकी खबर पाते ही सेना सहित आपको छुड़ाने पहुंच जाएंगे। वैसे आप आदेश दें, तो मैं स्वयं अकेले ही आपको इस कैद से मुक्त कर सकता हूं। आपको पीठ पर चढ़ाकर इसी समय सागर पार करके राम के पास पहुंचा दूंगा। राक्षस मेरा कुछ ाी बिगाड़ नहीं सकेंगे।'

सीता ने लघु आकार के हनुमान को ऊपर से नीचे तक गौर से देखा। हैरान होकर बोलीं— 'मैंने माना कि तुम में बहुत हौसला है, किंतु असीम सागर को भी तुम लांघ सकते हो, मुझे विश्वास नहीं होता।'

भला हनुमान को यह बात कैसे पच जाती! उन्होंने तत्काल अपना आकार बढ़ा लिया और पल-भर मे ंवे पहाड़ के समान हो गए। वे हाथ जोड़कर जानकी से बोले— 'आप अनुमति दें तो मैं पलक झपकते समय लंकापुरी को उठाकर सागर लांघ सकता हूं। आप तो व्यर्थ का संदेह करती हैं। चलिए जल्दी से मेरी पीठ पर सवार हो जाइए, अभी आपको राम के पास पहुंचाए देता हूं।'

'मुझे तु हारी वीरता पर पूर्ण विश्वास हो गया, पवनपुत्र!' सीता बोलीं— 'लेकिन मेरे लिए तु हारी पीठ पर सवार होना उचित नहीं। मैं पति के अलावा किसी पर-पुरुष को हाथ नहीं लगा सकती। अब तो मैं तभी यहां से मुक्त होना चाहूंगा, जब राम स्वयं रावण का वध करके मुझे यहां से ले जाएंग। रावण ने हरकर महापाप किया है, इसकी सजा उसे मिलनी ही चाहिए।'

'आपके विचार अत्युत्तम हैं। सचमुच आप पतिव्रता नारी हैं।' हनुमान बोले— 'अब मुझे विदा कीजिए। मैं जल्दी राम के पास पहुंचकर आपकी सूचना दूंगा। कृपया मुझे कोई निशानी दीजिए ताकि राम को विश्वास हो जाए कि आप मुझसे मिली थीं।'

सीता एक पल चुप रहीं। फिर अपनी चूड़ामणि हनुमान को सौंपते हुए बोलीं— 'लो, मेरी यह निशानी राम को दे देना। इसे देखकर राम तुरंत समझ जाएंगे कि तुम मुझसे मिल चुके हो। उनसे कहना कि सीता के अपमान का बदला जल्दी आकर लें। बस।'

हनुमान बोले— 'ऐसा ही होगा, हे माता।'

फिर हनुमान विदा हुए। चलते समय उनकी आंखों में अश्रु की कुछ बूंदें झिलमिला उठी थीं।

तीन

लंका से निकलने से पहले हनुमान ने सोचा—जरा लंका की सामरिक स्थिति भी समझ लेनी चाहिए। रावण की सेना, उसका युद्ध करने का तरीका और उसके अस्त्र-शस्त्रों का भंडार जानना चाहिए। हो सकता है कि सुग्रीव यह सब जानना चाहें। वैसे भी शत्रु की शक्ति का आभास पहले से ही होने से राम को यहां मोर्चा संभालने में काफी सहूलियत रहेगी। पर रावण की सामरिक स्थिति का पता लगाएं कैसे ?

काफी सोच-विचार के पश्चात हनुमान ने तय किया, क्यों न इस अनुपम अशोक वाटिका को ही तहस-नहस कर डालूं, तब रावण मुझे गिर तार करने को अवश्य अपनी सेना भेजेगा। बस, तब मैं देख लूंगा रावण की सेना का रंग-ढंग। उन्होंने सीता से अशोक वाटिका के फल-फूल खाने की अनुमति चाही और अपने काम में जुट गए।

फिर क्या था! हनुमान ने उसी समय अपना विध्वंस आरंभ कर दिया। वाटिका के बड़े-बड़े पेड़ों को झकझोर कर भूमिसात कर दिया, रंग-बिरंगे फूलों के समस्त पौधों को उखाड़कर फेंक दिया, चारों ओर डालियां और पत्ते बिखर गए, पानी के भव्य सरोवरों को तोड़-फोड़ डाला। पल-भर में ही वह वाटिका, जिसकी सुंदरता इंद्रपुरी के बागानों की सुंदरता को भी शरमाती थी, एकदम तबाह व बर्बाद हो गई। वाटिका में सदैव मधुर स्वर में चहचहाने वाले पक्षी उड़ गए—सारी वाटिका श्रीविहीन होकर बिखर गई।

हनुमान जान-बूझकर वाटिका के मु य द्वार पर खड़े हो गए, ताकि रावण की राक्षस सेना उन्हें गिर तार करने आए और वे उनसे दो-दो हाथ कर सकें।

❑❑

अशोक वाटिका में जो विध्वंस-लीला मची थी, उसके भयावह शोर से राक्षसियां सतर्क हो गइह। उन्होंने जो समस्त वाटिका की यह दुर्दशा देखी तो उनकी आंखों से नींद भाग गई। मु य द्वार पर विचित्र आकृति वाले प्राणी को देखकर वे चीखती-चिल्लाती रावण के पास पहुंची और बोलीं— 'हे राजन्! अशोक वाटिका में एक बंदर घुस आया है, उसने सारी वाटिका तबाह कर डाली है। हरे-भरे वृक्ष, फूलों के पौधे, सरोवरों के तट, प्यारी-प्यारी इमारतें तोड़-फोड़कर इस समय वह मु य द्वार पर खड़ा है और राजन् कुछ देर पहले वही बंदर सीता से बात कर रहा था। ऐसा विशाल बंदर हमने कभी नहीं देखा। जल्दी से कुछ कीजिए, नहीं तो वह कहर मचा डालेगा।'

रावण का तो क्रोध के मारे बुरा हाल हो गया। आंखें लाल अंगारा हो गइह

और चेहरा क्रोध से भिंच गया। उसने उसी समय अपने सैनिकों को आदेश दिया— 'जाओ, बंदर को पकड़कर लाओ, बचने न पाए।'

सैनिक अपने हाथों में अस्त्र-शस्त्र लिए अशोक वाटिका की ओर भागे।

अशोक वाटिका की मु य दीवार के तोरण पर निश्चिंत से हनुमान बैठे थे। राक्षस सैनिकों को देखकर उन्होंने अपनी पूंछ सांप-सी लहराकर उनकी ओर छोड़ दी और जोरों से गरज उठे। सैनिकों ने भालों, बरछियों, मुदगरों और पत्थरों से हनुमान पर आक्रमण कर दिया। हनुमान भी पीछे हटने वाले कहां थे! उन्होंने एक उछाल भरी और सैनिकों के ऊपर गिरकर उन्हें दांतों व नाखूनों से नोंच-खसोटकर लहू-लुहान करने लगे, लात-घूंसे अलग चलाने लगे। राक्षसों से मुकाबला सरल न था, पर हनुमान ने उनके दांत खट्टे कर दिए। राक्षस सैनिक काफी देर तक उन्हें काबू में करने का प्रयास करते रहे, फिर अपने प्रयास में असफल होकर वे जान बचाकर रावण के पास भागे।

रावण ने सैनिकों को खूब फटकारकर ज बुमाली को आज्ञा दी कि वह बंदर को पकड़ लाएं।

प्रहस्त-पुत्र ज बुमाली एक धनुर्धारी था—बल में अनुपम। ज बुमाली अपने अस्त्र-शस्त्र लेकर सैनिक टुकड़ी के साथ हनुमान के साथ युद्ध करने चला। एक अकेले हनुमान ने ज बुमाली के बाणों व उसके सैनिकों का खूब डटकर मुकाबला किया। नतीजा यह निकला कि ज बुमाली मारा गया।

यह सूचना पाकर रावण का सारा शरीर क्रोध से कांपने लगा। उसने एक बड़ी सैनिक टुकड़ी हनुमान के पास भेजी—साथ में सात मंत्री-पुत्र सेनापति ी गए। महाकोलाहल मचाती यह सेना वाटिका पहुंची, तो हनुमान ने मु य द्वार के विशाल तोरण को झकझोर डाला—जिसके भीषण धमाके से सारी सेना की हालत बिगड़ गई। मंत्रीपुत्र व सेनापतियों ने स्थिति संभालने की बड़ी कोशिश की, किंतु वे भी हनुमान के हाथों मारे गए।

इस प्रकार हनुमान ने और भी कई लोगों का मुकाबला किया, किंतु हनुमान को पराजित करना मुश्किल हो गया। इस बीच हनुमान ने रावण की सैन्य शक्ति, उनके लड़ने-भिड़ने का ढंग व उनके अस्त्रों-शस्त्रों की अच्छी जानकारी प्राप्त कर ली। इस भिड़ंत में रावण-पुत्र अक्षय कुमार भी मारा गया।

अब तो रावण से बर्दाश्त करना मुश्किल हो गया। उसने अपने दूसरे पुत्र मेघनाद से गरजकर कहा— 'जाओ, जाकर उस बंदर को मार डाला। तु हारे पास ब्रह्मास्त्र भी है, भला तु हारा कौन मुकाबला कर सकता है। तु हारे शौर्य के आगे तो देवताओं ने भी घुटने टेक दिए थे। जल्दी करो, उस दुष्ट बंदर को उसके किए की सजा दो।'

पर्वताकार मेघनाद हुंकार भरकर अशोक वाटिका की ओर चल पड़ा। वाकई, उसकी शक्ति की यह हालत थी कि चलता था तो उसके पैरों की धमक से पृथ्वी कांप उठती थी—उसकी गरज से दसों दिशाएं गूंज उठती थीं।

किंतु हनुमान उससे भी नहीं डरे। वे मेघनाद की गरज के जवाब में स्वयं गरज उठे। मेघनाद ने क्रोध से उन पर भारी अस्त्र-शस्त्र व बाण आजमाए, जिन्हें हनुमान कूद-फांदकर व पैंतरा बदलकर बचा लेते। तब मेघनाद ने ब्रह्मास्त्र से हनुमान को बांध लिया और तत्काल रावण के समक्ष ले जाकर प्रस्तुत कर दिया।

❑❑

रावण का व्यक्तित्व देखकर हनुमान खूब प्रभावित हुए। ऐसी सुगठित देह, विशाल स्कंध, बड़ी-बड़ी तीखी आंखें, भव्य चेहरा, मुख-मंडल पर भव्य तेज! ऐसा धैर्यवान, बलशाली और आकर्षक राजा भी इतना क्रूर, अन्यायी, अत्याचारी व दुराचारी हो सकता है, हनुमान को विश्वास नहीं हुआ।

रावण उन्हें देखते ही गरजकर बोला— 'अरे वानर, तू कौन है और किसने तुझे भेजा है? तूने अशोक वाटिका में सीता से क्यों बात की? आखिर अशोक वाटिका को तहस-नहस करने का प्रयोजन! तूने मेरे सैनिकों को क्यों मार डाला? मंत्री प्रहस्त, जरा तु हीं इससे पूछो।'

प्रहस्त हनुमान की ओर मुखातिब हुआ— 'जवाब दो। इस कारस्तानी का क्या कारण है? तुमने जो कुछ किया है, उसके बदले तुम मृत्यु दंड के अधिकारी हो। अगर तुमने सब कुछ सच-सच बता तदया, तो हम तु हें माफ कर देंगे।'

हनुमान ने साहस से उत्तर दिया— 'हे लंकेश! मैं किष्किंधा के राजा सुग्रीव का दूत हूं। उन्होंने ही मुझे आपके पास भेजा है। उन्होंने संदेश भेजा है कि इतने विद्वान और नीतिवान होते हुए भी आपने पर-नारी का अपहरण करके उचित नहीं किया, यह तो अत्यंत निकृष्ट कर्म है और ऐसा करके आपने अपनी मौत को स्वयं आमंत्रित किया है। राम की बात तो फिलहाल जाने दीजिए, आप लक्ष्मण के तीव्र बाणों को भी सह नहीं सकेंगे। सो उचित यही है कि आप सीता से क्षमा मांगकर उन्हें मुक्त कर दें, अन्यथा जैसे इंद्र का पुत्र जयंत सीता के कारण मुसीबत में फंस गया था, वैसे ही आप भी मुसीबत में फंस जाएंगे। राम का हृदय विशाल है, सत्यपथ पर चलेंगे तो वे आपको क्षमा कर देंगे। मैं चेतावनी देता हूं कि सीता को छोड़ दो, नहीं तो आपकी भी वही दशा होगी, जो खर व दूषण आदि की हो चुकी है।'

रावण क्रोध के मारे थर-थर कांप उठा। एक बंदर की यह हि मत कि जिसका नाम सुनकर लोगों की बोलती बंद हो जाती हे, उसी के सामने इतने बड़े बोल। होंठ भींचकर बोला— 'अरे वानर! क्या तूने नहीं सुना कि मेरा मुकाबला

कोई नहीं कर सकता—फिर इतना दम क्यों? आश्चर्य है कि सुग्रीव ने तुमहारे जैसे मूर्ख प्राणी को दूत बनाकर मेरे पास भेजा है। शायद सुग्रीव को भी मेरे शौर्य के बारे में पूरी जानकारी नहीं है। मेरा अपमान करने वाला इस धरती पर जिंदा नहीं रह सकता। मैं तेरे राम, लक्ष्मण और सुग्रीव को एक दिन जरूर इस अपमान का मजा चखाऊंगा। अब तुम भी तैयार हो जाओ अपने कारनामे की सजा पाने को।' यह कहकर रावण ने अपने आदमियों को आदेश दिया— 'ले जाओ इस बंदर को, इसके शरीर के टुकड़े-टुकड़े करके फेंक दो।'

वहीं बैठा था विभीषण—रावण का छोटा भाई—अत्यंत धार्मिक वृत्ति का, नीतिवान, दयालु व राम-भक्त। वह रावण से विनीत स्वर में बोला— 'राजन्! इस वानर ने पहले ही बता दिया है कि वह राजा सुग्रीव का दूत है, अत: दूत को मारना राजनीति के नियमानुसार अधर्म है। इससे तो चारों ओर आपकी ही बदनामी होगी। वानर ने जो कुछ कहा है, वह तो उसके राजा का कथन है, इसका अपना नहीं।'

रावण ने एक क्षण कुछ सोचा, फिर बोला— 'तुम ठीक कहते हो, विभीषण! ठीक है, मैं इसकी जान नहीं लूंगा, लेकिन इसे अपने किए की सजा अवश्य दूंगा। सुनो सैनिको, इस बंदर की पूंछ में तेल लगी रुई बांधकर आग लगा दो। जब यह जली हुई पूंछ लेकर किष्किंधा पहुंचेगा तो इसकी दुर्दशा देखकर बाकी वानर खूब हंसेंगे, तब यह वानर आजीवन अपने कुकृत्य को याद कर पछताया करेगा।'

आदेश सुनते ही सैनिकों ने हनुमान की पूंछ पकड़ी और उस पर रुई लपेटकर अच्छी तरह तेल लगा दिया—फिर उसे आग से प्रज्ज्वलित कर दिया। पूंछ धूं-धूंकर जलने लगी।

हनुमान अपना यह अपमान सहन न कर सके। क्रोध और क्षोभ से उनका तन-बदन सुलग उठा। उन्होंने जलती हुई पूंछ को लहराकर सैनिकों पर इतने तगड़े प्रहार किए कि वे जमीन पर आ गिरे। पल-भर पहले जो लोग उस पर व्यंग्य से हंस रहे थे, वे आतंक से सहम उठे। कई सैनिकों ने आगे बढ़कर हनुमान को मजबूती से पकड़ लिया और महल से बाहर आम सड़कों पर ले आए। सरेआम उन्हें घुमाया जाने लगा। आगे-आगे जलती पूंछ के साथ हनुमान थे, तो उसके पीछे ढोल-मजीरा बचाते हुए राक्षस-राजकर्मचारी, जो हनुमान का दोष सबको सुनाते जा रहे थे। सारी सड़कों पर भारी भीड़ जमा हो गई। लोग कोतुहल से उस बंदर को देख रहे थे—लोग उस पर फब्तियां कस रहे थे और पत्थर फेंक रहे थे।

हनुमान के लिए यह सब सह पाना असहनीय था—वह वीर थे और ओछे

हथकंडों से उनका आगहबबूला हो जाना स्वाभाविक था। उन्होंने मन-ही-मन तय कर लिया कि इस अपमान का बदला अवश्य लूंगा। फिर क्या था! उन्होंने ऐसा भव्य झटका मारा कि उन्हें पकड़े समस्त राक्षस सैनिक छिटककर दूर जा गिरे, फिर एक ही छलांग में हनुमान उछलकर एक ऊंची इमारत पर जा चढ़े। उन्होंने एक लौह-शलाका से समस्त राक्षस सैनिकों को मार-मारकर जमीन पर सुला दिया।

इतने से ही हनुमान को संतोष नहीं हुआ, जिस लंका में उनकी पूंछ जलाई गई थी, उस लंका को जलाना अभी शेष था। वे एक भवन से कूदते हुए दूसरे भवन पर जा पहुंचते—साथ ही अपनी जलती पूंछ से उस भवन को आग लगाने से नहीं चूकते—इस प्रकार लंका की तमाम भव्य इमारतें आग में धूं-धूंकर जलने लगीं। उन्होंने मंत्रिवर प्रहस्त के महल को भी नहीं ब शा। एक ही लगन से रावण के तमाम महा-प्रतापियों—यथा, कुंभकरण, ज बुमाली, नारांतक आदि के महल भी आग की ज्वाला से भस्म कर दिए। उन्होंने रावण के विशाल भवन को भी नहीं छोड़ा—उसे भी आग के हवाले कर दिया। सारी लंका महा-अग्नि में जलने लगी—चारों ओर ऊंची-ऊंची ज्वालाएं उठ रही थीं, चिंगारियां फूट रही थीं, हाहाकार मच गया। सोने की लंका थोड़ी ही देर में आग में दहकने लगी—बड़े-बड़े प्रासाद सरसराते हुए जमीन पर गिरने लगे। लोग अपनी जान बचाने को इधर-उधर भाग रहे थे।

और ऊपर घनघोर अट्टहास करते हुए हनुमान विचर रहे थे—लंका की आग उनके दिल को ठंडक पहुंचा रही थी।

अब लोगों ने जाना कि वह बंदर कोई मामूली नहीं था, बल्कि साक्षात् अग्नि देवता ही था। जलते-जलते राक्षस 'बचाओ-बचाओ' का शोर मचाते अपने-अपने प्रियजनों को खोज रहे थे।

हनुमान को चिंता हुई कि इस अग्निकांड में सीता का तो कोई अहित नहीं हुआ, सो वह एक बार पुनः अशोक वाटिका पहुंचे। सीता सुरक्षित थीं और एक वृक्ष के नीचे सोचों में डूबी बैठी थीं।

हनुमान सीता के पास पहुंचे और हाथ जोड़कर बोले— 'हे जानकी! प्रसन्नता हुई कि आप सुरक्षित हैं। अब मुझे आज्ञा दीजिए, और शोक-विहीन रहकर राम के आगमन का इंतजार कीजिए—वे शीघ्र ही सुग्रीव की विशाल वानर सेना के साथ आपको छुड़ाने आएंगे।'

इतना कहकर हनुमान ने सीता को नमन किया और लंका से प्रस्थान करने को बाहर निकले।

सागर पार करते समय उन्होंने अपनी पूंछ की आग बुझा ली।

चार

उस पार सागर तट पर सभी हनुमान की उत्सुकता से प्रतीक्षा कर रहे थे। हनुमान को आकाश मार्ग से आते देखकर जा वंत ने खुशी से कहा— 'लगता है हनुमान अपने अभियान में सफल होकर लौट रहे हैं।'

हनुमान तट पर उतरे तो समस्त वानर वीरों ने फूलमालाओं से उनका भव्य स्वागत किया—सारा वातावरण हनुमान की जय-जयकार से गूंज उठा। हनुमान ने लंका में घटित सारे कांड का सविस्तार बयान कह सुनाया—जा वंत व अंगद के हर्ष का ठिकाना न रहा। सीता लंका में ही थीं—इस सूचना से सारे वानर झूम उठे।

हनुमान के सहित सभी वानरों ने किष्किंधापुरी की ओर प्रस्थान किया। मार्ग में मधुवन पड़ा, जहां रहते थे सुग्रीव के मामा दधिमुख। अंगद ने वानरों सहित वहां विश्राम किया, फिर आगे की यात्रा की ओर चल पड़े, जहां राम उनकी प्रतीक्षा में व्याकुल थे।

किष्किंधापुरी में आकर हनुमान सुग्रीव के साथ राम के पास प्रस्त्रवण पर्वत पहुंचे। हनुमान ने सारा वृत्तांत सुनाकर राम को सीता की चूड़ामणि दी और आगे कहा— 'प्रभु! मैं विशाल सागर को लांघकर लंका पहुंचा और वहां शोक संतप्त सीता के दर्शन पाकर कृतार्थ हुआ। अब क्या बताऊं सीता की दशा! बेचारी क्रूर राक्षसियों से सर्वदा घिरी आपकी ही यादों के सहारे दिन गुजार रही हैं। रावण के आतंक से भयभीत सीता अपने सतीत्व-रक्षा के लिए कृत संकल्प हैं, किंतु रोज-रोज के अपमान से उनका बुरा हाल है। रावण ने सीता को एक महीने का समय दिया है, फिर वह अपनी करनी पर उतर आएगा। सीता ने कहा है कि इस बीच आपने उनकी रक्षा नहीं की तो वे अपनी जान दे देंगी। मैं उन्हें भरोसा देकर आया हूं कि आप यथाशीघ्र लंका पहुंचकर उनको रावण की कैद से मुक्त कराएंगे।'

राम पत्नी सीता की दुर्दशा सुनकर कराह उठे—उनकी आंखों से अश्रु की बूंदें छलक पड़ीं। वे एकटक सीता की चूड़ामणि को निहारते रहे, फिर सुग्रीव की ओर देखकर बोले— 'बंधु सुग्रीव! सीता की मणि देखकर मेरा हृदय रो रहा है। यह वही मणि है, जो राजा जनक ने विवाह के अवसर पर सीता को दी थी। सीता हमेशा इसको अलकों से लगाई रहती थी। काश! आज सीता को भी सामने देख पाता। मुझे भय है कि सीता अपनी जान न दे दें। अगर सीता एक महीने तक भी जीवित रहीं, तो मैं अवश्य ही उन्हें रावण की कैद से छुड़ा लूंगा। मैं सीता के बिना जीवित नहीं रह सकूंगा। सुग्रीव, अब मैं एक पल भी यहां अपना समय बर्बाद नहीं करना चाहता। मैं शीघ्र लंका जाना चाहता हूं। सो तुम यथाशीघ्र अपनी

तैयारियां शुरू कर दो, सेना को कूच करने का आदेश दो। मैं सारी लंका को धूल में मिला दूंगा और अपने बाणों से रावण को वंश के साथ मौत के हवाले कर दूंगा।'

फिर बड़ी देर तक वे हनुमान से लंका के बारे में पूछताछ करते रहे।

लंका कांड

एक

सुग्रीव ने देर नहीं की। उसने उसी समय अपने प्रमुख वानरों को बुलाया और कहा— 'जिस अवसर की प्रतीक्षा थी, वह आ पहुंचा। लंका चलने की तैयारी करो—रावण से युद्ध करने का समय आ पहुंचा है—रावण का वध करके सीता को हम वापस लाएंगे।

क्षण-भर में सारी किष्किंधापुरी में यह खबर फैल गई। समस्त वानर-वीर अपनी-अपनी गुफाओं से उछलते-कूदते बाहर निकल पड़े। सारी पहाड़ी वानर-वीरों से भर गई—चारों ओर उनकी आवाजें गूंजने लगीं। वह निर्जन पहाड़ी स्थल सैनिक गतिविधियों से मुखरित हो उठा। सभी लंका लचने को एकदम प्रस्तुत थे।

सुग्रीव ने राम से निवेदन किया— 'चलिए प्रभु, हमारा मार्गदर्शन कीजिए।'

राम विलंब नहीं करना चाहते थे।

फिर वे आगे-आगे चल पड़े और उनके पीछे-पीछे सुग्रीव, हनुमान, अंगद, जामवंत आदि संपूर्ण वानर सेना चल पड़ी—सभी उत्साह में थे। उनका लक्ष्य था—सुदूर दक्षिणी समुद्र तट, जहां से उन्हें लंका पहुंचना था।

सारी राह राम की जय-जयकार करते हुए वानर सेना मधुवन आदि से गुजरती तथा अनेक पर्वतों, नदी-नालों व मैदानों को पार करती आगे बढ़ती चली गई। थकावट का जरा भी चिह्न नहीं। हां, राम व लक्ष्मण थक न जाएं, इसलिए वानर उन्हें पीठ पर सवार कर लेते।

शोर मचाती, उछलती-कूदती व जयघोष करती वानर सेना दूर से यों प्रतीत होती, जैसे गगन पर काले-डरावने मेघ गरजते-बरसते चले जा रहे हों। वे अनवरत अपने लक्ष्य की ओर अग्रसर होते चले जा रहे थे—न मार्ग में कहीं रुकने का नाम, न सुस्ताने का नाम, न रात-दिन का विचार—बस, आगे बढ़ते रहना ही उनका एकमात्र काम रह गया था, ताकि यथाशीघ्र लंका पहुंचकर रावण को यमलोक पहुंचाकर सीता को मुक्त कराया जा सके।

और एक दिन वे सब राम सहित सागर तट पर आ पहुंचे। सामने गरज रहा था—विशाल सागर। सभी सागर तट पर आकर रुक गए। अब समस्या थी,

सागर को कैसे पार किया जाए?

सुग्रीव ने सागर की उत्ताल तरंगों व उसके असीम विस्तार को देखकर चिंतित स्वर में राम से कहा— 'इस बाधा को पार करने का कोई उपाय बताएं, प्रभु।'

'बंधु, फिलहाल सागर तट पर पड़ाव डाल दो। अपने सैनिकों से कहो, वे सतर्क रहें। गुप्तचरों को भी आदेश दे दो कि शत्रुओं की गतिविधियों पर नजर रखें। मुझे संदेह है, रावण के गुप्तचर उसे हमारी तट पर उपस्थिति की सूचना अवश्य दे देंगे। अब हमें पूरी तरह सावधान रहने की आवश्यकता है। सागर पार करने की कोई-न-कोई विधि निकल ही आएगी।'

आदेशानुसार सैनिकों ने वहीं डेरा डाल दिया।

रात हो गई थी। चारों ओर सन्नाटा था। सिर्फ पास ही समुद्र की तरंगों की गरजती आवाज मौन को बीच-बीच में तोड़ डालत थी।

ऊपर आकाश में तारे विहंस रहे थे।

दो

रावण के क्रोध का अंत नहीं था।

एक अदने-से बंदर ने उसकी भव्य लंका को आग में तहस-नहस कर डाला था और फिर बचकर भाग निकला था—यह ऐसी बात थी, जिसे रावण बर्दाश्त नहीं कर पा रहा था। क्षोभ और अपमान से उसका सारा शरीर तप रहा था, ऊपर से लज्जा और ग्लानि की कसक से उसके खून की गति तीव्र हो उठी थी।

उसने दरबार में अपने सभी प्रमुख मंत्रियों व सैन्य अधिकारियों को बुलवाया और कहा— 'उस बंदर ने लंका में जो कांड किया, उससे आप सभी भली-भांति परिचित हैं। वह अशोक वाटिका में जाकर सीता से मिला, हमारी प्यारी लंका को जलाकर खाक कर डाला, बड़े-बड़े वीरों के छक्के छुड़ा दिए—और फिर यह सब करके यहां से बचकर भाग निकला। अब पता चला है कि सागर पार सुग्रीव की सेना डेरा डाले पड़ी है—लंका पर हमला करने का हौसला है। उस बंदर को कैंने समझा था अदना, पर वह तो लंका पर चढ़ाई करने की सीमा पर आ पहुंचा। अब इन बंदरों से कौन पार पाए! मैंने दानवों, गंधवोह्न, देवताओं, मनुष्यों आदि को अपने शौर्य से पराभूत किया है, पर इन वानरों से कैसे टक्का ली जाए, यह मुझे समझ में नहीं आता। एक ही बंदर ने जब लंका की यह दुर्दशा कर डाली, तो इतने बंदरों का मुकाबला किस विधि से किया जाए। प्रशिक्षित सेना से तो लोहा लिया जा सकता है, किंतु कुटिल युद्ध में हमें बड़ी असुविधा होगी। मैंने आप लोगों को इसी विषय पर विचार करने को बुलाया है। अब आप लोग बताएं कि

राम से लंका में कैसे मुकाबला किया जाए? सीता को मैं हरगिज मुक्त नहीं कर सकता।'

राक्षस मंत्रियों व प्रमुख सैन्य अधिकारियों ने अधिक देर तक इस गंभीर मसले पर सोच-विचार नहीं किया। वे झट से बोले— 'राजन्! आप तो व्यर्थ ही इतनी चिंता करते हैं। राम की वानर सेना से क्या डरना! आपके रहते कोई भी यहां पर जीवित नहीं बच सकता। आपके शौर्य से कौन अपरिचित है? कौन नहीं जानता कि तीनों लोकों के देतवओं, नागों, दानवों आदि को आपने लोहे के चने चबवा दिए हैं—कुबेर का पुष्पक विमान भी आपने छीन लिया। इंद्र तक आपसे हार मान बैठे हैं। हनुमान की आपने खूब कही, दरअसल, यह उसकी वीरता का कमाल नहीं था, वह तो बस हमारी असावधानीवश ऐसी हरकत करके चला गया। ये वानर हमारी सेना के आगे एक पल भी टिक नहीं सकते। आप निश्चिंत रहिए, हमारे सैनिक राम को सबक सिखाने में पूरी तरह समर्थ हैं।'

'मुझे खुशी है कि आप लोग वानर सेना और राम को कुचलने में पूरी तरह समर्थ हैं। मैं राम को यथाशीघ्र यमलोक पहुंचाकर सीता को पटरानी बनाना चाहता हूं। यों मैं चाहूं तो किसी भी दिन सीता को जबरदस्ती अपनी अंकशायिनी बना सकता हूं, किंतु ऐसा करने से मेरा ही अहित होगा।' रावण बोला।

'अहित?' रावण के दरबारी विस्मय से बोले— 'कैसा अहित, राजन्?'

'सुनो, बहुत पुरानी बात है, एक दिन मैंने पुजिंकस्थली नामक अप्सरा को जबरदस्ती अपनी अंकशायिनी बनाया था। उस समय वह अप्सरा ब्रह्मलोक जा रही थी, मैंने जो उसे देखा तो मेरा दिल उस पर आ गया। जबरदस्ती अंकशायिनी बना तो लिया, किंतु इसका परिणाम यह हुआ कि उसने ब्रह्मा के पास जाकर मेरी शिकायत कर दी। बस, ब्रह्मा ने गुस्से से यह शाप दे डाला कि अगर मैं भविष्य में किसी को जबरदस्ती अंकशायिनी बनाऊंगा, तो मेरा सिर सौ टुकड़ों में विभक्त हो जाएगा। इसीलिए मैं अब तक सीता को प्राप्त नहीं कर पाया हूं। आप लोग जल्दी से वानर सेना से टक्कर लेने की तैयारियां कीजिए, मैं राम को खत्म करके सीता से विवाह करूंगा।'

'ऐसा ही होगा, राजन्।' दरबारियों ने उच्च स्वर में कहा।

वहीं बैठा था विभीषण। वह चुपचाप रावण व दरबारियों का प्रलाप सुन रहा था। रहा न गया तो हाथ जोड़कर रावण से बोला— '

'हे लंकेश! मैं तो कहूंगा, जो कुछ करें, सोच-समझकर करें। एक ही वानर ने लंका की जो दुर्गति बना दी, उससे सबक हासिल करें और सीता को वापस भेज दें। वरना राम की वानर सेना लंका को तहस-नहस कर देगी।'

विभीषण की राय पर किसी ने कार न धरा। दरबारी तो मुंह बिचकाकर

मुस्कराए, जबकि रावण ने सैन्य अधिकारियों से कहा— 'जाइए, युद्ध की तैयारियां कीजिए। युद्ध में राम मेरे बाणों से जीवित नहीं बच सकेगा।'

इतना कहकर वह उठा और अंत:पुर की ओर रवाना हो गया—सुरापान करने व रंगरेलियां मनाने।

❑❑

दूसरे दिन पुनः युद्ध के बारे में विचार-विमर्श करने को दरबार जुड़ा।

रावण एक स्वर्णनिर्मित रथ पर सवार लंका के राजपथों से गुजरता हुआ दरबार में पहुंचा।

सारा दरबार युद्ध के उन्माद से उत्तेजित था।

विभीषण ने एक बार फिर अपने भाई को समझाना चाहा— 'आप एक सीता के लिए व्यर्थ ही सारी लंका को युद्ध की ज्वाला में धकेल रहे हैं। मेरी मानिए, सीता को पाने का विचार त्याग दीजिए—उनकी चाल आपके लिए मौत का फरमान है। राम के तीखे बाण मौत बनकर राक्षसों को समाप्त कर डालेंगे।'

'यह आप क्या कह रहे हैं, विभीषण।' मंत्री प्रहस्त ने कहा— 'भला युद्ध में हमें कौन पराजित कर सकेगा—देवता, दानव, गंधर्व, मानव सभी तो हमसे युद्ध में परास्त हो चुके हैं, फिर राम से कैसा डर?'

'राम जैसे नीतिवान से डरना उचित ही है।' विभीषण बोला— 'राम से जीतना सहज नहीं, राम के शौर्य को कौन नहीं जानता! हे लंकेश! इन दरबारियों की बात मत सुनो, ये तु हें अनुचित राय दे रहे हैं। लंका की सुरक्षा के लिए सीता राम को सौंप दो।'

मेघनाद अपने आसन पर कसमसाया। वह भी अपने पिता रावण की तरह ही दंभी था। उसने उपेक्षा से कहा— 'आप जैसा कायर हमारे कुल में कोई पैदा नहीं हुआ। अपने भीरु विचार अपने पास ही रहिखए, हम राम से अवश्य टक्कर लेंगे।'

'मेघनाद! तुम अभी बच्चे हो, समझ में कच्चे हो, तुम मेरे मुंह मत लगो।' विभीषण ने कहा— 'दूरदर्शिता इसी में है कि अनमोल उपहारों के साथ सीता राम के सुपुर्द कर दो—राम हमें क्षमा कर देंगे।'

रावण का गुस्सा सातवें आसमान पर जा चढ़ा। वह क्रुद्ध स्वर में बोला— 'धिक्कार है तुमको। पुलस्त्य वंश मे ऐसा निर्वीर्य राक्षस पैदा हुआ। आश्चर्य, मेरे सामने ही शत्रु की बड़ाई करते तुमको शर्म नहीं आई। सच ही कहा गया है कि सांप के साथ रह लो, शत्रु पर विश्वास कर लो, किंतु शत्रु के हितैशी से सावधान रहो—इनका मारा पानी भी नहीं मांगता। तुम नि:संदेह हमारा अहित चाहते हो और ऊपर से सहानुभूति दर्शाते हो। तुम मन-ही-मन मुझसे जलते हो, क्योंकि मेरे

बल व ऐश्वर्य का कोई मुकाबला नहीं। अगर तुम मेरे भाई न होते, तो मैं इन बातों के बदले तु हारी जीभ कटवा देता। यह सरासर तु हारा राष्ट्रद्रोह है। ऐसे देशद्रोहियों का मेरे राज्य में कोई स्थान नहीं। निकल जाओ यहां से और फिर कभी अपना चेहरा मत दिखाना।'

अपमान से विभीषण का चेहरा रक्तवर्ण हो उठा। वह तत्काल अपने आसन से उठा, साथ में उसके समर्थक चार मंत्री भी उठ खड़े हुए। उसने रावण से कहा— 'रावण! आप लंका नरेश हैं और मेरे बड़े भाई हैं, सो मैं आपसे क्या कहूं, कटुवचन कहकर मैं अपना धर्म नहीं बिगाड़ना चाहता। आपने राज्य से निकल जाने का आदेश दिया है, आपका आदेश सिर–माथे पर। मैं जा रहा हूं, अब कभी लौटकर नहीं आऊंगा। सच कहा गया है, अंतिम समय में बुद्धि भ्रष्ट हो जाती है, इसलिए आपको पता नहीं कि क्या उचित है, क्या अनुचित। भगवान आपकी रक्षा करें व सद्‌बुद्धि दें।'

यह कह विभीषण अपने चार मंत्रियों सहित दरबार से बाहर निकल गया। वह जानता था कि रावण अधर्म पर है, अत: वह सागर पार करके सीधे वहां पहुंचा, जहां राम अपनी सेना सहित डेरा डाले हुए थे।

तीन

विभीषण सुग्रीव से मिला और बोला— 'मेरा नाम विभीषण है—लंका नरेश रावण का छोटा भाई। मैं राम का शुभचिंतक हूं और सीता की व्यथा से पीड़ित हूं। मैं जानता हूं, रावण ने सीता को हरकर पाप किया है और जब मैंने उसे अधर्म के रास्ते से विरत होने को कहा, तो उसने अपमानित करके मुझे राज्य से निष्कासित कर दिया। मैं सबको त्यागकर राम के पास आया हूं, कृपया उनसे मुझे मिला दीजिए।'

सुग्रीव ने ऊपर से नीचे तक विभीषण को देखा—क्या ठिकाना, यह कोई रावण की चाल न हो, सो वह विभीषण को वहीं छोड़कर राम से जाकर बोला— 'हे राम! रावण का छोटा भाई विभीषण आपसे मिलने आया है, आपका क्या आदेश है?'

'तुम ही इस युद्ध के नियामक हो, जैसा तुम चाहो, वैसा करो।' राम ने जवाब दिया।

'प्रभु, मैं तो यही जानता हूं कि राक्षसों का कोई भरोसा नहीं, ये सभी धूर्त्त होते हैं। यह सही है कि वह रावण का भाई है, पर क्या भरोसा वह हमारा अहित करने आया हो। दुश्मन पर सहज ही विश्वास कर लेना हानिकारक है।'

अन्य वानर वीरों ने भी सुग्रीव से अपनी सहमति जाहिर की, पर हनुमान ने

कहा— 'विभीषण दुश्मन है या मित्र, इसका पता तो उसकी चाल-ढाल और बोलचाल से सहज ही लगाया जा सकता है। यों दूसरों के मनोभावों को समझना मुश्किल होता है, पर मुझे तो विभीषण की वाणी सुनकर उस पर संदेह करने को मन नहीं करता। विभीषण के चेहरे पर जो ओज है, जो निडरता व विश्वास है, वह किसी कपटी के चेहरे पर नहीं हो सकता। मुझे नहीं लगता कि यह हमारा अहित करने के विचार से यहां आया है। निश्चय ही रावण को सन्मार्ग पर चलने को कहने के अपराध में रावण ने इसे लंका से निकालकर बाहर किया है। अब वह आपकी शरण में है। आपने बालि को मारकर सुग्रीव को राज-पाट दिलवाया, शायद विभीषण भी रावण का नाश करवाकर लंका में सुराज्य कायम करना चाहता है।'

राम को हनुमान की बात में सच्चाई नजर आई। सो बोले— 'ठीक है, विभीषण को मेरे पास भेज दिया जाए। शरणागत को शरण देना ही न्याय संगत है।'

सुग्रीव ने उसी समय विभीषण को राम से मिला दिया।

विभीषण ने राम का अभिवादन किया, फिर विनीत स्वर में बोला— 'हे दशरथ नंदन! मैं बड़े विश्वास से अपने स्वजनों को त्यागकर आपके पास आया हूं। अब आप ही मेरी सहायता कर सकते हैं।'

'बोलो विभीषण।' राम बोले— 'तुम हमसे क्या चाहते हो?'

'अधर्मियों का विनाश, प्रभु।' विभीषण बोला— 'रावण ब्रह्मा से अमरता का वर पाकर दंभी हो गया है—तीनों लोकों में कोई ऐसा नहीं, जो उसका यह दंभ भंग कर सके। रावण की शक्ति असीम है। रावण का भाई कुंभकर्ण, पुत्र मेघनाद व अकंपन, सेनापति व मंत्री प्रहस्त आदि ी अत्यंत बलशाली राक्षस हैं।'

'मुझे रावण की शक्ति का पूरा ज्ञान है, विभीषण।' राम बोले— 'लेकिन उसने सीता का अपहरण करके जो पाप किया है, उसका बदला अवश्य लूंगा। मैं प्रतिज्ञा करता हूं कि मेरे बाण से वह बच नहीं सकेगा—भले ही पाताल में जा छिपे या ब्रह्मा की शरण ले।'

'मैं जानता हूं कि आप इसमें समर्थ हैं।' विभीषण बोला— 'इस कार्य में जो कुछ हो सकेगा, मैं आपकी सहायता अवश्य करूंगा, भले ही मेरी जान ही क्यों न चली जाए।'

राम ने आगे बढ़कर प्रसन्नता से विभीषण को आलिंगन में ले लिया। वे लक्ष्मण से बोले— 'सुनो लक्ष्मण, वानर सेना में घोषित कर दो कि लंका के आगामी नरेश विभीषण हुए। अब जाओ, सागर जल लाओ ताकि विभीषण का अभिषेक किया जाए।'

लक्ष्मण उसी समय शिविर से बाहर निकल गए।

चार

कूच करने को वानर सेना तैयार थी। बस, बाधा थी तो विशाल सागर का असीम विस्तार।

सुग्रीव के दल में दो अभियंता थे—नल और नील। सुग्रीव ने उन दोनों को बुलाकर कहा— 'तुम दोनों ने शिल्प-कला में बड़े-बड़े काम किए हैं—तु हारी याति विश्वकर्मा से कम नहीं। सो जल्दी से सागर पर पुल का निर्माण करो, ताकि सेना उस पार जा सके।'

नल और नील ने उसी समय समस्त वानरों को एकत्र किया और राम की जय-जयकार करते हुए वनों की ओर चले गए। उन्होंने आनन-फानन में सैकड़ों बड़े-बड़े पेट काट डाले और उन्हें घसीटकर सागर तट पर जमा कर दिया—पुल बनाने के लिए बड़ी-बड़ी पर्वत शिलाएं भी इधर-उधर से लाकर जमा की गइह्। देखते-ही-देखते सागर तट पर वृक्षों व पर्वत-शिलाओं का ऊंचा ढेर बन गया। वानरों ने शिला खंड उठा-उठाकर सागर में फेंकने शुरू कर दिए।

शिला-खंडों के प्रहार से सागर का पानी ऊपर तक उछलने लगा। सागर-देव का गुस्से के मारे बुरा हाल हो गया। उसने तमाम वृक्ष व शिला-खंड उदरस्थ कर लिए, जिन्हें वानरों ने सागर में फेंका था। वानरों ने कई बार वर से वृक्ष व पहाड़ों से शिला-खंड लाकर सागर के हवाले किए, पर वे सागर में जाकर न जाने कहां विलीन हो जाते—पुल बनता भी तो कैसे?

इस पर राम ने सागर को अपना हठ छोड़ने को कहा, सागर ने चुपचाप स्वीकार कर लिया। अब राम का नाम लेकर नल व नील ने वानर सेना के साथ सागर पर पुल बांधने का काम नए सिरे से शुरू कर दिया। आश्चर्य कि अब खिला-खंड पानी पर टिक जाते। वानरों के उत्साह का ठिकाना न रहा। कुछ ही दिनों में सौ योजन लंबा पुल बनकर तैयार हा गया। देवताओं और गंधवोह् ने यह दृश्य देखा, तो उनमें हर्ष की लहर दौड़ गई। उन्होंने ऊपर से फूल बरसाए। बीच समुद्र में सपाट लंबा-सा विशाल पुल ऐसा प्रतीत हो रहा था, मानो किसी सुघढ़ सुहागिन की मांग।

पुल तैयार हो गया—सुग्रीव की सेना राम के नेतृत्व में लंका की ओर अभिमुख हुई। सेना की उछल-कूद और महा-कोलाहल से सागर का गरजता स्वर भी मंद पड़ गया।

सागर के उस पार पहुंचकर राम ने अपना शिविर डाल दिया।

पांच

रावण को गुप्तचरों ने सूचना दी कि राम सेना सहित लंका की सीमा तक पहुंच गए हैं, तो वह सहम गया। उसे विश्वास न था कि पुल बनाकर कोई इतनी सरलता से सागर को पार कर लेगा।

रावण ने सारण व शुक को दरबार में बुलाया, जो उसके चतुर मंत्री थे। रावण ने उन दोनों से कहा— 'सुनो, राम ने यह करिश्मा कर दिखाया है, जो अविश्वसनीय है। नि:संदेह लंका के ऊपर संकट के बादल घिर आए हैं। अब तुम वानर सेना में वानरों के रूप में घुस जाओ और पता लगाओ कि उनकी सैन्य शक्ति कितनी है?'

शुक व सारण वानरों का वेष बनाकर तत्काल वानर सेना में जा पहुंचे।

किंतु विभीषण की तेज निगाहों से वे बच न सके। विभीषण ने उन्हें पकड़कर राम के सामने पेश कर दिया। बोले— 'इन्हें मैंने गुप्तचरी करते हुए पकड़ा है। ये रावण पक्ष के लोग हैं।'

शुक व सारण अब पछताए। उन्हें अपनी मौत अब साक्षात नजर आने लगी। डर के मारे कांपते हुए बोले— 'प्रभु, विभीषण सच कहते हैं, हम रावण के गुप्तचर हैं और आपकी सैन्य शक्ति का पता लगाने आए थे।'

राम मुस्कराए। उन्हें भला लगा कि गुप्तचरों ने उनसे कुछ छिपाया नहीं। सो बोले— 'तो देख ली हमारी सैन्य शक्ति? अगर अभी न देखी हो, तो जी भरकर देख लो। हमसे डरने की आवश्यकता नहीं, हम निहत्थे दूतों पर वार नहीं करते। लंका पहुंचो तो रावण से कह देना कि अरे मूर्ख, कल नया दिन होते ही राम राक्षसों को बाणों से धराशायी करते हुए लंका को धूल में मिला देंगे और तुम देखते रह जाओगे। अब जाओ।'

शुक और सारण अपनी जान की खैर मनाते हुए राम की जय-जयकार करते हुए लंका की ओर भागे। उन्होंने रावण से आकर वही कहा, जो राम ने उनसे कहा था।

रावण आग-बबूला हो गया। पांव पटकता हुआ बोला— 'मुझे राम धमकी देता है! ठीक है, कल जब मेरे धनुष से सांप-से लहराते हुए बाण उसकी सेना को खत्म कर देंगे, तब उसे मेरी शक्ति का ज्ञान होगा। कुछ भी हो जाए, मैं सीता को नहीं छोड़ूंगा।'

इतना कहकर कुछ अन्य गुप्तचरों को राम की छावनी की ओर भेजा। वे गुप्तचर कुछ अधिक ही चतुर निकले। उन्होंने राम की सैन्य शक्ति की भली-भांति जानकारी हासिल की और रावण से आकर बताया कि दुश्मनों को दुर्बल समझना भारी भूल है। राम की सेना में एक-से-एक बलवान वानर व रीछ हैं। हनुमान, जामवंत, अंगद, सुमुख, दुमुख, नल-नील व सुग्रीव की शक्ति अवर्णनीय

है। राम तो साक्षात मृत्यु के दूत हैं। लक्ष्मण भी कम नहीं। सुबेल पर्वत पर उनकी छावनी में युद्ध की तैयारियां पूरे जोरों पर हैं।

रावण चिंता में पड़ गया। उसकी सबसे बड़ी चिंता तो यह थी कि जब सीता को पता चलेगा कि राम पूरी तैयारी के साथ उसे छुड़ाने लंका आ पहुंचे हैं, तो वह और भी अकड़ेगी, फिर तो उसे प्राप्त करना अत्यंत कठिन हो जाएगा। तब क्या करना चाहिए?

बहुत सोच-विचार के पश्चात उसने विद्युज्जिह्व को बुलाया, जो बहुत ही कुशल व मायावी कारीगर था। उसे आदेश दिया कि अविलंब राव व लक्ष्मण का मायावी कटा हुआ सिर बना लाओ।

थोड़ी ही देर में उस चतुर शिल्पी ने राम व लक्ष्मण का रक्त-रंजित मायावी छिन्न-मस्तक बनाकर पेश कर दिया। रावण दोनों मस्तकों को लेकर सीधे सीता के पास पहुंचा।

सीता हर रोज की तरह अशोक वाटिका में चिंतामग्न बैठी थीं।

❑❑

रावण ने छिन्न-मस्तकों को बाण की नोंक पर रखकर सीता की आंखों के सामने लहरा दिया, फिर व्यंग्य से बोला— 'अब किसके भरोसे तुम मुझे ठुकराओगी? जिन पर तु हें भरोसा था, वह तो युद्ध-भूमि में आज मारे गए।'

'नहीं-नहीं, यह सच नहीं हो सकता।' सीता सिहर उठीं। उनकी आंखों से अश्रु की बूंदें झर-झर छलकने लगीं।

रावण अट्टहास करता हुआ बोला— 'मैं झूठ नहीं बोलता। सुन, राम मुझे मारने सुग्रीव की सेना के साथ लंका आ पहुंचा था। सुबेल पर्वत पर उसने सेना सहित डेरा डाल रखा था, बेचारी वानर सेना इतना लंबा मार्ग तय कर आई थी कि थकावट के मारे निढाल पड़ी थी। रात हो चुकी थी, तब मेरी सेना ने दुर्धर्ष सेनापति प्रहस्त के नेतृत्व में राम पर धावा बोल दिया। भला मेरी सेना से कौन मुकाबला करता! रात के अंधेरे में ही प्रहस्त ने सारी सेना को मार-काट डाला और फिर पहुंचा राम व लक्ष्मण के शिविर में। वे दोनों सो रहे थे। बस, सोते में ही प्रहस्त ने उनके सिरों को काट डाला। विभीषण भी मारा गया। अब व्यर्थ ही तू मुझसे दूर रहती है। राम का ध्यान छोड़ और मेरी पटरानी बनकर सुख भोग।'

राम व लक्ष्मण के मायावी छिन्न-भिन्न मस्तक इस कदर वास्तविक प्रतीत हो रहे थे कि सीता को संदेह ही गुंजाइश न रही। रावण ने जो युद्ध का विवरण सुनाया था, उससे तो उनका रहा-सहा संदेह भी जाता रहा। अब तो वे फूट-फूटकर रो पड़ीं। उन्होंने कटा हुआ रक्तरंजित सिर उठा लिया और हृदयविदारक स्वर में अपने दुर्भाग्य को कोसने लगीं। पति के बिना साध्वी स्त्री का जीवन भी

कैसा जीवन! अपने वैधव्य से वे तड़प उठीं। उन्हें सबसे बड़ा दु:ख तो यही था कि पति की मृत्यु उन्हीं के कारण हुई थी। न राम उन्हें छुड़ाने आते और न यों मारे जाते। उन्होंने रावण से सिसकते हुए कहा— 'अब मैं ाी जीकर क्या करूंगी! मुझे भी मार डालो। मैं भी पति के पास जाना चाहता हूं।'

रावण सीता की तड़प देखकर मन-ही-मन खुश हो रहा था। उसे लगा, अब काम बन जाएगा।

तभी एक राक्षस ने आकर सूचना दी— 'राजन्! मंत्रिवर प्रहस्त आपके दर्शनार्थ पधारे हैं।'

रावण सीता से बोला— 'इससमय तो मैं जा रहा हूं, दुबारा फिर आऊंगा, तब तक मेरे प्रस्ताव पर विचार कर लेना।'

इतना कहकर रावण वहां से चला गया।

सीता शोकाधिक्य से मूर्छित हो गइह्र।

तभी चमत्कार हुआ। उसके जाते ही सीता के निकट राम व लक्ष्मण के रक्त-रंजित छिन्न मस्तक भी एकाएक विलुप्त हो गए।

विभीषण की पत्नी से सीता का दु:ख न देखा गया। अशोक वाटिका से रावण के जाते ही वह सीता के पास पहुंची। उसने सीता को सचेत किया एवं सहानुभूतिपूर्वक बोली— 'हे जनक-दुलारी! होश में आओ। रावण की बातों से दुखी होने की जरूरत नहीं। वह तो एक कपटी व धूर्त है। उसने राम व लक्ष्मण के जो छिन्न-मस्तक दिखलाए, वे मायावी थे, तभी तो रावण के जाते ही गायब हो गए। युद्ध का विवरण भी अवास्तविक था। राम और लक्ष्मण जीवित हैं। सच तो यह है कि राम के आतंक से रावण भयभीत है। वह दिन दूर नहीं, जब रावण राम के हाथों मारा जाएगा और तुम इस नारकीय यंत्रणा से मुक्त हो जाओगी। क्या तुम सुन नहीं रही हो, रावण की सेना युद्ध की तैयारी कर रही है, घुड़सवारों, रथों व हाथियों के स्वर गूंज रहे हैं। अगर राम मारे गए होते, तो भला राक्षस सेना युद्ध की तैयारी क्यों करती? असलियत यह है कि युद्ध अभी शुरू होने वाला है और तुम शीघ्र ही राम को अपने सामने पाओगी।'

विभीषण की पत्नी की बातें सुनकर सीता की सारी चिंता जाती रही।

छह

अगले दिन राम ने सुबेल पर्वत के शिखर पर चढ़कर वानर वीरों के साथ लंका का विहंगम निरीक्षण किया। फिर अंगद से बोले— 'बालिक के वुर पुत्र अंगद! तुम वाक्पुट चतुर व शक्तिशाली हो, सो तु हीं हमारे दूत बनकर रावण के पास जाओ और उससे कहो कि सीता को धोखे से हरने का बदला लेने मैं आ

पहुंचा हूं। अगर वह जल्दी ही सीता मुझे नहीं सौंप देगा, तो मैं सारी लंका को तबाह कर डालूंगा।'

❑❑

अंगद उसी समय रावण के दरबार में पहुंचा।

रावण अपने दरबारियों के साथ दरबार में उपस्थित था।

अंगद ने रावण के सामने खड़े होकर निडरता से कहा— 'हे लंकेश! मैं हूं अंगद—बालि का पुत्र। संसार का कल्याण करने वाले राम का दूत। तु हारे ाले के लिए उन्होंने कहलवा भेजा है कि सीता को आज ही मुक्त कर दो, वरना कल सूरज उगते ही तुम व तु हारा खानदान यमलोक भेज दिए जाओगे। धोखा देकर तुम सीता को उठा लाए हो, अब जरा अपनी बहादुरी भी दिखाओ तो जानें!'

रावण भला क्यों सहने लगा ऐसे कटु वचन। उसने सैनिकों को आदेश दिया— 'इस नराधम वानर की यह हि मत कि मेरे सामने बकबक करे! गिर तार कर लो इसको—इसी समय मार डालो। यही इसकी सजा है।'

राक्षस सैनिक तत्काल हरकत में आ गए। उन्होंने आगे बढ़कर अंगद को पकड़ना चाहा, किंतु किसकी हि मत कि कोई उसका एक पैर भी हिला सके। सैनिकों ने उस पर कई घातक प्रहार किए, इस पर अंगद ने राक्षस-सैनिकों को एक ही प्रहार से दूर कर दिया और स्वयं एक ऊंचे स्थान पर चढ़ बैठा, जो रावण के सिंहासन से ऊंचाई पर स्थित था।

रावण अपने सिंहासन पर कसमसाया और बोला— 'पकड़ो-पकड़ो, भागने न पाए।'

लेकिन सारे दरबार में 'पकड़ो-पकड़ो' की पुकार के बावजूद अंगद किसी के हाथ न आया। अंगद ने राक्षस प्रतिहारों की अच्छी गत बनाई और जैसे आया था, वैसे ही दरबार से निकल राम के पास जा पहुंचा।

❑❑

दरबार का वातावरण अंगद के कांड के बाद अभी संभला भी नहीं था कि गुप्तचरों ने आकर सूचना दी— 'राजन्! सारी लंका वानर सेना से घिर चुकी है। राम हमला करना ही चाहते हैं। आपका क्या आदेश है?'

रावण अंदर-ही-अंदर कांप उठा, किंतु चेहरे पर घबराहट जाहिर नहीं होने दी। वह अपने विश्वस्त मंत्रियों व सैन्य अधिकारियों के साथ ऊंची अटारी पर गया और वहां से लंका के चारों ओर नजर दौड़ाई। सचमुच विशाल वानर सेना की कतारों ने लंका को चारों ओर से घेर रखा था—आकाश में धूल का गुब्बार फैल गया था।

राम से टक्कर लेने के अलावा अब कोई चारा नहीं रह गया था।

सात

राम ने अपनी सुसज्जित सेना को देखा, जो अगले आदेश की प्रतीक्षा में खड़ी थी—सन्नद्ध, उत्साहित व कटिबद्ध।

राम की निगाहों के सामने थी शोकाकुल सीता की आकृति। रावण के कुकृत्य की याद आते ही राम की आंखें रक्तवर्ण हो उठीं। वानरों से बोले—'बहादुरो! समय आ गया है कि रावण को किए की सजा दी जाए। जाओ, लंका को तहस-नहस कर डालो।'

फिर क्या था—वानर वीरों के हाथों में जो भी हथियार आया, उसे लेकर लंका पर चढ़ाई कर दी—कइयों के हाथों में पेड़ों के मोटे तने थे, अनेक ने पहाड़ों के शिला-खंडों को उठा रखा था। देखते-ही-देखते वानरों ने लंका को घेरती हुई खाई को मिट्‌टी और पत्थरों से भरकर पाट दिया और पलक झपकते ही लंका के मु य द्वार को तोड़ डाला, फिर अंदर प्रवेश कर नगर के भव्य भवनों व इमारतों को तोड़ने-फोड़ने लगे।

रावण महल की ऊंची अटारी पर खड़ा यह सब देख रहा था। लंका की यह दुर्गति देखते ही रावण क्रोध से कांप उठा। उसने उसी समय अपनी सेना को शत्रु सेना से टक्कर लेने के लिए भेज दिया।

राक्षस सेना में कोलाहल मच गया। हथियारों की झंकार व हाथियों-घोड़ों के शोर से वातावरण गूंज उठा। लंका को कंपाता हुआ सिंहनाद हुआ और राक्षस सेना टक्कर लेने के लिए आगे बढ़ गई। विशाल सेना का यह अभियान देखकर लगा, जैसे असीम सागर की उत्ताल तरंगें एक साथ गरजती हुई आगे बढ़ने लगी हों।

थोड़ी देर में वानर सेना और राक्षस सेना एक-दूसरे से टकरा गइ्ह्व।

दोनों ओर के सेनानी अपनी जान की परवाह किए बिना एक-दूसरे पर टूट पड़े। अजीब शोर मच गया। मरने-मारने और कराहने के साथ हथियारों की झंकार व रथों-घोड़ों के मिले-जुले स्वर से दसों दिशाएं झंकृत हो उठीं।

पल-भर में सारी धरती लहूलुहान हो उठी। वानर व राक्षस वीर गति को प्राप्त होने लगे।

सागर का पानी खून से लाल हो गया।

आठ

लड़ते-लड़ते शाम हो गई।

युद्ध का अंत नहीं था—राक्षस व वानर दुगुने जोश से एक-दूसरे से लड़ रहे थे। लगा, मानो लंका की धरती पर प्रलय ही उतर आया हो।

राम के बाण राक्षसों को चुन-चुनकर धराशायी करते जा रहे थे। रावण पुत्र इंद्रजीत ने अपनी सेना की यह दुर्गति देखी तो धनुष से नागपाश छोड़ा, जिसमें राव व लक्ष्मण दोनों जकड़े गए। दोनों अचेत होकर जमीर पर आ गिरे।

मेघनाद के चेहरे पर हर्ष की चमक छा गई। उसके अट्टहास से वातावरण गूंज उठा। जिन राम व लक्ष्मण की वीरता के इतने चर्चे थे, वे जमीन पर अचेत पड़े थे। शूर्पणखा के अपमान का बदला पूरा हुआ, खर-दूषण की मौत का प्रतिकार ले लिया गया—अब क्या था! वह गरजकर बोला— 'नागपाश से इन्हें कौन मुक्त कर सकता है! चले थे ये वानस, राम के बल पर हमसे टक्कर लेने। अब तो युद्ध का फैसला हो गया, वापस चलो यहां से।'

यह कहकर मेघनाद आदि अपनी सेना के साथ युद्धभूमि से वापस चले गए।

❑❑

राम व लक्ष्मण का अचेत हो जाना सचमुच दुखदायी घटना थी। वानर सेना पर उदासी छा गई। हनुमान, सुग्रीव, अंगद आदि शोकग्रस्त हो गए। अब दोनों भाइयों को होश में कैसे लाया जाए?

ऐसे समय विभीषण पास आया और बोला— 'यह क्या! तुम लोग इतने उदास क्यों हो? राम और लक्ष्मण को कुछ नहीं होगा। युद्ध से विरत मत होओ, जाओ, अपने-अपने मोर्चे संभालो।'

राम-लक्ष्मण अचेतावस्था में धीरे-धीरे सांसें ले रहे थे।

समीप ही सुग्रीव, हनुमान, अंगद व विभीषण आदि उनकी सेवा-सुश्रुषा में लगे थे।

तभी तेज हवा चलने लगी और समुद्र गरजने लगा। आकाश पर काले-काले घनेरे बादल छा गए। वानर सेना व राक्षस सेना भय से कांप उठी।

उसी समय आकाश से उतरा गरुड़—विनता का पुत्र। सारा शरीर ऐसा लाल, जैसे आग धधक रही हो। उसने राम व लक्ष्मण का स्पर्श किया—पलक झपकते ही वे दोनों होश में आ गए। उनके चेहरे पर पहले जैसी कांति छा गई। राम ने गरुड़ का आभार व्यक्त किया।

गरुड़ चला गया, तो वानर सेना का उत्साह वापस लौट आया।

नौ

'यह क्या?' रावण आश्चर्य से बोला— 'वानरों का यह जयघोष कैसा? यह नया उत्साह क्यों? मैं तो निश्चिंत था कि इंद्रजीत ने राम-लक्ष्मण को मार डाला, पर लगता है, वे अभी जिंदा हैं।'

तभी एक राक्षस ने आकर सूचना दी।

'आपका संदेह सही है, राजन्। राम-लक्ष्मण जिंदा हैं और वानर दुगुने उत्साह से युद्ध की तैयारियों में लग गए हैं।'

रावण मन-ही-मन कांप उठा, पर मन की भावनाओं को दबाकर उसने धूम्राक्ष को सेना के साथ जाने का हुक्म दिया, ताकि वह राम-लक्ष्मण व उनकी सेना को नि:शेष कर दे। धूम्राक्ष राक्षस दुर्धष योद्धा था।

एक बार फिर दोनों सेनाएं आपस में टकराइह। वानर सेना को राम का संबल था, तो राक्षस सेना को धूम्राक्ष का। एक बार फिर युद्धभूमि में हाहाकार मच गया—दोनों ओर के लोग मरने-मारने पर उतारू हो गए—खून की नदियां बहने लगीं। शत्रुओं की झंकार और कराहने के स्वर से वातावरण गूंज उठा। हनुमान ने धूम्राक्ष को जा घेरा, तो नील ने सेनापति प्रहस्त को। वानरों द्वारा भारी शिलाखंडों के प्रहार से राक्षसों में खलबली मच गई। प्रहस्त ने नील पर मुगदर से प्रहार किया, तो क्रोध से भरे नील ने शिलाखंडों के प्रहार से उसे मार-मारकर खत्म कर दिया।

प्रहस्त के मरते ही राक्षस सेना में खलबली मच गई और वानर सेना में जयनाद गूंज उठा।

❑❑

युद्धभूमि से जो खबरें आ रही थीं, उत्साहवर्द्धक नहीं थीं। रावण चिंतित था। प्रहस्त की मौत की सूचना से तो उसका रहा-सहा धैर्य भी जाता रहा।

ऐसे मौके पर उसे याद आई कुंभकर्ण की, जो महाबलशाली था। अब उसे कुंभकर्ण पर ही भरोसा था। उसने अपने आदमियों को आदेश दिया कि कुंभकर्ण को नींद से जगाया जाए, ताकि वह युद्धभूमि में मोर्चा संभालने जाए।

❑❑

शापग्रस्त कुंभकर्ण छह मास सोता था तो छह मास जागता था। जागते ही वह भोजन पर टूट पड़ता था—और भोजन भी इतना, जिसे सैकड़ों राक्षस भी मिलकर न खा सकें... खाने को ढेर-सा मांस और पीने को सागर जितनी मदिरा। आकार में विशाल पर्वत जैसा शरीर था।

राक्षसों ने कुंभकर्ण को जगाने के लिए ढोल-नगाड़े बजाए, खूब शोर मचाया, काफी हिलाया-डुलाया, तब जाकर कुंभकर्ण की आंख खुली। उसे आश्चर्य हुआ कि असमय जगाने का क्या कारण है। वह ज हाई लेकर उठ बैठा और भोजन पर टूट पड़ा। फिर पूछा— 'मुझें क्यों जगाया ? लंका में कुशल तो है ? राजा ठीक तो है ?'

इस पर राक्षसों ने उसे युद्ध की सूचना दी और यह भी बताया कि किस प्रकार वानर सेना ने लंका को घेर रखा है और युद्ध में प्रहस्त सहित अनेक राक्षस

वीर मारे जा चुके हैं। अब तो रावण को आपका ही भरोसा है। जल्दी उठिए और शत्रुओं का नाश कीजिए।

कुंभकर्ण उसी समय तैयार होकर रावण से मिला।

रावण बोला— 'तुम आ गए कुंभकर्ण! सुनो, लंका संकट में है। अदना से वानरों ने सागर पर पुल बांधकर लंका पर आक्रमण कर दिया है। तुम तो सोये हुए थे और इसी बीच लंका नाश के कगार पर आ पहुंची है। हमारे अनेक वीर मारे जा चुके हैं—नगर में कोई जवान नहीं रहा, बूढ़े-बच्चे और विधवाओं से लंका में त्राहि-त्राहि मच गई है। तुमने पहले भी शत्रुओं का वीरता से दमन किया है, देवासुर संग्राम में तु हारे शौर्य का जवाब नहीं था। अब लंका की रक्षा भी तु हीं करो।'

'हद है कि वानर लंका पर आ चढ़े और आपको कोई खबर तक नहीं हुई। यह असावधानी तो अच्छे राजा का चिह्न नहीं। जो सिर्फ घमंड में ही मस्त रहता है, उसकी यही दशा होती है।' कुंभकर्ण बोला— 'खैर, अब घमराने की बात नहीं। मैं युद्धभूमि में जाता हूं और राम-लक्ष्मण को अभी यमलोक पहुंचाता हूं—वानरों को भी कच्चा चबा जाऊंगा।'

दस

हाथों में भयंकर शत्र लेकर अभेद्य लौह कवच धारण कर कुंभकर्ण युद्धभूमि में पहुंचा। राक्षस सेना का उत्साह द्विगुणित हो गया।

ऐसा पर्वताकार राक्षस देखकर वानरों की भय से आंखें चौंधियां गइइ। एकाएक कुंभकर्ण ने कर्णभेदी गर्जना की, बस वानरों की रही-सही हि मत भी जवाब दे गई। कुछ तो युद्धभूमि में ही अचेत हो गए और कुछ ने भागने में ही खैर मनाई। राक्षस सेना कुंभकर्ण के नेतृत्व में आगे बढ़ने लगी।

अंगद ने यह स्थिति देखी, तो उसने भागते हुए वानरों को ललकारा। राम का वास्ता दिया। बोला— 'युद्धभूमि से भागना कायरता है। राम के साथ होते हुए हमारा कोई कुछ नहीं बिगाड़ सकता। भागो मत, मरो या मारो।'

अंगद के आह्वान से अनुकूल प्रभाव पड़ा। वे जान की परवाह किए बिना दुगुने जोश से युद्धभूमि में कूद पड़े। कुंभकर्ण ने वानरों को दुबारा जूझते देखा तो क्रोध में हुंकार भरकर उन पर टूट पड़ा। उसने अगणित वानरों को देखते-ही-देखते मार डाला। कुंभकर्ण पर वानरों का कोई हथियार कारगर साबित नहीं हुआ। द्विविद नाम के वानर ने बड़ा-सा एक शिलाखंड कुंभकर्ण के ऊपर छोड़ दिया। शिलाखंड से कुंभकर्ण को जरा-सी खरोंच भी नहीं आई। हां, राक्षस सेना के अनेक सैनिक अवश्य मारे गए।

दोनों ओर से मार–काट मच गई थी। युद्धभूमि वानरों एवं राक्षसों के शवों से भरती जा रही थी। कुंभकर्ण ने वानरों की ऐसी विनाश लीला प्रारंभ कर दी कि कई बड़े–बड़े वीर जमीन पर आ गिरे... इसका बदला लेने को वानर भी क्रोध से तमतमाकर राक्षसों पर टूट पड़े।

राम ने कुंभकर्ण को वानर सेना पर भारी पड़ते देखा, तो लक्ष्मण को मोर्चा संभालने का आदेश दिया। लक्ष्मण क्रोध से गरजते हुए युद्धभूमि पहुंचे। वानर सेना में उत्साह का कुछ संचार हुआ।

कुंभकर्ण ने लक्ष्मण को देखा तो खिल उठा। हंसता हुआ बोला— 'आओ महारथी! तु हारे पराक्रम के तो मैंने बड़े–बड़े चर्चे सुने हैं, पर तुम मेरे सामने अभी बच्चे हो... मुझसे तु हारा क्या मुकाबला! सो पहले तु हें न मारकर राम की खबर लूंगा।'

कुंभकर्ण की दंभोक्ति लक्ष्मण को जरा भी नहीं भायी। राम क्रोधत हो गए। उन्होंने धनुष उठाया और कुंभकर्ण पर बाण छोड़ दिया।

दोनों ओर से नए सिरे से युद्ध आरंभ हो गया।

कुंभकर्ण पर राम के बाणों का कोई असर नहीं हुआ। हां, गुस्से से उसका शरीर अवश्य सिहर उठा और उनके वानरों को उठा–उठाकर पटकना शुरू कर दिया। राम जानते थे कि अगर कुंभकर्ण को इस विध्वंस से रोका नहीं गया तो सारी वानर सेना कालकवलित हो जाएगी। सो उन्होंने घातक बाणों का प्रहार किया, जिससे कुंभकर्ण का सारा शरीर बाणों से बिंध गया और खून की धाराएं प्रवाहित होने लगीं। किंतु कुंभकर्ण का उत्साह जरा भी कम नहीं हुआ था— उसका संहार यज्ञ यथावत था। अचानक राम के बाण से कुंभकर्ण का विशाल लौह कवच टूटकर नीचे गिर पड़ा। अब तो वानरों के उत्साह का ठिकाना न रहा। एक साथ अनगिनत वानर कुंभकर्ण पर टूट पड़े। कुंभकर्ण ने एक ही झटके से सबको दूर झटक दिया।

राम के सब्र का बांध टूट गया, उन्होंने धनुष की प्रत्यंचा खींचकर एक भव्य टंकार की और बाण चढ़ाकर कुंभकर्ण की ओर दौड़े। कुंभकर्ण भी राम की ओर दौड़ा। बोला— 'आओ–आओ राम!... मुझे तु हारी ही तो प्रतीक्षा थी। तु हारा वध करने को मैं कब से ललक रहा था। आज मैं शूर्पणखा के अपमान और खर–दूषण आदि अनेक राक्षस वीरों की मौत का बदला लूंगा। लो... संभालो, मेरा वार— ।'

लेकिन राम पर कुंभकर्ण के प्रहार का कोई प्रभाव नहीं पड़ा। राम मुस्कराते हुए खड़े रहे। इस पर कुंभकर्ण क्रोध में भर उठा।

इस पर राम ने कुंभकर्ण पर बाण छोड़ दिया, जिसे कुंभकर्ण झेल गया। पर

राम से वह कब तक बच पाता। अंततः अपने घातक अस्त्रों से राम ने उसका वध ही कर डाला। कुंभकर्ण का सिर कटकर दूर जा गिरा और शरीर के भी अनेक टुकड़े हो गए।

कुंभकर्ण का क्षत-विक्षत शरीर जमीन पर यों आ गिरा, मानो विशाल पर्वत चूर-चूर होकर जमीन पर आ पड़ा हो। सारी राक्षस सेना में उसकी मृत्यु से मातम छा गया, जबकि वानर सेना राम की जय-जयकार से गूंज उठी। ऊपर से देवताओं ने राम पर फूल बरसाए।

ग्यारह

कुंभकर्ण पर रावण को बेहद भरोसा था, किंतु उसकी मौत का समाचार जब उसके पास पहुंचा, तो वह एक पल के लिए किंकर्तव्यविमूढ़ रह गया। उसका होश जाता रहा और शोकाधिक्य से अचेत हो गया। सारे महल में, बल्कि लंकापुरी में विषाद छा गया।

रावण होश में आया, तो उसने नए सिरे से युद्ध की तैयारी शुरू कर दी। उसके कुछ और पुत्र जीवित थे—त्रिसिरा, देवांतक, नारातंक, अतिकाय आदि। रावण ने उन्हें मोर्चा संभालने के लिए युद्धभूमि की ओर रवाना कर दिया।

राक्षस सेना वानर सेना से फिर जूझ गई।

वानर सेना राम के सफल नेतृत्व में अब तक विजय ही प्राप्त करती जा रही थी, सो उसका नैतिक बल ऊंचा था। युद्ध में न सिर्फ त्रिसिरा, देवांतक, नारांतक, अतिकाय, महापार्श्व आदि मारे गए, बल्कि ढेर सारे राक्षस सैनिक भी मारे गए। राम व लक्ष्मण के बाणों के आगे रावण का कोई भी सेनापति टिक न सका।

❑❑

रावण के दुःख की सीमा न रही—दुःख से ज्यादा क्रोध था।

गहन विषाद के क्षणों में उसे मेघनाद की याद आई। अब इसी पुत्र पर विजय की सारी आशाएं केंद्रित थीं।

रावण ने मेघनाद से कहा— 'पुत्र! तुम दे ा ही रहे हो, राम ने कैसा कहर बरपा दिया। हमारे एक-से-एक वीर युद्ध में खेत रहे। अब तु हीं पर मुझे भरोसा है, युद्धभूमि जाकर राम-लक्ष्मण सहित उन बंदरों का विनाश करो और लंका को बचाओ। तु हारे पराक्रम से तो इंद्र भी घबराता है, सो इस युद्ध में भी तु हारा विजयी होना निश्चित है।'

मेघनाद सचमुच साहसी था। उसने उसी समय रथ सजाया और युद्धभूमि की ओर दौड़ पड़ा। मेघनाद जानता था कि राम से अब तक जितने भी वीर राक्षस टक्कर लेने गए, मारे गए। वह कुछ ऐसा करना चाहता था, जिससे उनका साहस

विच्छिन्न हो जाए।

राक्षस बुद्धि थी, सो कपट का सहारा लेना जरूरी था। उसने सीता की एक प्रतिमा बनवाई और उसे भी युद्धभूमि में साथ लेता गया। मेघनाद के नेतृत्व में नई राक्षस सेना नए उत्साह के साथ आगे बढ़ चली।

आंधी के समान नई सेना को आते देखकर वानर सेना ने भी मोर्चा संभाल लिया। राक्षस सेना के आगे-आगे तेज रथ पर सवार नए योद्धा को देखकर वानर क्रोध से आगे बढ़े और उस पर धावा बोल दिया।

हनुमान ने मेघनाद को रथ सहित ॒ूमिसात करने के विचार से एक विशाल शिलाखंड उठा लिया, पर जैसे ही उसे रथ पर छोड़ने को हुए, तभी उनकी नजर रथ पर सवार सीता पर गई। सीता के चेहरे पर विषाद छाया हुआ था—वे उदास और मौन थीं।

हनुमान का दिल भर आया। गुस्से से मेघनाद पर हमला बोल दिया। भला मेघनाद से यह सहन क्यों होता। उसने सीता के लंबे केश मुट्ठी में कस लिए और दूसरे हाथ से तलवार तान ली।

हनुमान आक्रोश से कांपते हुए बोले— 'अरे पापी! यह क्या कर रहा है। औरत पर हाथ उठाते शर्म नहीं आती है। हि मत हो, तो हमसे मुकाबला कर। अगर सीता का बाल भी बांका हुआ, तो याद रखना, तेरी मौत निश्चित है।'

हनुमान सीता को छुड़ाने आगे बढ़े। अन्य वानर वीरों ने भी पत्थर फेंके। किंतु राक्षस सेना का अवरोध इतना अभेद्य था कि हनुमान रथ तक न पहुंच सके। मेघनाद ने गरजते हुए कहा— 'सुनो हनुमान, युद्ध में सब वैध है। औरत पर हाथ उठाना भले ही धर्म विरुद्ध हो, पर मुझे तो राम का साहस तोड़ना है, राम का साहस टूटा, तो वानर सेना भी भाग खड़ी होगी। इस युद्ध की जड़ यह सीता ही है, सो मैं इसे मारकर सारा किस्सा ही खत्म करता हूं।'

इतना कहकर मेघनाद ने मायावी सीता की प्रतिमा का सिर तलवार से काट डाला, फिर युद्धोन्माद से गरजता हुआ वानर सेना पर टूट पड़ा। आनन-फानन में विध्वंस लीला समाप्त करके मेघनाद निकुं मला देवी के मंदिर की ओर चला गया।

बारह

सीता-वध से वानर सेना के दु:ख का पारावार न रहा। सभी जानते थे कि राम को यह पता चलेगा तो वे टूट जाएंगे।

हनुमान ने आंखों में अश्रु भरकर सीता-वध की सूचना राम को दी। बोले— 'बेचारी सीता मरते समय 'हे राम! हे राम!' की गुहार मचाती रही और हम

लाचार-से देखते रह गए—सीता को बचा न सके। नराधम मेघनाद ने देखते-ही-देखते सीता का सिर धड़ से तलवार से अलग कर दिया।'

राम से कुछ बोला न गया, जैसे कानों में किसी ने पिघला सीसा उड़ेल दिया हो, शोकाधिक्य से वे मूर्छित हो गए।

लक्ष्मण, विभीषण, सुग्रीव, हनुमान सहित सभी वानरों ने मूर्छित राम को चारों ओर से घेर लिया—सारा वातावरण दु:ख से बोझिल हो गया। सभी की आंखें आंसुओं से नम थीं। राम के लिए सबके मन में अगाध द्धद्धा थी, असीम प्यार भी।

काफी सेवा-सुषुषा के पश्चात राम को होश आया, तो विभीषण ने सांत्वना देते हुए कहा— 'हे दशरथ नंदन! मुझे तो सीता-वध में जरा भी सच्चाई प्रतीत नहीं होती। ाला जो रावण सीता के लिए युद्ध तक के लिए प्रस्तुत हो गया, उसे मेघनाद क्योंकर मारेगा? मुझे तो लगता है, यह मेघनाद की चाल है, हनुमान को अवश्य धोखा हुआ है। हे प्रभु, मेरी मानें, तो मेघनाद को इस किए की सजा इसी समय दें। वह इस समय निकुं मिला देवी के मंदिर में पूजा करने गया है, तत्काल लक्ष्मण को सेना की टुकड़ी के साथ मंदिर की ओर भेज दें। अगर उसने निकुं मिला देवी की पूजा संपन्न कर ली, तो उसे मारना कठिन होगा, सो पूजा संपन्न होने से पहले ही उसका वध करना जरूरी है।'

राम को विभीषाण की बात में तथ्य नजर आया। सचमुच सीता का वध करना असंभव था। वे लक्ष्मण से बोले— 'जाओ भाई, विभीषण के साथ निकुं मिला देवी के मंदिर जाकर कपटी मेघनाद को उसके किए की सजा दो।'

लक्ष्मण ने भाई का अभिवादन किया और मेघनाद-वध की प्रतिज्ञा करके वहां से चल पड़े। साथ में विभीषण के अतिरिक्त हनुमान, जामवंत, सुग्रीव व अंगद आदि के नेतृत्व में भालुओं-वानरों की सेना ाी गई।

काफी आगे चलकर लक्ष्मण को विशाल राक्षस सेना नजर आई। फिर क्या था! दोनों सेनाएं एक-दूसरे से टकरा गइह। टक्कर बड़ी जबरदस्त थी और सारी लंका युद्ध-घोष की गरज से गूंज उठी।

❑❑

मेघनाद उस समय देवी की पूजा कररहा था। युद्ध का शोर सुनकर पूजा अधूरी ही छोड़कर वह क्रोध से भरा हुआ मंदिर से बाहर निकला। मोर्चा संभालने वह रथ पर सवार होकर यूद्धभूमि की ओर रवाना हुआ।

मेघनाद ने विभीषण को देखा तो क्रोध से कांपता हुआ बोला— 'नीच! राक्षस होकर तू इन तपस्वियों का पक्ष ले रहा है, ठहर मैं तुझे जिंदा नहीं छोडूंगा। तू मेरे पिता को धोखा देकर लंका का राज्य पाना चाहता है, पर मैं तेरी यह कामना कभी

पूरी नहीं होने दूंगा।'

'यह सत्य नहीं है, मूर्ख।' विभीषण बोला— 'मुझे रावण का रवैया पसंद नहीं था, उसने जो पर-नारी का हरण किया है, वह मेरी नजरों में नीचता की पराकाष्ठा है, इसी कारण मैं राम के पक्ष में आया हूं। जो सत्पुरुषों से वैर लेता है, उसका अंत निश्चित है।'

मेघनाद ने कोई जवाब नहीं दिया, गुस्से से धनुष चढ़ा लिया और बाणों की अविराम बरसात से वानरों को समाप्त करने लगा।

लक्ष्मण ने भी अपना धनुषउठा लिया और बाणों की घनघोर धारा छोड़ दी। मेघनाद और लक्ष्मण एक-दूसरे का निशाना बांधकर बाण छोड़ने लगे। लक्ष्मण के अचूक निशाने से अनेक राक्षस सैनिक खेत रहे। मेघनाद लक्ष्मण की वीता देखकर चकित था।

तभी मेघनाद का एक तीव्र बाण लक्ष्मण को जा लगा और वे मूर्छित होकर जमीन पर गिर पड़े।

वानर सेना में कोहराम मच गया।

राक्षस सेना जीत की खुशी में उछलती-कूदती चली गई।

राम को लक्ष्मण के मूर्छित होने का समाचार मिला, तो वे विलाप करने लगे। वानर पहले ही लक्ष्मण की मूर्छा से दुखी थे, राम के विलाप ने उन्हें और भी दुखी कर दिया।

लक्ष्मण को हाश में लाने के अनेक प्रयास किए गए। हनुमान एक वैद्य को ही उठा लाए। वैद्य ने लक्ष्मण की जांच करके कहा— 'जल्दी ही संजीवनी बूटी मिल जाए तो इन्हें होश में लाया जा सकता है।'

'संजीवनी बूटी?' हनुमान बोले— 'वह कहां मिलती है?'

'द्रोण पर्वत पर।' वैद्य बोला— 'प्रातः होने से पहले ही बूटी ले आओ।'

हनुमान ने देर नहीं की। वे पवन-वेग से द्रोण पर्वत जा पहुंचे। वहां अनेक बूटियां उगी हुई थीं। कौन-सी बूटी संजीवनी है, यह हनुमान जान न सके, सो पूरा पर्वत उठाकर ही वह युद्धभूमि ले गए।

वैद्य ने प्रातः होने से पहले ही संजीवनी बूटी से लक्ष्मण को सचेत कर दिया। वानर सेना में हर्ष की लहर दौड़ गई।

अगले दिन मेघनाद पुनः वानर सेना से टक्कर लेने आया तो लक्ष्मण ने राम का नाम लेकर एक अमोघ बाण मेघनाद पर छोड़ दिया।

मेघनाद उस बाण से बच न सका, सिर धड़ से अलग हो गया और शरीर लहराकर जमीन पर आ गिरा।

मेघनाद के गिरते ही रावण की सेना भाग निकली।

तेरह

मेघनाद का मरना रावण के लिए बहुत बड़ा आघात था। एक पुत्र था, वह भी मारा गया। अब उसकी मां मंदोदरी को कैसे सांत्वना दे, उसकी पत्नी से क्या कहे?

वैसे भी सारी लंका में हर घर में शोक छाया हुआ था। किसी का पति मारा गया था, तो किसी का पिता, किसी का पुत्र मारा गया, तो किसी का भाई। चारों ओर विलाप के स्वर गूंज रहे थे। सोने की लंका का सारा वैभव जाता रहा था।

रावण के शुभचिंतकों ने कहा— 'राजन्! लंका का सर्वस्व लुट गया। मूर्ख शूर्पणखा ने राम-लक्ष्मण को क्या छेड़ा कि आप व्यर्थ ही सीता को उठा लाए। यह सीता सारी लंका की मुसीबत की जड़ है। अगर अभी भी लंका को बचाना चाहते हैं, तो इस सीता को खत्म कर दीजिए, वरना राम के कोप से बचना मुश्किल है।'

सब कुछ खोकर अब रावण को होश आया। बोला— 'आप ठीक कहते हैं। इस विनाश का कारण सीता ही है। उसे मैं मार डालूंगा। मेघनाद ने नकली सीता को मारा, किंतु मैं असली सीता को मारूंगा।'

रावण ने तलवार उठाई और चल पड़ा अशोक वाटिका।

राक्षस-राक्षसियों ने चैन की सांस ली।

लेकिन रावण कुछ कदम ही आगे बढ़ा था कि सुपार्श्व नामक मंत्री ने उसे रोका। बोला— 'राजन्! यह क्या करने जा रहे हैं? एक अबला नारी को मारकर अपनी वीरता को कलंकित मत कीजिए, इससे तो आपकी बदनामी होगी। बेहतर तो यह है कि राम से टक्कर लीजिए। उसी ने तो लंका पर यह कहर ढाया है। आपकी वीरता का भला वह क्या मुकाबला करेगा! उसे मारकर सीता को अपनाइए।'

रावण को मंत्री की बातें ही जंचीं—आखिर था तो वह पराक्रमी ही—सचमुच राम से टकराने में जो बात है, वे अबला सीता को मारने में कहां!'

रावण ने बचे-खुचे सेनापतियों को बुलाया और कहा— 'शीघ्र ही सेना लेकर युद्धभूमि में जाइए, राम और उनकी सेना का वध कीजिए। अगर आप लोग असफल रहे, तो मैं स्वयं युद्ध का संचालन करने पहुंच जाऊंगा।'

राक्षस सेना पुनः सज्जित हुई। सेनापति रथ पर सवार होकर राम से मुकाबला करने चले।

पर रावण की प्रशिक्षित सेना वानरों के गुरिल्ला युद्ध के सामने टिक न सकी। राक्षस सेना अस्त्रों-शस्त्रों से मुकाबला करने को आगे बढ़ती कि वानर-भालू बड़े-बड़े शिलाखंड उन पर छोड़ देते, दांतों से काटकर व नाखूनों से खरोंचकर

राक्षसों को लहूलुहान कर देते। राक्षसों के प्रहारों से अनगिनत वानरों ने भी अपनी जान से हाथ धोए।

युद्ध निर्णय की स्थिति में पहुंच चुका था, सो युद्धभूमि में स्वयं राम भी पधारे थे। राक्षस सेना को वानरों का बुरी तरह वध करते देखकर राम ने अपने धनुष से निकले बाणों से राक्षसों को चुन-चुनकर मारना शुरू कर दिया। युद्ध में कुंभकर्ण के पुत्र कुंभ और निकुंभ भी मारे गए।

राम का ऐसा प्रताप रहा कि शीघ्र ही राक्षस सेना अत्यल्प रह गई, उनके हाथी-घोड़े भी मारे गए, बची-खुची राक्षस सेना बड़ी घबराई। राम से टकराना असंभव लगा तो अपनी जान बचाकर युद्धभूमि से भाग निकली।

वानर सेना राम की जय-जयकार से गूंज उठी। ऊपर से देवताओं-गंधवोह ने राम पर पुष्पवर्षा की।

चौदह

लंका की राक्षसियों ने रो-रोकर लंका को ही जड़ से हिला दिया। सब रावण को कोस रही थीं कि इसी मूर्ख राजा के कारण हमारे घर के चिराग बुझ गए और लंका का नाश हुआ।

रावण का क्रोध, अपमान और शोक से बुरा हाल था। उत्तेजना से उसका सारा शरीर कांप रहा था और चेहरा विकराल हो उठा था। उसके पास देवताओं से प्राप्त अनेक शक्तियां थीं, सो उसे अब भी विश्वास था कि राम उससे जीत न सकेंगे।

अंत में रावण ने तय किया—उसे स्वयं ही राम से टक्कर लेने युद्धभूमि जाना होगा। उसने अपने स्वर्ण रथ को तैयार करने का आदेश दिया। ऐसे समय अनेक अपशकुन हुए, किंतु रावण ने उन पर कोई ध्यान नहीं दिया। उस पर युद्ध का उन्माद छाया था।

अनेक घातक हथियारों से लैस होकर रावण अपने आठ घोड़ों वाले स्वर्ण रथ पर सवार होकर रणक्षेत्र में आ पहुंचा। साथ में अनेक बलशाली राक्षस, वीरों, महोवर, महापार्श्व, विरुपाक्ष आदि के अलावा राक्षस सेना भी आई थी। रावण के साथ होने की वजह से राक्षसों में विशेष उत्साह था।

रणक्षेत्र में रावण के साथी बलशाली राक्षस वीर अंगद व सुग्रीव के हाथों मारे गए।

रावण से पहले मुकाबला करने लक्ष्मण आए। रावण ने बड़ी आसानी से लक्ष्मण के वारों को नाकामयाब कर दिया। रावण ने लक्ष्मण को छोड़ राम पर ध्यान केंद्रित किया और उनसे लड़ने उनके सामने जा पहुंचा। राव व रावण में

घनघोर युद्ध छिड़ गया। रावण ने राम पर शुरू में कम घातक बाण छोड़े, कोई फल न निकला तो उसने घातक अस्त्र छोड़ने शुरू कर दिए। राम ने रावण के समस्त प्रहारों को अपने अस्त्रों के बल पर निरस्त कर दिया।

दोनों युद्ध की कला में निष्णात थे, सो एक-दूसरे का वारा बखूबी बचा जाते थे। रावण के बाण राम के सिर के ऊपर से निकल जाते थे और राम के बाण रावण के कवच से टकराकर जमीन पर गिर जाते थे। दोनों ने एक-दूसरे पर मंत्र-सिद्ध अस्त्र भी चलाए—ये हथियार एक-दूसरे से टकराते तो भयंकर स्वर गूंजता और आकाश में बिजली कौंध उठती।

युद्ध लगातार कई दिन तक चलता रहा। कभी राम मोर्चा संभालते, कभी लक्ष्मण। असली मुकाबला राम-रावण में था। इस बार लक्ष्मण एक बार फिर रावण के हाथों मूर्छित हुए थे, किंतु हनुमान द्वारा फिर बूटी वाला पहाड़ उठा लाने से उन्हें होश आ गया।

एक दिन इंद्र ने अपना रथ राम के लिए भेजा। सारथी मातलि ने राम को रथ समर्पित करते हुए कहा— 'हे दशरथ नंदन, देवता भी रावण की मृत्यु चाहते हैं, क्योंकि राक्षस-राज देवताओं का ी शुत्र है, सो देवेंद्र ने आपके लिए अपना रथ भेजा है। इस पर सवार होकर आप रावण से युद्ध करें। रथ का संचालन मैं ही करूंगा।'

राम ने देवेंद्र की यह भेंट स्वीकार कर ली। वे रथ पर सवार होकर रावण से युद्धरत हो गए।

❑❑

यह भीषण युद्ध बारह दिन तक चला। कभी राम रावण पर भारी पड़ते तो कभी रावण राम पर। रावण राम के शौर्य पर चकित था। जिसे उसने मात्र तपस्वी समझा था, वह तो युद्ध कला में भी निष्णात निकला। राम ने अपने अमोघ अस्त्रों से रावण के अनेक बार दशों सिर धड़ से अलग कर दिस, किंतु सिर थे कि नए उग आते थे। राम का कोई अस्त्र रावण को मार नहीं पा रहा था।

तभी मातलि ने राम को याद दिलाया— 'हे दशरथ नंदन! बहुत हो गया, अब आप अपना ब्रह्मास्त्र क्यों नहीं छोड़ते! रावण का अंतकाल आ गया...।'

राम ब्रह्मास्त्र का नाम सुनते ही खुश हो गए। उन्होंने मातलि सारथी की पीठ थपथपाकर कहा— 'सारथी! तुमने समय पर ही मुझे ब्रह्मास्त्र का स्मरण कराया है। बस, सूर्य के अस्त होते ही रावण का काल आ पहुंचेगा।'

राम ने ब्रह्मास्त्र निकाला और मंत्रों के उच्चारण के साथ रावण पर छोड़ दिया।

ब्रह्मास्त्र का वार अचूक था। उससे बच निकलना रावण के लिए मुश्किल था। रावण के कुछ सोचने से पहले ही ब्रह्मास्त्र आग की चिंगारियां छोड़ता रावण

के पास जा पहुंचा और देखते-देखते कवच को फोड़कर छाती में धुसा। रावण पल-भर के लिए संज्ञाशून्य रह गया, उसके हाथ से तमाम हथियार छूटकर नीचे जा गिरे, वह लड़खड़ाकर धरती पर आ गिरा। उसकी सांस उखड़ने लगी। अपने आपको अजर-अमर मानने वाला राक्षस-राज रावण मृत्यु की अंतिम घड़ियां गिन रहा था।

जिस पल का देवताओं को इंतजार था, वह आ पहुंचा था। आकाश से पुष्पवृष्टि हुई और दुंदभियों के स्वर से दशों दिशाएं गूंज उठीं। वानर सेना राम की जय-जयकार करने लगी।

पंद्रह

लंकेश मारा गया

सारी लंका में श्मशान-सा सन्नाटा छा गया।

रावण की पटरानी के विलाप से महल के दरो-दीवार हिल उठे। राक्षसियों ने छाती पीट-पीटकर रोते हुए अपना बुरा हाल कर लिया। मंदोदरी ने तत्काल राक्षसियों को साथ लिया और रोती-कलपती रणक्षेत्र जा पहुंची, जहां राक्षस-राज रावण अंतिम सांसें ले रहा था। मंदोदरी के करुण विलाप से वहां खड़े लोगों का हृदय पसीज उठा।

राम नीतिवान थे, सो रावण के गिरते ही उन्होंने युद्ध स्थगित कर दिया।

विभीषण ने बड़े भाई को मृत्यु के कगार पर पड़े देखा, तो उसका मन रो पड़ा—आखिर रावण था तो उसी का सहोदर। वह सारी दुश्मनी भूलकर शोक से रो पड़ा। सिसककर बोला— 'भैया, तु हारा यह अंत! तु हारी विद्वता व वीरता का तो जवाब नहीं, लेकिन आज तुम असहाय से धरती पर गिर पड़े। काश, तुमने मेरी बात पहले ही मान ली होती, तो यह स्थिति क्यों आती, पर तुम तो दंभ में सब कुछ भूल गए थे। हाय, रावण! यह क्या हो गया!'

राम ने आगे बढ़कर विभीषण को बांहों में ले लिया, बोले— 'विभीषण, अश्रु पोंछ डालो, धैर्य से काम लो। रावण वीर था, एक वीर की तरह युद्ध में लड़ा और वीरगति पाई, फिर उसके लिए रोना क्यों? निश्चित जानो, मरणोपरांत वह स्वर्ग में ही स्थान पाएगा। सुनो, रावण कुशाग्र है, नीतिज्ञ है, विद्वान है, उसके मरनेसे पहले उससे कुछ ज्ञान प्राप्त करो।'

विभीषण मरणोन्मुख रावण के पास गया।

रावण ने विभीषण के पिछले समस्त दोषों को भूलकर राजनीति के अनेक गुर समझाए।

फिर रावण ने अंतिम हिचकी ली। उसके प्राणपखेरू उड़ गए।

मंदोदरी पति के शव से लिपटकर विलाप करने लगी।

'स्वामी, मुझे छोड़कर कहां चले गए। तु हारी एक ही गर्जना से पृथ्वी कांप जाती थी, इंद्र थर-थर कांपता था, देवता व गंधर्व भाग खड़े होते थे, और आज एक मानव के हाथ से मरकर जमीन पर खामोश पड़े हो। उफ् यह कैसे हो गया! काश, तुमने मेरी बातों पर ध्यान दिया होता! मैं तो पहले ही जानती थी कि जिसने जन-स्थान को तहस-नहस कर दिया, वह कोई मामूली मानव नहीं हो सकता, जरूर विष्णु का अवतार होगा। पर तुम कहां मानने वाले थे? तु हारे दंभ से मेरा सब कुछ लुट गया। हाय, अब मैं क्या करूं?'

राम विभीषण से बोले— 'तुम स्वयं भी धैर्य धारण करो और रावण की पटरानी व अन्य औरतों को भी धीरज बंधाओ। रावण के बाद तु हीं को सबका ध्यान रखना है। सारी जि मेदारियां तु हारे ऊपर हैं। अब भाई की अंत्येष्टि आदि का भी प्रबंध करो।'

विभीषण ने राम की आज्ञा का पालन किया।

समुद्रतट पर राक्षस-राज रावण का विधिवत अंतिम संस्कार कर दिया गया।

इस प्रकार युद्ध का अंत हो गया।

युद्ध में विजयी होने में विभीषण का विशेष सहयोग था। राम ने लंका का राज्य विभीषण को ही सौंप दिया।

विभीषण का विधिवत राज्याभिषेक हुआ। रावण के बाद लंका के नए नरेश विभीषण हुए। लक्ष्मण ने ही विभीषण का राजतिलक किया।

नए राजा को पाकर लंका-निवासियों ने चैन की सांस ली।

सोलह

राम वहीं ठहरे हुए थे, जहां लंका-प्रवेश के समय डेरा डाल रखा था।

राजतिलक के पश्चात विभीषण आशीर्वाद लेने राम के पास आए। राम ने उनका विधिवत स्वागत किया।

राम को सीता की चिंता थी। सीता अभी तक अशोक वाटिका में ही थीं। राम ने हनुमान से कहा— 'हे पवनसुत! राजा विभीषण से आदेश लेकर अशोक वाटिका जाओ और सीता को समस्त समाचार सुनाओ।'

हनुमान विभीषण से अनुमति लेकर सीता के पास जा पहुंचे। सीता हनुमान को देखकर खुशी से झूम उठीं। हनुमान ने राम की विजय व रावण-वध का समाचार सुनाकर पूरा वृत्तांत बता दिया।

सीता के हर्ष की सीमा न रही। पल-भर के लिए उनके मुंह से एक भी बोल न निकल सका। नम आंखों से हनुमान को देखती रह गइह्र।

हनुमान घबराए! बोले— 'यह क्या, जनक-दुलारी! आप खामोश क्यों हो गइह्र? कुछ तो बोलिए।'

सीता अवरुद्ध कंठ से बोलीं— 'क्या बोलूं, पवनसुत। हर्षातिरेक से मेरा गला रुंध गया है, मुझसे कुछ बोला नहीं जाता। तुमने बड़ा ही शुभ-संवाद सुनाया है, समझ में नहीं आ रहा है, तु हारा आभार कैसे प्रकट करूं?'

हनुमान चुपचाप सीता को देखते रहे। सीता की आंखों से खुशी के अश्रु छलक रहे थे। एकाएक हनुमान की नजर उन राक्षसियों की ओर चली गई, जो सीता को परेशान किया करती थीं और अब दुबकी-सी एक कोने में बैठी थीं।

हनुमान झट से बोल पड़े— 'हे जनक-दुलारी, कृपया आदेश दीजिए, मैं इसी समय इन भयावह राक्षसियों का अंत कर दूं।'

'नहीं, नहीं, ऐसा मत करना!' सीता बोलीं— 'मैंने उन्हें क्षमा कर दिया है। भला गलती किससे नहीं होती!'

'जैसी आपकी इच्छा, माता।' हनुमान उठते हुए बोले— 'अब मैं जाऊंगा। राम के लिए कोई आदेश?'

'हां, उनसे कहना कि मैं उनके दर्शनों के लिए तड़प रही हूं।' सीता ने धीरे से जवाब दिया।

❑❑

सीता का यह संदेश लेकर हनुमान राम के पास वापस आ गए।

उन्हें देखते ही राम ने पूछा— 'आ गए हनुमंत! बोलो, सीता कैसी है?'

'प्रभु!' हनुमान ने उत्तर दिया— 'वे आपके दर्शनार्थ कबसे उतावली हैं। शीघ्र ही उनके पास पहुंचे।'

राम की आंखों के सामने अपनी परम प्रिया सीता का सलोना चेहरा उभर आया। फिर एकाएक न जाने क्या सोचकर वे विचार-मग्न हो गए। उन्होंने हनुमान की ओर देखा और धीरे से कहा— 'ठीक है, मैं शीघ्र ही उनसे मिलूंगा। उनसे कहो कि नहा-धोकर व नए वस्त्र व आभूषण धारण करें। फिर उन्हें मेरे पास ले आया जाए।'

सीता को लाने विभीषण पहुंचे।

जब विभीषण ने सीता से राम की इच्छानुसार तैयार होकर चलने को कहा तो सीता हतप्रभ रह गइह्र। बोलीं— 'यह आदेश किसलिए? मुझे इसी वेष में उनके पास ले चलो।'

'हे जनक-दुलारी।' विभीषण मृदु स्वर में बोला— 'बेहतर यही है कि जैसा

राम ने चाहा है, वैसा ही करें।'

सीता को अटपटा तो लगा, पर पति की इच्छा! भला वे कैसे इनकार करतीं। उन्होंने अच्छी तरह स्नान किया, फिर नवीन वस्त्र पहने और भव्य आभूषणों से सज-धजकर तैयार हो गइह। एक पालकी में बैठाकर सीता को राम के स मुख लाया गया।

राम स्वयं उनकी प्रतीक्षा में थे—सीता से मिलने को आतुर। उन्हें सूचना दी गई—सीता अशोक वाटिका से आ गई हैं।

राम के दिल की धड़कनें तेज हो गइह।

सीता-आगमन की खबर सुनकर सारे वानर उनके दर्शन के लिए उमड़ पड़े थे, सीता की पालकी आकर द्वार से लगी तो चारों ओर से वानरों ने उन्हें घेर लिया—अच्छा-खासा हंगामा मच गया—वानर रक्षकों ने बड़ी मुश्किल से भीड़ को संयम किया। राम ने कहा— 'सीता के दर्शनों के लिए किसी को रोका न जाए, जिनकी मदद से मैंने यह युद्ध जीता है, उन्हें सीता के दर्शन करने का पूरा हक है।'

सीता पालकी से निकलकर रात के पास जाने लगीं। चारों ओर खड़े वानर सीता के दर्शन पाकर कृतकृत्य हो रहे थे।

सीता हैरान हो रही थीं कि यह कैसा राम का व्यवहार है। मेरे पास स्वयं ने आकर मुझे यहां बुलवाया, और यहां मेरा खुलेआम प्रदर्शन करवा रहे हैं, आखिर क्यों? सीता को यह पहेली समझ नहीं आई।

सीता को ही नहीं, लक्ष्मण के साथ-साथ अन्य वानरों को राम का यह व्यवहार अद्‍भुत प्रतीत हुआ।

सीता धीरे-धीरे कदम बढ़ाती राम के पास पहुंचीं। एक अरसे के बाद पिया से मिलन हो रहा था, वे सब कुछ भूल गइह और पति के निकट पहुंचकर अवरुद्ध कंठ से सिर्फ इतना ही कह पाइह— 'स्वामी...!'

और फिर उनसे कुछ बोला न गया, जोर-जोर से रो पड़ीं, हिचकियों से उनका सारा शरीर हिलने लगा।

राम ने आगे बढ़कर सीता को आलिंगन में नहीं लिया, बल्कि गंभीर स्वर में बोले— 'सीते, मुझे खुशी है कि मैंने जो प्रतिज्ञा की थी, उसे मैं पूरा कर सका और रावण को मारकर विजयी हो सका। अब तुम कैद से मुक्त हो चुकी हो। यह सारा कांड तु हारी वजह से ही हुआ था। आज तुम मेरे सामने खड़ी हो, किंतु तु हें स्वीकारते मेरा हृदय झिझक रहा है। तुम इतने दिन यहां रहीं, लोग न जाने कैसी-कैसी बातें उड़ाएंगे, ऐसी हालत में मैं तु हें कैसे स्वीकारूं? हां, कहां तो तु हें किसी मित्र या रिश्तेदार के यहां भेज दूं?'

सीता तो आसमान से गिरीं। कहां तो वह मधुर वचन सुनने की आस में व्याकुल थीं और कहां राम के कटु वचन पिघले सीसे की तरह कानों को पीड़ा पहुंचाने लगे। सीता ने तत्काल अपने को संभाल लिया। यह उनके ऊपर प्रत्यक्ष आरोप था—वह भी पति द्वारा। ऐसा लांछन सुनकर किस सती का हृदय दग्ध नहीं होगा। सीता ने आभामय आंखें ऊपर उठाइह, उनमें न याचना थी और न कोई सफाई। सीता तेज स्वर में बोलीं— 'नाथ, मैंने कभी सोचा भी नहीं था कि एक दिन आपसे ऐसे वचन सुनने पड़ेंगे। ऐसा लांछन सुनकर मेरा दिल टूट चुका है। यह कौन नहीं जानता कि रावण मुझे यहां बलात् ही उठा लाया था, फिर आप मुझ पर शंका कर रहे हैं। मैं नहीं जानती थी कि एक दिन मुझे यों लांछित होना पड़ेगा। राजा जनक की पुत्री पर ऐसा आरोप! लक्ष्मण, सुनो, अब मैं एक पल भी जिंदा नहीं रहना चाहती, मेरे लिए अग्नि प्रज्ज्वलित करो, मैं अभी आग में प्रवेश करूंगी।'

लक्ष्मण एक तरफ अपना क्रोध दबाए खड़े थे। उन्हें स्वयं राम से ऐसे व्यवहार की उ मीद नहीं थी। सीता का आदेश सुनकर उनका हृदय फट गया, उन्होंने घबराकर राम की ओर से आंखें फेर लीं।

राम ने लक्ष्मण की ओर ताका तक नहीं। वे पूर्ववत् गंभीर बने रहे।

लक्ष्मण के लिए सीता की आज्ञा का उल्लंघन करना असंभव था। फिर जब राम ने ही मौन रहकर सहमति प्रकट कर दी थी, तो लक्ष्मण के सामने अग्नि प्रज्ज्वलित करने के अलावा और कोई चारा न रह गया था। लक्ष्मण ने सोचा, अच्छा है, ऐसा लांछित जीवन बिताने से उचित तो यही है कि सीता माता अग्नि में ही प्रविष्ट हो जाएं।

अग्नि की ज्वालाएं आकाश को छूने लगीं, तो सीता हाथ जोड़ पति के चारों ओर एक बार घूमीं, फिर बिना किसी ओर देखे बोलीं— 'सभी देवताओं, महर्षियों को मेरा नमन! हे अग्नि, आज मेरी पवित्रता पर संदेह किया गया है, अगर तु हें संदेह न हो, तो मुझे स्वीकार करो।'

यह कहते ही सीता धधकती हुई आग में प्रविष्ट हो गइह।

तभी सारे देवता वहां उतर आए। ब्रह्मा राम से बोले— 'हे प्रभु! सीता पर यह कैसा लांछन! वे तो साक्षात् लक्ष्मी हैं। पृथ्वी पर अवतार लेकर ऐसा कांड?'

'मुझे कुछ याद नहीं।' राम बोले— 'मैं तो यही जानता हूं कि मैं कौशल नरेश राजा दशरथ का पुत्र हूं।'

अचानक प्रज्ज्वलित अग्नि से अग्निदेव प्रकट हुए। उनके साथ साक्षात् सीता थीं—वैसी ही, जैसी अग्नि में प्रविष्ट हुई थीं। अग्निदेव ने राम को सीता सौंपते हुए कहा— 'हे राम! सीता पवित्र हैं, इन पर संदेह मत करो।'

इतना सुनते ही राम के चेहरे पर हर्ष छा गया। सच तो यह था कि वे आम जनता को सीता की वास्तविकता से परिचित कराना चाहते थे। उन्होंने आगे बढ़कर सीता को आलिंगन में ले लिया। बोले— 'प्रिये!' तुम पर मुझे कभी संदेह नहीं रहा। बस, लोकापवाद के डर से मैंने तु हारी यह परीक्षा ली थी, ताकि किसी को तुम पर शक न हो। क्या मैं तु हें जानता नहीं कि तुम कितनी पवित्र व नेक हो। मेरे वचनों से तु हें कष्ट हुआ, इसका मुझे दु:ख है।'

सीता धन्य हुई—उनका सुहाग वापस मिल गया था।

❑❑

राम का वनवास समाप्त होने को था।

राम को भरत की बड़ी चिंता थी। न जाने भरत अयोध्या में कैसा समय व्यतीत कर रहे होंगे।

लंका में उनका काम समाप्त हो गया था। सो एक दिन उन्होंने विभीषण से लंका से विदा होने की अनुमति चाही।

विभीषण ने उन्हें पुष्पक विमान सौंप दिया। राम, सीता व लक्ष्मण के अलावा समस्त वानर पुष्पक विमान पर सवार हुए। विमान ने अयोध्या की ओर उड़ान भरी।

जब उनका विमान आकाश में उड़ता हुआ उन स्थानों के ऊपर से गुजरा, जहां से राम-लक्ष्मण, सीता को खोजते हुए भटके थे, तो राम ने सीता को इशारे से बताया— 'प्राणेश्वरी सीता! देखो, नीचे जिन स्थलों को देख रही हो, यहीं से हम तु हें खोजते हुए आगे बढ़े थे। यह देखो, समुद्र पर विशाल सेतु, यह नील और नल ने निर्मित किया था। इस पर चलकर हमने समुद्र पार किया था और लंका जा पहुंचे। यह देखो, ऋष्यमूक पर्वत, जहां तुमने ऊपर से आभूषण गिराए थे, यह रही किष्किंधापुरी।'

सीता उत्सुकता से राम से यह विवरण सुनती रहीं।

मार्ग में राम प्रयाग में उतरे और भरद्वाज मुनि के दर्शन किए। निषादराज गुह को संवाद ेजा कि उनका वनवास समाप्त हुआ। भरत प्रतीक्षा करते-करते कुछ अनहोनी न कर बैठें, सो राम ने हनुमान को अयोध्या भेज दिया कि वह भरत को उनके आगमन की सूचना दे दें।

उत्तर कांड

एक

अयोध्या में सचमुच भरत बड़ी व्याकुलता से राम की प्रतीक्षा कर रहे थे। उनका एक-एक दिन राम के आने की बाट जोहते व्यतीत हो जाता था।

चौदह वर्ष का वनवास पूर्ण होने में जब सिर्फ एक दिन शेष रह गया, उस दिन भरत की व्याकुलता की सीमा न रही। भरत यथाशीघ्र राज्य की जि मेदारी राम को सौंपकर बरी होना चाहते थे... कैकेयी ने उनके सिर पर जो कांटों का मुकुट पहना दिया था, वह तभी उतर सकता था, जब राम को सिंहासन देकर प्रायश्चित पूर्ण कर लें।

तभी हनुमान ने आकर भरत को बताया कि राम का पुनरागमन हो रहा है, वे अयोध्या पहुंचना ही चाहते हैं।

भरत ने संतोष की सांस ली।

पल-भर में यह समाचार दावानल की तरह संपूर्ण अयोध्या नगरी में फैल गया। चारों ओर हर्ष की लहर दौड़ गई।

जिस दिन राम, सीता व लक्ष्मण का अयोध्या में प्रत्यागमन हुआ, सारी अयोध्या नगरी राजपथ पर उमड़ पड़ी।

भरत से बैठा नहीं रह गया, उसने राम की पादुकाएं, जो चित्रकूट से राम ने ही उन्हें सौंपी थीं, उठाकर मस्तिष्क पर धारण कीं और राजमंत्रियों, पुरोहितों, ब्राह्मणों व नगर निवासियों के साथ राम के स्वागतार्थ आगे बढ़ चले।

पुष्पक विमान नीचे उतरा।

सारा वातावरण राम के जयघोष से गूंज उठा।

चौदह वर्ष के लंबे अंतराल के पश्चात अपने हृदय-देवता राम को अपने बीच पाकर सभी आनंद के सागर में गोते लगाने लगे।

दो

एक दिन शुभ मुहूर्त निकाल राम को सिंहासन पर आसीन किया गया।

राम ने राज्य संभालते ही शासन की ओर विशेष ध्यान दिया।

उनके राज्य में बकरी और सिंह एक घाट पर पानी पीते थे, क ी कोई गृहस्थ रात को अपने मकान के द्वार चोरों के भय से बंद नहीं करता था। सभी निवासी एक–दूसरे से मिल–जुलकर रहते थे, आपस में लड़ाई–झगड़ा कोई नहीं करता था। दुराचार का तो नाम ही नहीं था। सभी पाप कमोह की भावना से रहित थे। नियम से जीवन–यापन करना ही सबका परम ध्येय था। लोग दयालु थे, धार्मिक वृत्ति का आधिक्य था, संयमी व परोपकारी थे। रोग, शोक, चिंता का नामोनिशान न था। सभी संपन्न थे।

❑❑

एक दिन की बात है।

राम को पता चला कि सीता के संबंध में समाज में ऐसा अपवाद है कि सीता रावण के यहां रहने के दौरान पवित्र नहीं रही होगी। राम को सीता की पवित्रता पर पूरा विश्वास था। लंका से चलते समय सीता ने विशाल जनसमूह के स मुख स्वयं अग्नि–परीक्षा देकर अपनी पवित्रता का परिचय दिया था, पर लोकापवाद था कि नए सिरे से उठा था।

इस बार अयोध्या के एक धोबी ने सीता के संबंध में यह संदेह व्यक्त किया था। हुआ यह कि उस धोबी की पत्नी कहीं एक रात को चली गई थी। प्रातः घर पहुंची तो धोबी ने उसे लांछित किया— 'निकल जा मेरे घर से! न जाने रात–भर कहां रही, अब घर आ रही है। मैं राम नहीं हूं कि लंका में सीता के दिन गुजारने के बावजूद उनकी तरह तु हें स्वीकार कर लूं।'

इस लोकापवाद से रमा बड़े मर्माहत थे। आि र राजा थे, केसे इस आरोप को अनसुना कर देते। इससे तो राज्य में अव्यवस्था और अधर्म फैलने की आशंका थी।

राम ने लक्ष्मण को बुलाकर कहा— 'सुनो लक्ष्मण, मेरे आदेश का बुरा मत मानना। बस, राजा होने का कर्तव्य निभा रहा हूं। सीता से संबंधित लोकापवाद तुमने सुना होगा, सो सीता को वन छोड़कर आओ, मैं उसे त्याग रहा हूं।'

लक्ष्मण मन–ही–मन क्रोधित हुए, पर शांत रहे। एक राजा की विवशता भी वे समझते थे। अनिच्छा के बावजूद वे सीता के पास पहुंचे और राम का आदेश सुनाया।

सीता ने तो हमेशा सिर झुकाकर पति की आज्ञा मानना ही सीखा था। दुःख के दो अश्रु आंखों से निकले और वे चुपचाप लक्ष्मण के साथ महल से निकल पड़ीं। तब सीता गर्भवती थीं।

लक्ष्मण रथ में बिठाकर सीता को दूर वन में छोड़ आए।

वन में महर्षि वाल्मीकि ने सीता को आश्रय दिया।

सीता का शेष समय महर्षि वाल्मीकि के आश्रम में ही गुजरा। सीता ने कभी भी दु:ख से आह नहीं भरी थी। राजमहलों में पली-बढ़ी और राजा राम की पटरानी होने के बावजूद आज वे वन में तपस्विनियों-सा जीवन व्यतीत कर रही थीं। इसे ही वह अपना भाग्य मानकर खामोश थीं। महर्षि वाल्मीकि से पिता तुल्य स्नेह मिलता था।

वन में ही सीता ने दो पुत्रों को जन्म दिया। महर्षि वाल्मीकि ने उनका नाम रखा—लव और कुश।

❑❑

एक बार राम ने अश्वमेध यज्ञ किया।

पूर्णाहुति के अवसर पर नियमानुसार अवश्वमेध का घोड़ा छोड़ा गया। ऐसी परंपरा थी कि जो भी घोड़े को पकड़ेका, वह राम से युद्ध करेगा और पराजय की स्थिति में अयोध्या की अधीनता स्वीकार करनी पड़ेगी।

घोड़े की रखा हेतु शत्रुघ्न समेत अनेक सैनिक घोड़ों के साथ ही थे।

अश्वमेध का घोड़ा एक दिन उसी वन में जा पहुंचा, जहां सीता के पुत्र बालपन के दिन व्यतीत कर रहे थे।

अपनी छोटी उम्र में ही लव-कुश को युद्ध के अनेक कौशल ज्ञात थे। आखिर वे परमवीर राम के ही तो पुत्र थे, सीता व महर्षि वाल्मीकि की शिक्षाओं ने उन दोनों बालकों को सुयोग्य बना दिया था।

लव-कुश ने अश्वमेध का घोड़ा देखा तो पकड़ लिया। युद्ध के लिए शत्रुघ्न अपनी सैनिक टुकड़ी के साथ आए तो लव-कुश ने उनसे सन्मुख युद्ध किया। शत्रुघ्न युद्ध में पराजित हुए। हनुमान और सुग्रीव तक को पकड़कर लव-कुश ने बांध दिया।

बाद में मालूम हुआ तो सीता ने उन्हें सबको छोड़ देने का आदेश दिया।

❑❑

अयोध्या में अश्वमेध यज्ञ की धूम थी।

महर्षि वाल्मीकि को भी यज्ञ में आने का निमंत्रण मिला था।

महर्षि वाल्मीकि यज्ञ में स मिलित होने अयोध्या आए—साथ में लव-कुश को भी लेते आए। महर्षि वाल्मीकि ने दोनों बालकों को रामायण कठंस्थ करा दी थी। वे बच्चों से बोले— 'तुम दोनों यह रामायण यज्ञ में महाराज राम को सुनाना।'

लव-कुश ने स्वीकार कर लिया।

महर्षि वाल्मीकि ने उन्हें अनुज्ञा दी कि अगर राम प्रसन्न होकर कुछ भेंट दें, तो स्वीकार न करें। अगर पूछें कि किसके पुत्र हो, तो सिर्फ यही बताएं कि हम

महर्षि वाल्मीकि के शिष्य हैं, बस और कुछ नहीं मालूम।

❑❑

यज्ञ मंडप में यज्ञ चल रहा था।

लव-कुश अयोध्या की सड़कों व गलियों से गुजरते हुए यज्ञ-मंडप की ओर जाने लगे। महर्षि के आदेशानुसार वीणा बजाते हुए मधुर स्वर में रामायण का पाठ करते जा रहे थे।

दो बच्चों को इतने सुरीले कंठ में गाते देखकर राह चलते लोग अवाक् रह गए।

राम को इन अद्भुत बालकों की सूचना मिली तो तत्काल दरबार में बुलवाया।

लव-कुश ने दरबार में पहुंचकर राम का अभिवादन किया और सुरीले स्वर में रामायण सुनाने लगे। उनके स्वर में इतना ओज था, कथा में इतनी मार्मिकता थी कि राम सहित सारा दरबार अ ाभूत हो उठा।

लोग एकटक लव-कुश को देख रहे थे। ऐसा आभास हो रहा था, जैसे दोनों बालक श्रीराम के ही प्रतिरूप हों।

रामायण पाठ की समाप्ति पर राम ने गद्गद् स्वर में भरत से कहा— 'इन्हें राजकोष से अठारह सहस्त्र स्वर्ण मुद्राएं दी जाएं।'

भरत ने उसी समय अठारह सहस्त्र स्वर्ण मुद्राएं बालकों के स मुख प्रस्तुत कर दीं। पर इस भेंट को अस्वीकार करते हुए लव-कुश बोले— 'हम तो वनवासी हैं, हम क्या करेंगे इतना सारा धन लेकर। हम तो कंद-मूल खाकर ही अपना निर्वाह करते हैं, हमें धन नहीं चाहिए।'

'धन्य हो!' राम अनायास ही बोल उठे— 'बच्चो, तु हारा परिचय? यह रामायण किसने सिखलाई ?'

'महाराज, हम महर्षि वाल्मीकि के शिष्य हैं।' लव-कुश बोले— 'उन्होंने ही हमें रामायण सिखलाई है। उन्हीं के आश्रम में हमारी मां रहती हैं।'

इतना सुनते ही राम को यकीन हो गया कि लव-कुश उन्हीं के पुत्र हैं। खुशी से उनकी आंखें नम हो गइह्न।

राम ने महर्षि वाल्मीकि से कहा— 'अगर सीता निष्पाप हैं, तो यज्ञ-मंडप पर आकर प्रमाण प्रस्तुत करें।'

'ठीक है, सीता कल प्रात:काल यज्ञ-मंडप में पहुंच जाएंगी।' महर्षि वाल्मीकि ने आश्वासन दिया।

दूसरे दिन प्रात:काल यज्ञ-मंडप में सारा नगर उमड़ आया। बड़े-बड़े ऋषि-मुनि, तपस्वी व दूर देशों के राजा-महाराजा भी पधारे। सभी सीता के दर्शन करना चाहते थे।

थोड़ी देर में ही सिर झुकाए सीता महर्षि वाल्मीकि के पीछे-पीछे चलती हुई यज्ञ-मंडप में आ पहुंचीं। यह सीता पहले वाली सीता न थीं, पहले से दुबली-पतली और उदास थीं, किंतु मुखमंडल पर सच्चरित्रता का ओज था।

सीता ने यज्ञ मंडप में पहुंचकर धरती माता से हाथ जोड़कर निवेदन किया— 'वसुंधरे! सारे विश्व को तु हीं ने धारण किया हुआ है। आज मेरी लाज तु हारे हाथ है। अगर मैंने पति के अतिरिक्त किसी अन्य पुरुष का स्मरण मात्र भी किया हो, तो मुणे अपनी गोद में स्थान न दें।'

इतना कहना था कि पृथ्वी फट गई और एक दरार-सी बन गई। अंदर से एक सिंहासन निकला, जो हीरे, मोती व रत्नों से जड़ा हुआ था। सीता उस पर बैठ गइह्, अगले ही क्षण सिंहासन सीता को लिए धरती के गर्भ में समा गया और पृथ्वी की दरार पट गई।

उपस्थित जन-समुदाय अवाक् रह गया।

राम को होश न रहा। लक्ष्मण, भरत व शत्रुघ्न की आंखों से आंसुओं की धारा बह निकली। लव-कुश माता को जमीन में प्रविष्ट होते देखकर आगे दौड़ पड़े, पर तब तक सीता धरती में समा चुकी थीं।

तीन

होश में आते ही राम क्रोध से उबल पड़े। बोले— 'मैंने सीता को पाने के लिए कितने यत्न किए और आज देखते-ही-देखते धरती उसे निगल गई। मैं सारी धरती के टुकड़े-टुकड़े कर दूंगा।'

ऋषि-मुनियों ने समझाया— 'जो होना था, सो हो चुका। शोक न करें, क्रोध त्याग दें, मोह में अनुचित वचन न बोलें, अब तो सीता आपको स्वर्ग में ही मिलेंगी, प्रभु!'

राम ने स्वयं पर नियंत्रण पाया।

यथासमय यज्ञ की समाप्ति हुई, तो राम ने अतिथियों को सस मान विदा किया।

राम चाहते, तो दुबारा विवाह कर सकते थे, पर उन्होंने ऐसा नहीं किया, महल के प्रांगण में सीता की स्वर्ण-प्रतिमा स्थापित करके नित्य उसका दर्शन किया करते।

राम को राज्य संभालते हुए सैकड़ों वर्ष व्यतीत हो गए।

एक दिन यमराज मुनि के वेष में राजमहल पहुंचे। द्वार पर खड़े थे लक्ष्मण। उन्होंने लक्ष्मण से कहा— 'मैं महामुनि अतिबल का शिष्य हूं। महाराज राम के दर्शनार्थ आया हूं, उन्हें सूचित करें।'

लक्ष्मण ने राम से आकर मुनि के आगमन की सूचना दी।

राम बोले— 'उन्हें आदर सहित मेरे पास ले आओ। मेरे द्वार हमेशा खुले रहते हैं।'

लक्ष्मण ने मुनि को राम के पास भेज दिया।

राम ने उन्हें आसन पर प्रतिष्ठित किया। पूछा— 'कैसे आगमन हुआ मुनिवर? महामुनि अतिबल ने क्या संदेश भेजा है?'

'राजन्, महामुनि अतिबल ने जो संदेश भेजा है, उसे मैं सिर्फ आपको ही सुनाना चाहता हूं। वह भी ऐसे स्थान पर, जहां आपके और मेरे अलावा कोई न हो, अगर किसी तीसरे ने सुन लिया, तो वह मारा जाएगा।' मुनि बोले— 'यदि यह स्वीकार हो तो मैं संदेश सुनाऊं।'

'हां-हां, क्यों नहीं।'

यह कहकर राम ने आसपास बैठे सभी लोगों को बाहर भेज दिया। द्वारपाल को भी द्वार से हटा दिया। जब एकांत हो गया तो राम बोले— 'हां, अब सुनाइए। किसी ने मेरी आज्ञा का उल्लंघन करते हुए संदेश सुनना चाहा, तो उसे प्राणों से हाथ धोना पड़ेगा।'

तब मुनि ने कहा— 'प्रभु, मैं यमराज हूं। ब्रह्मा जी ने कहला भेजा है कि आपने जिस हेतु अवतार लिया था, वह पूर्ण हुआ, अब मानव देह-त्यागकर बैकुंठधाम पहुंचिए।'

राम बोले— 'हे यमराज, मेरा हेतु समाप्त हुआ। मुझे तो आपकी ही प्रतीक्षा थी। आप जाइए, मैं प्रस्थित हो रहा हूं।'

बाहर लक्ष्मण राम की आज्ञानुसार द्वार से दूर खड़े थे।

अंदर राम व मुनिश्री की एकांत में बातचीत हो रही थी, तभी दुर्वासा ऋषि वहां आ पहुंचे। उन्होंने लक्ष्मण से कहा— 'मुझे राम से अत्यावश्यक कार्य हेतु मिलना है, मुझे शीघ्र उनसे मिलवाओ, विलंब मत करो।'

'पर वे तो इस समय एकांत में मुनिश्री से वार्तालाप कर रहे हैं।' लक्ष्मण ने निवेदन किया— 'थोड़ा विलंब होगा।'

दुर्वासा ऋषि क्रोध से थर-थर कांपने लगे। बोले— 'मैं प्रतीक्षा नहीं कर सकता। इस समय राम को मेरे आने की सूचना दो, वरना शाप दे दूंगा। सब कुछ नष्ट कर दूंगा, वंश सहित राज्य भी जाता रहेगा। न राम रहेगा, न तुम।'

अब लक्ष्मण क्या करते! सोचा, इस शाप से सबको बचाने का यही रास्ता है कि मैं महाराज को दुर्वासा के आने की सूचना दे दूं, उनकी आज्ञा के उल्लंघन से मैं ही तो मारा जाऊंगा ना, कम-से-कम दुर्वासा के शाप से शेष लोग तो बच जाएंगे।

ऐसा सोचकर वह प्रकोष्ठ में दाखिल हो गए। यह राम की आज्ञा का उल्लंघन

था। राम को बुरा लगा, मुनि उन्हें अपनी प्रतिज्ञा की याद दिलवाकर चले गए। लक्ष्मण ने राम को दुर्वासा ऋषि के आने की सूचना दी। राम ऋषि से मिले। ऋषि कई दिनों से भूखे थे—वे भोजन चाहते थे।

राम ने उन्हें भोज्य सामग्री प्रस्तुत कर दी। ऋषि प्रसन्न होकर चले गए।

अब राम को विवश होकर मुनि को दिया वचन पूरा करना था। उन्हें दुःख तो हुआ, पर वचन कैसे टालते! लक्ष्मण ने उनकी दुविधा देखी तो बोले— 'आप तो व्यर्थ चिंतित हो रहे हैं। शोक मत कीजिए। मेरी मृत्यु का आदेश दीजिए।'

मंत्रियों व वशिष्ठ मुनि ने भी यही राय दी कि वचन भंग न करें, लक्ष्मण को त्याग दें।

राम ने हृदय पर पत्थर रखकर लक्ष्मण को त्याग दिया।

लक्ष्मण अंत:पुर में बिना किसी से मिले सरयू नदी के किनारे जा पहुंचे।

एक-एक कर सभी आत्मीय राम को छोड़कर चले गए, पिता गए, सीता गइह और अब परम प्रिय भाई लक्ष्मण भी चले गए।

राम के शोक की सीमा न रही।

उन्होंने एक दिन सभी मंत्रियों को एकत्र किया, फिर भरत से बोले— 'अब मेरा जी संसार में नहीं लगता। मुझे बैकुंठधाम जाना ही पड़ेगा। यह राज-पाट तुम संभालो, मैं चला।'

'ऐसा न करें, राजन्।' भरत की आंखों से अश्रु बह निकले— 'मुझे नहीं चाहिए यह राज-पाट, मैं भी आपके बिना नहीं रह सकता। सब कुछ लव-कुश को सौंपकर मुझे भी अपने साथ ले चलें।'

सारे नगर में यह खबर फैल गई कि राम ने महाप्रयाण का निश्चय कर लिया है। फिर क्या था, सारे अयोध्यावासी जिस हाल में थे, उसी हाल में दौड़ते हुए महल जा पहुंचे।

राम ने जो जन-समुदाय की यह दशा देखी, तो स्नेह सिक्त स्वर में बोले— 'प्रजा का अपने प्रति यह प्रेम देखकर कृतार्थ हुआ। मैंने प्रजा को सदैव अपनी संतान ही समझा है। बोलो, अंतिम समय तुम लोग मुझसे क्या चाहते हो, मैं तुम लोगों की मनोकामना पूर्ण करूंगा।'

अयोध्यावासी बोले— 'प्रभु, हमारी तो अब एक यही मनोकामना है कि हमें भी आप अपने साथ ले चलें।'

'तथास्तु!' राम ने उनकी बात स्वीकार कर ली।

राम ने लव-कुश को दरबार में बुलाया। कुश को कौशल का राज्य सौंपा और लव को उत्तर कौशल राज्य। बोले— 'पुत्रो, धर्म का आचरण करते हुए राज करो और अब मुझे विदा करो। साथ में सारा नगर उनके पीछे चल पड़ा। यह

महाप्रस्थान की यात्रा थी।

सभी सरयू नदी के तट पर पहुंचे, लक्ष्मण भी वहीं उनकी प्रतीक्षा में थे। किष्किंधापुरी से सुग्रीव भी परिवार सहित आ पहुंचे थे।

राम सहित सभी सरयू नदी में उतर गए।

मंत्रोच्चारण के साथ सभी ने स्नान किया।

तभी आकाश से देवताओं के भेजे विमान आ गए। उन पर बैठकर राम सहित सभी लोग सशरीर बैकुंठधाम को रवाना हो गए।

चारों ओर मंद-मंद समीर बह रही थी, पुष्प वृष्टि हो रही थी। विमान धीरे-धीरे आकाश में विलीन होता जा रहा था।

❑❑❑